高等院校公共基础课系列教材

职业生涯规划实践

(第2版)(微课版)

徐 蔚 主 编

刘玉梅 孙 慧
张志京 颜煜宇　副主编

清华大学出版社
北京

内 容 简 介

本书分为六个专题，即自我评估、职场分析、求职准备、职业适应、职业保障及创业指导。这六个专题按职业生涯规划的内容及步骤进行安排，每个专题又分为三至四章，共十九章。各章内容以问题形式呈现，按就业过程中遇到的常见问题进行设计，同时兼顾了内容的连贯性。

本书注重案例讨论和教学实践，每章都配有学习目标、小故事、小资料、案例、练习。每个小故事及案例都给出了提示性分析。所有的练习都强调实用性，符合就业的实际情况。

本书由上海开放大学各专业领域内有丰富教学经验的教师和有实际创业经验的教师共同编写而成，既可作为高等院校职业生涯规划等相关课程的教材，也可作为在职人员职业生涯规划的参考书。

本书封面贴有清华大学出版社防伪标签，无标签者不得销售。
版权所有，侵权必究。举报：010-62782989，beiqinquan@tup.tsinghua.edu.cn。

图书在版编目(CIP)数据

职业生涯规划实践：微课版/徐蔚主编. —2 版. —北京：清华大学出版社，2023.8
高等院校公共基础课系列教材
ISBN 978-7-302-64348-7

Ⅰ.①职… Ⅱ.①徐… Ⅲ.①大学生—职业选择—高等学校—教材 Ⅳ.①G647.38

中国国家版本馆 CIP 数据核字(2023)第 142733 号

责任编辑：梁媛媛
封面设计：刘孝琼
责任校对：周剑云
责任印制：刘海龙

出版发行：清华大学出版社
网　　址：http://www.tup.com.cn, http://www.wqbook.com
地　　址：北京清华大学学研大厦 A 座　　邮　编：100084
社 总 机：010-83470000　　邮　购：010-62786544
投稿与读者服务：010-62776969, c-service@tup.tsinghua.edu.cn
质量反馈：010-62772015, zhiliang@tup.tsinghua.edu.cn
课件下载：http://www.tup.com.cn, 010-62791865

印 装 者：北京嘉实印刷有限公司
经　　销：全国新华书店
开　　本：185mm×260mm　　印　张：13.5　　字　数：323 千字
版　　次：2018 年 5 月第 1 版　2023 年 8 月第 2 版　　印　次：2023 年 8 月第 1 次印刷
定　　价：43.80 元

产品编号：098949-01

第 2 版前言

近几年来，随着国民经济的发展，科技领域的不断创新，促进了产业结构升级，推动了绿色经济创新，引领了行业发展新趋势，产生了积极的社会效应，使我国职业领域发生了较大的变化。首先是职业岗位的变化。根据国家"十四五"规划提出的制造强国、数字中国、绿色经济、依法治国、乡村振兴等国家重点战略，出现了很多新的职业岗位，如根据乡村振兴的需要，出现了农业数字化技术员和农业经理人，围绕制造强国，有了工业机器人操作员和运维人员等工种。其次是深化了职称制度改革。2016 年，我国启动了职称制度改革，中共中央办公厅、国务院办公厅印发了《关于深化职称制度改革的意见》，通过深化职称制度改革，使专业技术人才队伍结构更趋合理，能力素质不断提高。历时 5 年时间，于 2021 年完成了职称制度改革重点任务，基本形成设置合理、评价科学、管理规范、运转协调、服务全面的职称制度。为更好地满足职业生涯规划的需求，适应国家战略及市场发展现状，我们于 2022 年对本教材进行了修订。

本教材在修订过程中以习近平新时代中国特色社会主义思想为指导，全面贯彻党的教育方针，落实"立德树人"的根本任务，培养德智体美劳全面发展的社会主义建设者和接班人。强调中国特色社会主义的核心价值观，鼓励学生树立艰苦奋斗、无私奉献的职业态度，教育学生树立自信心，发展自强精神，同时在职业发展中坚守职业道德和职业操守，勇于创新、勇于开拓。鼓励学生坚定中国特色社会主义道路自信、理论自信、制度自信、文化自信，教育学生将个人的职业发展与国家和民族的发展目标相结合，认识到个人的努力和奋斗与国家和民族的繁荣昌盛密切相关，教育学生树立长远目标，努力为实现中国梦、民族复兴贡献自己的力量。

本教材在本次修订过程中结合"二十大"精神，以培养学生积极向上的职业态度和国家意识，让他们在个人职业发展的同时，也为实现中华民族伟大复兴的中国梦做出积极贡献。本次修订具体包括以下几个方面：一是根据学科发展及最新研究成果，与时俱进，补充或更新了部分内容。例如，在第三章能力发展水平的差异中，补充了"大样本智商分数正态分布图"，根据学科的最新研究，更新了"霍兰德职业类型关系图"；在第十四章中替换了案例公司裁员应当履行的法定程序，反映了最新司法实践信息；二是根据国家政策变动、修订和制度改革，更新了相应的内容。例如，国家职称系列的变动、国家职业资格目录 2021 版变动、职业分类大典 2022 版的变动、国民经济行业分类 2019 版修订等，对相关内容做了补充和更新；第十八章中更新并补充了国家对创业者扶持的政策和法规；在第十九章中根据国家的税制改革，修订了开办企业要缴纳的税种、税率。三是根据职业发展现状及在第一版教学过程中学员关心的问题进行了补充，同时对部分小故事、案例等根据职业发展进行了替换，也更方便读者理解。例如，在第七章中补充了"先就业还是先择业？"的问题；在第十章中补充了"初入职场公开发言要注意哪些方面？""什么是职业素养？""什么是职业道德？"，在第十一章中补充了"什么是职业倦怠？""如何应对职业倦怠？"，第十七章的"创业是什么？"等问题，在小故事及案例中更新比较多，如将第一章的小故事改为"兴趣成就'数学王子'"，介绍了我国家喻户晓的数学家陈景润十几年如一日，兴趣盎然地攀登数学高峰的经历，第二章的小故事改为"怀着非凡的爱去做平凡的事"，讲述了"万婴之母"林巧稚将全部心血都奉献给我国妇婴事业的奋斗历程，第三章的案例替换为"放弃也可以成就人生"，讲述诺贝尔物理学奖获得者杨振宁的求学经历，第七章的小故事改为"寻找最大的麦穗"，使读者更易理解合理进行自我定位的重要性，第十九章中案例改为"ofo 共享单车的反思"，更具有时代性。四是调整了参考书目，主要对修订部分所参考的书目进行了补充和更新。本次更新的内容较多，不再一一列举。

本教材在修订过程中参阅了大量文献和书籍，在此向作者及单位表示衷心的感谢。限于编者水平，书中难免有不足之处，敬请广大教师及读者能给予批评、指正。

编　者

2023 年 8 月

微课视频

扫一扫，获取本书相关微课视频。

 1.1　霍兰德职业兴趣理论

 1.2　特蕾莎修女的故事

 1.3　兴趣成就克隆教父

 2.1　SWOT 职业决策法

 3.1　掉落在地上的樱桃

 3.2　王烨该如何回答面试官的提问

 4.1　办公室人际交往

 4.2　诚信是立足之本

 4.3　金兹伯格的职业发展理论

 4.4　施恩的职业锚理论

 4.5　职业挫折

 4.6　职业压力

第1版前言

职业生涯规划之所以日益受到人们的重视,是因为职业生涯规划可以帮助人们合理地选择职业发展道路,确定职业目标,有助于提高其工作技能、提升职业竞争力。

通过职业规划,个体能够将自身的兴趣、能力、性格以及所掌握的知识进行全面分析,同时权衡外界的各种因素,经过统筹考虑,理智地走好职业生涯的第一步,并在不断探索、开发自身潜能的基础上,逐步完善自我,最终实现职业发展的突破。哈佛大学的爱德华·班菲德博士对美国社会进步动力的研究发现,那些成功的人往往是有长期时间观念的人。他们在做每天、每周、每月活动规划时,都会用长期的观点去考量。他们会规划五年、十年,甚至二十年的未来计划。因此,职业生涯规划在职业发展中有着极其重要的作用。

一、内容设计

本教材为通识类课程教材,适合本科和专科各专业,也适合高职高专院校使用。本书分为六个专题,即自我评估、职场分析、求职准备、职业适应、职业保障及创业指导。这六个专题按职业生涯规划的内容及步骤进行安排,每个专题包含三至四章内容,每章都配有学习目标、小故事、小资料、案例分析及练习。

专题内容以就业过程中遇到的常见问题进行设计,同时兼顾了内容的顺序性及逻辑性。本书注重案例讨论及实践教学,每章中的小故事及案例都给出了提示性分析,同时每章也配有练习,练习强调实用性,是就业所需要的操作。

二、教学建议

本教材偏重就职前的职业指导。建议在指导过程中注重案例讨论,可以与学员以案例讨论的方式进行学习,针对个案的特点有针对性地指导,并根据章后的练习完成相应的表格内容,便于跟踪指导。

三、编写团队

本书编写团队由上海开放大学徐蔚高级讲师、刘玉梅副教授、孙慧教授、张志京副教授及上海开放大学松江分校颜煜宇副教授组成。徐蔚编写专题二和专题四，刘玉梅编写专题一，孙慧编写专题三，张志京编写专题五，颜煜宇编写专题六，全书由徐蔚负责拟定编写提纲，并统筹全稿。本书在编写过程中得到华东师范大学刘德恩副教授的大力支持，在此表示衷心感谢。

本书是在借鉴、参考和引用国内外大量文献资料的基础上完成的，大多数文献资料已列在书后的参考文献中，并在文中注明了出处，在此对所有文献的作者和出版单位表示深深的谢意。

由于本书以问答方式呈现，加之作者水平有限，难免存在不足和疏漏之处，恳请广大读者批评指正。

编　者

目　录

专题一　自我评估

第一章　了解自己的兴趣与性格 ... 1

　　一、什么是职业兴趣？ ... 2
　　二、如何评估自己的职业兴趣？ ... 2
　　三、职业兴趣对职业生涯发展有何影响？ ... 2
　　四、什么是性格？ ... 3
　　五、性格结构的主要特征是什么？ ... 3
　　六、性格有哪些类型？ ... 5
　　七、如何了解自己的性格类型？ ... 7
　　八、怎样做到性格与职业的匹配？ ... 7
　　【案例】 ... 8
　　【小资料】 ... 8
　　【练习】 ... 10

第二章　明确自己的价值观 ... 11

　　一、什么是价值观？ ... 12
　　二、怎样了解自己的价值观？ ... 13
　　三、什么是职业价值观？ ... 13
　　四、职业价值观有哪些特征？ ... 13
　　五、职业价值观有哪些类型？ ... 14
　　六、如何测评自己的职业价值观？ ... 14
　　【案例】 ... 14
　　【小资料】 ... 15

【练习】 15

第三章　评估自己的能力 19

一、什么是能力？ 20
二、能力有哪些类型？ 20
三、能力与知识、技能三者之间的区别与联系是什么？ 22
四、人与人之间在能力上存在哪些差异？ 23
五、影响能力发展的因素有哪些？ 24
六、如何了解自己的能力特长？ 25
七、如何做到能力与职业的匹配？ 26
【案例】 26
【小资料】 27
【练习】 27

专题二　职　场　分　析

第四章　认识职业岗位 29

一、《中华人民共和国职业分类大典》有哪些职业分类？ 30
二、职业、职位有什么区别？ 32
三、什么是职业分层？ 33
四、什么是职业资格？ 34
五、职业资格有哪些分类？ 34
六、如何取得职业资格？ 34
七、什么是职称？ 35
八、职称有哪些系列和层级？ 35
九、如何取得职称？ 36
十、职称有什么用？ 36
十一、什么是单位？ 37
十二、目前我国的用人单位有哪些类别？ 37
十三、我国行业是如何分类的？ 38
【案例】 40
【小资料】 40
【练习】 56

第五章　影响职业生涯发展的环境因素 58

一、经济全球化对职业生涯规划有什么影响？ 59
二、新技术对职业生涯发展有什么影响？ 59
三、自由职业的就业形式对职业生涯发展有什么影响？ 60
四、组织环境对职业生涯发展有什么影响？ 60

五、家庭会影响职业生涯发展吗? 61
　　六、影响男性职业生涯发展的因素有哪些? 62
　　七、影响女性职业生涯发展的因素有哪些? 63
　　八、如何在经济衰退中保住工作? 64
　　九、我国用人单位有哪些主要用工形式? 65
　　十、我国的公共就业服务机构可以提供哪些服务? 65
　　十一、如何把握政府中的工作机会? 66
　　【案例】 66
　　【小资料】 67
　　【练习】 68

第六章　确定职业生涯目标 70
　　一、如何确定职业生涯目标? 71
　　二、什么是职业生涯决策? 72
　　三、职业生涯决策涉及哪些因素? 72
　　四、如何运用 CASVE 模型进行职业生涯决策? 73
　　五、如何运用 SWOT 分析工具进行职业生涯决策? 75
　　六、如何制定职业选择研究策略? 76
　　七、职业选择有哪些原则? 77
　　八、如何应用职业选择表进行择业? 77
　　【案例】 79
　　【小资料】 80
　　【练习】 81

专题三　求 职 准 备

第七章　制订求职策略 85
　　一、如何确立可行的就业目标? 86
　　二、如何调整求职心理预期? 86
　　三、如何正视求职中遇到的挫折? 87
　　四、如何树立求职的自信心? 87
　　五、调适心理的方法有哪些? 87
　　六、先就业还是先择业? 88
　　七、取得就业信息有哪些渠道? 88
　　八、如何鉴别就业信息的真伪? 89
　　九、如何对就业信息作出取舍? 90
　　【案例】 90
　　【小资料】 90
　　【练习】 91

第八章　准备一份必胜的简历 93

　　一、简历包括哪些基本内容？ 94
　　二、如何在简历中展现个人优势？ 94
　　三、如何在简历中突出你的亮点？ 95
　　四、撰写简历时应注意哪些细节问题？ 95
　　五、简历中不应该出现哪些问题？ 96
　　【案例】 96
　　【小资料】 98
　　【练习】 98

第九章　成功面试 100

　　一、如何收集招聘单位和目标岗位的相关资料？ 101
　　二、如何精心设计自我介绍？ 101
　　三、面试的仪表应该注意哪些方面？ 101
　　四、如何正确有效地倾听？ 102
　　五、如何沉着冷静地回答问题？ 102
　　六、如何恰当地运用讲话的语气和语调？ 102
　　七、面试中如何合理地运用肢体语言？ 102
　　【案例】 103
　　【小资料】 103
　　【练习】 104

专题四　职　业　适　应

第十章　初入职场 107

　　一、第一天上班有哪些注意事项？ 108
　　二、职业人具有哪些特点？ 108
　　三、如何成为一个职业人？ 108
　　四、进入职业生活，会遇到心理问题吗？ 109
　　五、职业人会遇到哪些岗位适应的问题？ 109
　　六、如何树立良好的第一印象？ 109
　　七、什么是职业形象？ 110
　　八、职场中有哪些职场礼仪？ 110
　　九、初入职场公开发言要注意哪些方面？ 113
　　十、什么是职业素养？ 113
　　十一、什么是职业道德？ 114
　　【案例】 114
　　【小资料】 115
　　【练习】 115

第十一章　提升职场情商 117

　　一、什么是职场情商？ 118
　　二、提升职场情商的说话技巧有哪些？ 118
　　三、如何修炼职场情商？ 120
　　四、什么是同事关系？ 121
　　五、如何与上级建立好关系？ 121
　　六、如何向领导汇报工作？ 122
　　七、如何与同事之间建立好关系？ 122
　　八、如何对待同事间的竞争？ 123
　　九、如何处理办公室同事间的冲突？ 123
　　十、如何面对工作中遇到的挫折？ 124
　　十一、如何管理好时间？ 125
　　十二、如何应对工作中的压力？ 125
　　十三、什么是职业倦怠？ 126
　　十四、如何应对职业倦怠？ 126
　　十五、职业生涯规划要关注休闲吗？ 127
　　【案例】 128
　　【小资料】 128
　　【练习】 129

第十二章　应对职业变迁 130

　　一、什么是职业变迁？ 131
　　二、如何突破职业发展的低层空间？ 131
　　三、如何选择职业发展路径？ 132
　　四、为什么要跳槽？ 133
　　五、跳槽前要做好哪些事情？ 134
　　六、跳槽后要注意哪些事项？ 134
　　七、人到中年如何进行职业生涯选择？ 135
　　八、如何应对退休生活？ 135
　　【案例】 136
　　【小资料】 136
　　【练习】 137

专题五　职 业 保 障

第十三章　维护劳动者权益 141

　　一、我国核心劳动立法有哪些？ 142
　　二、核心劳动立法主要规定了什么内容？ 142
　　三、劳动法的基本原则是什么？ 142

四、劳动法与民法究竟有哪些不一样？ ... 143
五、劳动者主要有哪些权益？ ... 143
六、女职工和未成年工是要给予特殊保护的劳动者吗？ ... 144
七、女职工特殊保护的主要内容是什么？ ... 144
八、未成年工特殊保护的主要内容是什么？ ... 144
九、如何保障劳动者的平等就业权？ ... 145
十、如何保障劳动者的报酬权？ ... 145
十一、近年来惩治用人单位恶意欠薪的实例是怎样的？ ... 146
十二、如何保障劳动者的休息权？ ... 147
十三、劳动安全卫生制度的含义以及各方当事人是怎样的？ ... 147
十四、劳动者在劳动安全卫生制度中的权利与义务是什么？ ... 148
十五、工会的权利与义务是什么？ ... 148
【案例】 ... 148
【小资料】 ... 149
【练习】 ... 149

第十四章　重视劳动合同 ... 151

一、什么是劳动合同？ ... 152
二、订立劳动合同的主体和形式有什么要求？ ... 152
三、没有订立书面劳动合同要承担哪些法律责任？ ... 152
四、劳动合同的内容有哪些？ ... 152
五、法律采取哪些措施来限制劳动合同短期化问题？ ... 153
六、当事人约定试用期时应遵循哪些规定？ ... 153
七、服务期条款是怎么回事？ ... 153
八、竞业限制条款是怎么回事？ ... 154
九、保密条款是怎么回事？ ... 154
十、劳动合同的履行过程中要注意哪些问题？ ... 154
十一、如何变更劳动合同？ ... 155
十二、什么是劳动合同的终止？ ... 155
十三、什么是劳动合同的解除？ ... 155
十四、可以双方协商(或协议)解除劳动合同吗？ ... 155
十五、用人单位单方面解除劳动合同的法定情形有哪些？ ... 155
十六、法律对用人单位单方面解除劳动合同有哪些限制？ ... 156
十七、劳动者在什么情况下可以单方面解除劳动合同？ ... 156
十八、解除劳动合同要承担哪些法律后果？ ... 157
十九、什么是劳务派遣？ ... 157
二十、什么是非全日制用工？ ... 157
二十一、什么是集体合同？ ... 158
二十二、集体合同与劳动合同有什么区别？ ... 158

　　　　【案例】 158
　　　　【小资料】 159
　　　　【练习】 160

第十五章　参加社会保险 161

　　　　一、社会保险的概念、结构是什么？ 162
　　　　二、社会保险与社会保障是一回事吗？ 162
　　　　三、社会保险与职工福利有什么区别？ 162
　　　　四、五大社会保险项目是什么？ 163
　　　　五、领取养老金的条件是什么？ 163
　　　　六、失业保险待遇就是指失业保险金吗？ 164
　　　　七、领取失业保险金的条件是什么？ 164
　　　　八、怎么认定工伤？ 164
　　　　九、什么是职业病？ 165
　　　　十、工伤保险待遇包括哪些内容？ 165
　　　　十一、医疗保险待遇包括哪些内容？ 166
　　　　十二、生育保险待遇包括哪些内容？ 166
　　　　【案例】 166
　　　　【小资料】 167
　　　　【练习】 167

第十六章　处理劳动争议 169

　　　　一、劳动争议的含义和范围如何界定？ 170
　　　　二、处理劳动争议的机构和形式有哪些？ 170
　　　　三、处理劳动争议的原则是什么？ 170
　　　　四、劳动争议的调解程序有哪些主要规定？ 170
　　　　五、关于劳动争议仲裁委员会的组成和职责是怎样规定的？ 171
　　　　六、劳动争议申请仲裁的时效是怎样规定的？ 171
　　　　七、发生劳动争议后到哪一个仲裁委员会申请仲裁？ 171
　　　　八、关于仲裁程序有哪些规定？ 172
　　　　九、仲裁员在哪些情况下需要回避？ 172
　　　　十、仲裁裁决的法律效力是怎样的？ 172
　　　　【案例】 173
　　　　【小资料】 173
　　　　【练习】 174

专题六　创业指导

第十七章　了解创业 175

　　　　一、创业是什么？ 175

二、创业的常规模式有哪些？ 176
三、选择哪种创业类型？ 176
四、如何选择合适的创业项目？ 176
五、创业的具体要素有哪些？ 177
六、创业者应具备哪些素质？ 177
七、创业需要具备哪些必备的知识？ 178
八、创业者应该培养什么能力？ 179
【案例】 180
【小资料】 180
【练习】 181

第十八章　运用好政策与资金 182

一、创业者需要关注哪些政策？ 183
二、国家关于支持创业的政策及法律法规有哪些？ 184
三、上海市对创业的扶持政策有哪些？ 184
四、新创企业有哪些融资途径？ 186
五、获得银行贷款应具备什么条件？ 186
六、如何更好地申请银行贷款？ 187
七、风险投资有哪些优势？ 187
【案例】 188
【小资料】 188
【练习】 189

第十九章　实施创业 190

一、如何通过市场调研形成项目目标？ 191
二、可以选择的企业类型有哪些？ 191
三、如何确定申办企业类型？ 191
四、个体工商开业登记需要准备哪些材料？ 192
五、怎样办理个体工商户开业登记？ 192
六、办企业要交什么税？ 193
七、政府实行据实全额贴息的微利行业有哪些？ 194
八、创业计划书主要包含什么内容？ 194
九、怎样有效地规避创业风险？ 195
十、怎样才能有效地处理现金流危机？ 195
【案例】 195
【小资料】 196
【练习】 197

参考文献 198

专题一　自我评估

第一章　了解自己的兴趣与性格

"人，认识你自己"，这句刻在古希腊德尔菲神庙前一块石碑上的箴言，成为历代思想家探讨的一个永恒话题。苏格拉底曾以哲学家的智慧诠释过"我是谁"，老子也有"知人者智，自知者明"的观点，尼采则认为"想要知道你自己是个什么样的人，只要看一看你自己喜欢什么"。其实，对每个人来说，认清自我都是一项重大的人生课题。在职业生涯发展过程中，只有准确地了解"我是谁""我喜欢做什么""我适合做什么"，才能确定自己的最佳职业道路。

【学习目标】

1. 认识兴趣与职业选择的关系。
2. 了解性格对职业规划的影响。
3. 掌握职业兴趣定位和职业性格评估的方法。

【小故事】

兴趣成就"数学王子"

陈景润是我国家喻户晓的数学家，在攻克哥德巴赫猜想方面作出了重大贡献。他的研究成果，被国际数学界称为"陈氏定理"，许多人亲切地称他为"数学王子"。

陈景润读中学时就对数学表现出浓厚的兴趣，当时已经是清华大学航空系系主任的沈元回福建奔丧，因战事使交通受阻，被滞留在家乡，便担任了陈景润所在学校的数学代课老师。数论是沈元讲授内容的"常客"，陈景润听他的课，总是两眼放光、神采奕奕，时不时提一些问题，师生在课堂上互动频繁。

在一堂课上，沈元给学生讲了关于哥德巴赫猜想的故事："你们知道吗？数学是科学王国里最尊贵的王后。'数论'由于它的高难度和重要性，就像是王后头上戴着的王冠。而'哥德巴赫猜想'这个多年来还没有被人们破解的难题，就像是王冠正中央那颗明珠！同学们，大家好好努力吧，将来去证明这道世界难题……"沈元偶然的叙说，激发了陈景润的求知兴趣，开启了他奋力攀登数学领域高峰的历程。

因为对于数论的研究兴趣盎然,所以即使前行的路上面临各种艰难困扰,陈景润都矢志不移。经过十几年的不懈努力,陈景润在这一领域终于取得了丰硕成果,成为全世界距那颗"明珠"最近的人。"陈氏定理"至今仍在"哥德巴赫猜想"研究中保持世界领先水平。

(资料来源:中国教育新闻网 http://www.jyb.cn/rmtzcg/xwy/wzxw/202009/t20200908_356827.html)

点评: 兴趣是指一个人力求认识某种事物或从事某种活动的心理倾向。它表现为人们对某种事物、某项活动的选择性态度和积极的情绪反应。通俗地说,兴趣就是一个人喜爱或偏爱某项活动或某种事物。对陈景润来说,数学研究既是他的兴趣,也是他职业选择的重要影响因素。很多职场成功人士,最初都与陈景润一样,是从"做感兴趣的事"开始的。

一、什么是职业兴趣?

职业兴趣是指人们对某种职业活动具有的比较稳定而持久的心理倾向。它使个人对某种职业给予优先的注意,并具有向往的情感。由于每个人的兴趣爱好不同,导致个体的职业兴趣也有很大的差异。有人喜欢与人接触的工作,如推销员、教师、记者等;有人爱好与物打交道的工作,如汽车修理、室内装潢、机械加工等;有人乐意从事创造性工作,如广告设计师、作家、科学家等。职业兴趣是影响人们选择职业的重要因素之一。

二、如何评估自己的职业兴趣?

现实生活中,人们可以很容易地说出自己的兴趣爱好,如书法、绘画、写作、唱歌、跳舞、种花、养鱼等,但是如果让大家谈谈自己的职业兴趣,恐怕就不那么容易回答了。为了帮助人们了解自己的兴趣与哪些职业有关,许多心理学家做了大量的研究工作,编制了一些职业兴趣测量表,国外著名的职业兴趣测量表有斯特朗-坎贝尔兴趣量表(Strong-Campbell Interest Inventory,SCII)、库德职业兴趣量表(Kuder Occupational Interest Survey,KOIS)和霍兰德(Holland)先后编制的职业偏好量表(Vocational Preference Inventory,VPI)及职业自我探索量表(Self-Directed Search,SDS);国内学者方俐洛、白利刚、凌文辁以霍兰德职业兴趣理论为依据,结合我国国情和职业分类体系特点,编制了霍氏中国职业兴趣量表。这些量表的网上在线资源为人们提供了详尽的、有关如何分析和使用评估结果的信息,可以让人快速、高效地了解自己的职业兴趣。但需要指出的是,这类工具并不是绝对的,即使没有这类工具,人们仍然可以通过自我分析、他人评价等方法收集到类似的信息。

三、职业兴趣对职业生涯发展有何影响?

职业兴趣在人们的职业活动中起着重要作用。首先,职业兴趣会影响职业选择。在求职择业的过程中,人们常常以是否对某种工作有兴趣作为参考条件之一,一旦对某种职业有浓厚的兴趣,人们就会积极感知和关注该职业的知识、动态,并且积极思考、大胆探索。其次,职业兴趣可以提高工作效率。研究表明,如果人们对某一工作有兴趣,就能发挥全部才能的 80%~90%,并且能较长时间地保持高效率而不感到疲劳;而如果人们对某项工作缺乏兴趣，就只能发挥全部才能的 20%～30%，也容易疲劳、厌倦。最后，职业兴趣是保证职业稳定和职场成功的重要因素。职业兴趣使工作不再是一种负担，而是一种享受。美国曾对 2000 多位著名的科学家进行调查，发现很少有人是出于谋生的目的而工作，大多数是出于对某一领域问题的强烈兴趣而工作，不计名利报酬。以"世界发明大王"爱迪生为例，他几乎每天在实验室里工作 18 个小时，在那里吃饭、睡觉，但他从来没感到辛苦，总是情绪饱满、干劲十足。他说："我一生中从未间断过一天工作，我每天快乐无穷。"兴趣推动着爱迪生获得了约 2000 项创造发明，为人类的文明和进步作出了巨大的贡献。

四、什么是性格？

性格是指一个人在对现实的稳定态度以及与之相适应的习惯化了的行为方式中表现出来的心理特征。比如，一位大学生在各种场合都表现得热情、谦虚、严于律己、坚毅果断、深谋远虑，这种对人、对己、对事的稳定态度和习惯化了的行为方式，就是这位大学生的性格特征。有人说，世界上没有两片完全相同的树叶，其实世界上也没有两个性格完全相同的人。在现实生活中，我们能从周围人身上看到各种各样的性格差异，如有的人活泼开朗，有的人沉默寡言；有的人动作敏捷，有的人行动迟缓；有的人善于独立思考，有的人喜欢人云亦云……可以说，性格影响着我们生活的方方面面，如工作、学习、恋爱、婚姻、家庭等，它左右着我们的思想、主宰着我们的行为、决定着我们的命运。

五、性格结构的主要特征是什么？

性格是一个十分复杂的心理特征系统，从结构上看，它包含了多个侧面，并在每个个体身上都形成了独特的组合。一般对性格结构的分析，着眼于性格的态度特征、性格的意志特征、性格的情绪特征、性格的理智特征四个方面。

(一)性格的态度特征

人对现实的态度体系是性格最主要的组成部分，也是性格最直接的表现。它与人的社会属性相关，具体可分为三个方面，见表 1-1。

表 1-1　性格的态度特征及其主要表现

性格的态度特征	积极的特征表现	消极的特征表现
对社会、集体、他人的态度特征	爱祖国、关心社会、热爱集体、具有社会责任感与义务感、乐于助人、待人诚恳、正直等	不关心社会与集体，缺乏社会公德，为人冷漠、自私、虚伪等
对学习、劳动和工作的态度特征	认真细心、勤劳节俭、富有创新精神等	马虎粗心、拈轻怕重、奢侈浪费、因循守旧等
对自己的态度特征	严于律己、谦虚谨慎、自强自尊，勇于自我批评等	放任自己、骄傲自大、自负或自卑、自以为是等

(二)性格的意志特征

性格的意志特征是指个体在调节自己行为方式的过程中所表现出来的个人特点。性格的意志特征主要表现为四个方面,见表1-2。

表1-2 性格的意志特征及其主要表现

性格的意志特征	积极的特征表现	消极的特征表现
对行为目的明确程度的意志特征	独立性、目的性、纪律性等	冲动性、盲目性、散漫性等
对行为自觉控制的意志特征	自制、主动等	任性、盲动等
对自己作出决定并贯彻执行方面的意志特征	恒心、坚韧等	见异思迁、半途而废等
在紧急或困难情况下表现出的意志特征	勇敢、镇定、果断等	胆小、紧张、犹豫等

(三)性格的情绪特征

性格的情绪特征是指一个人在情绪活动中经常表现出来的强度、稳定性、持久性以及主导心境方面的特征,见表1-3。

表1-3 性格的情绪特征及其主要表现

性格的情绪特征	基本内涵	主要表现
强度特征	人的情绪对工作和生活的影响程度和情绪受意志控制的程度	有的人情绪反应强烈、明显、易受感染;有的人反应微弱、隐晦、不易受感染
稳定性特征	情绪的起伏和波动程度	有的人情绪稳定,有的人情绪容易波动
持久性特征	情绪对人身心各方面影响的时间长短	有的人情绪产生后很难平息,有的人情绪虽来势凶猛但转瞬即逝
主导心境	不同的主导心境在一个人身上表现的稳定程度	有的人终日精神饱满、乐观开朗;有的人整日愁眉苦脸、烦闷悲观等

(四)性格的理智特征

人们在感知、记忆、思维、想象等认识过程中表现出来的个别差异就是性格的理智特征,见表1-4。

表1-4 性格的理智特征及其主要表现

性格的理智特征	主要表现
在感知方面	有的人观察细致,有的人观察粗略;有的人感知敏锐,有的人感知迟钝等
在思维方面	有的人善于独立思考,有的人喜欢人云亦云;有的人善于分析,有的人善于综合
在记忆方面	有的人记忆敏捷,过目成诵,有的人记忆差,需反复记忆方能记住;有的人记忆牢固且难以遗忘,有的人记忆不牢且遗忘迅速等

续表

性格的理智特征	主要表现
在想象方面	有的人想象力丰富、奇特，富有创造性；有的人想象力贫乏、狭窄；有的人想象力主动，富有情感色彩；有的人想象力被动、平淡寻常等

以上性格结构的四个方面不是独立存在的，它们相互联系、相互影响，构成一个统一体存在于每个人身上。要想了解一个人，就应对性格的各个方面作全面分析。

六、性格有哪些类型？

性格的类型是指一类人身上所共有的性格特征的独特结合。按一定原则和标准把性格进行分类，有助于了解一个人性格的主要特点和揭示性格的实质。由于性格结构的复杂性，在心理学的研究中至今还没有公认的性格类型划分的原则与标准。现将具有代表性的观点进行介绍。

(一)机能类型说

机能类型说是英国心理学家培因(A.Bain)和法国心理学家李波特(T.Ribot)提出的，根据理智、情绪、意志三种心理机能在人的性格中所占优势的不同，将人的性格分为理智型、情绪型、意志型。理智型的人通常用理智来衡量一切和支配行动，处世冷静；情绪型的人通常用情绪来评估一切，言谈举止容易受情绪左右，不能三思而后行；意志型的人行动目标明确，主动、积极、果敢、坚定，有较强的自制力。以上三种性格是日常生活中极典型的类型，实际上大多数人都是混合类型。

(二)向性说

瑞士心理学家荣格(C.G.Jung)是性格向性说的代表人物。他把人的性格分成内倾和外倾两大类，并从思维、情感、感觉和直觉方面推演出八种性格类型，见表1-5。

表1-5 荣格性格类型

性格类型	性格特点
外倾型思维	按固定规则生活，对事对人的态度客观、冷静；善于思考，但固执己见，感情受压抑，如科学家类型的人
外倾型情感	理智服从情感，情绪易受外界影响而变化；多愁善感，但尊重他人
外倾型感觉	追求欢乐，善于交际，热衷于感兴趣的经验，情感一般较浅薄，非常讲究实际
外倾型直觉	凭主观预感作出决定，但易变，有创造性，对新事物敏感却不能长期坚持，容易见异思迁
内倾型思维	喜欢离群索居，容易脱离实际，顽固执拗，不会体贴别人，社会适应性差
内倾型情感	敏感而文静，多思考，但有些孩子气，往往沉默寡言难以捉摸，对他人的观点和感情无动于衷
内倾型感觉	沉浸于自己的主观感觉，不关心外部世界，沉静，自制，思想、情感贫乏

续表

性格类型	性格特点
内倾型直觉	对别人的不理解满不在乎，不能认真地交流思想、情感，爱好内心的主观体验，如艺术家

荣格性格类型的划分，已被编制成量表，在国外主要应用于教育和医疗等实践领域。

(三)独立—顺从说

美国心理学家威特金(H.A.Witkin)等人根据场的理论，将人的性格分成场独立型和场依存型。前者也称独立型，后者又称顺从型。场独立型的人不容易受环境因素的影响，具有独立判断事物、发现问题、解决问题的能力，同时具有较强的应激能力。场依存型者倾向于以外在参照物作为信息加工的依据，容易受环境或附加物的干扰，常不加批评地接受别人的意见，应激能力差。

需要说明的是，这两种性格特点各有优劣。在某些方面，场独立型的人占有优势，而在另一些方面，则是场依存型的人占有优势。例如，场独立型的人具有较强的判断能力和自主性，在理性思维方面较为出色，但社会敏感度和社交技能往往偏低；而场依存型的人能很快察觉环境中微妙的人际信息，从而作出最恰当的反应，社交能力往往出众。

(四)社会生活类型说

德国哲学家和心理学家斯普兰格(E.Spranger)按照人的价值观和行为，把人的性格分为经济型、理论型、审美型、宗教型、政治型、社会型六种，见表 1-6。

表 1-6 斯普兰格性格类型

性格类型	性格特点
经济型	一切以经济观点为中心，以追求财富、获取利益为个人生活目的。实业家多属于此类
理论型	以探求事物本质作为人的最大价值，但解决实际问题时经常无能为力。哲学家、理论家多属于此类
审美型	以感受事物美为人生最高价值，他们的生活目的是追求自我实现和自我满足，不太关心现实生活。艺术家多属于此类
宗教型	把信仰宗教作为生活的最高价值，相信超自然力量，坚信生命永存，以爱人、爱物为行为标准。神学家是此类人的典型代表
政治型	以获得权力为生活的目的，并有强烈的权力意识与权力支配欲，以掌握权力为最高价值。领袖人物多属于此类
社会型	重视社会价值，以爱社会和关心他人为自我实现的目标，并有志于从事社会公益事业。文教卫生、社会慈善等职业活动家多属于此类

在现实生活中，某个人的性格往往是多种类型特点的组合，但常以一种类型特点为主。

七、如何了解自己的性格类型？

　　性格是影响个体行为的最重要的心理特征之一。人的性格不是天生的，它是个体在社会实践中逐渐形成的，并会经常地、习惯性地表现在个人的言谈举止和工作等方面，性格具有可塑性。尽管性格的分类标准至今还未统一，但我们可以借助一些测试工具来了解自己的性格类型。常用的测评工具有迈尔斯－布里格斯人格类型量表和卡特尔十六种个性因素问卷。各类人才测评机构都可以安排这些测试，以帮助我们分析性格的优劣势，合理设定职业目标。以下是两个性格测评工具的简介。

　　迈尔斯－布里格斯人格类型量表(Myers-Briggs Type Indicator，MBTI)源自瑞士著名心理学家荣格(C. G. Jung)的人格类型理论，后经凯瑟琳·布里格斯(Katharine Cook Briggs)与伊莎贝尔·布里格斯·迈尔斯(Isabel Briggs Myers)加以演化，最后形成了包括四个双极维度[①]的十六种人格类型量表。该量表具有很好的信度和效度，包含 93 个问题，每题设 2 个备选答案，要求受测者在完全解除压力的状态下选择自己最自然的做法或者反应。测试时间为 30 分钟。MBTI 是当今世界上具有广泛影响的性格评价工具之一。在国外，每年的使用者多达数百万人，主要用于职业指导、人事咨询、管理人员评估及团体动力学分析等领域。

　　卡特尔十六种个性因素问卷(Cattell's the Sixteen Personality Factor Questionnaire，16PFQ)是美国伊利诺州立大学人格及能力测验研究所教授卡特尔(R.B.Cattell)采用因素分析统计法编制的人格测量问卷，具有良好的信度和效度，是国际上最具有影响力的心理量表之一。16PFQ 由 187 道题组成，从乐群、聪慧、敏感、独立、敢为、怀疑等 16 个相对独立的个性层面对被测者进行测量，根据不同因素的组合可以全面评价被测者的个性，能够预测被测者的稳定性、承压能力、成熟度等，并可以了解被测者在心理健康、适应新环境、专业成就、创新能力等方面的表现。该量表被广泛应用于人才选拔、就业指导及职业咨询等领域。16PFQ 适用于 16 岁以上各类人群，对年龄、性别、职业、级别、文化等方面均无限制。16PFQ 实施简便，解释客观，能高度概括一个人个性特征的整体面貌。

八、怎样做到性格与职业的匹配？

　　性格与职业有着非常密切的关联，性格类型与职业类型的匹配度，决定着事业的成功与否。职业心理学的研究表明，不同的职业对从业者的性格要求是不同的。例如，从事教师职业的人要求乐观外向、善于与人亲近、耐心正直、责任心强、稳定性好、安详沉着；从事广告设计职业的人要求敢于打破常规、狂放不羁、富有想象力；从事科学研究的人必须认真、聪明、独立自信、敢于怀疑、富有批判精神和创新意识。如果人们从事的职业与

[①] 即外向(Extravert)—内向(Introvert)：表示获得与运用能量的方式；感觉(Sensing)—直觉(Intuition)：表示收集与获取信息的方式；思考(Thinking)—情感(Feeling)：表示作出决策的方式；判断(Judging)—感知(Perceiving)：表示组织生活的方式。

自己的性格相适应，工作起来就会得心应手、心情舒畅，容易取得成功。如果性格与职业不相适应，这种性格就会阻碍工作的顺利进展，使从业者感到被动，缺乏兴趣，倦怠，力不从心，精神紧张，工作上成功的概率也会较小。因此，人们在选择职业时应注意以下几点。

第一，以性格特征为择业导向，做到性格和职业的匹配。

第二，根据性格制定职业规划。当怀疑自己选错职业时，不要盲目换工作，先进行一个自我审视评估、性格测评，在职业咨询师的指导下进行职业生涯的发展规划。

第三，让性格适应工作。性格在很大程度上可以后天培养，并不是无法改变的。当发现性格与职业的匹配度不高时，可以通过努力来弥补。

【案例】

技术员与商务代表

陈波从某高校机械专业毕业后，找到了一家企业，做技术支持方面的工作。几年过去了，虽然他全身心投入、兢兢业业，可业绩却一般，而同时进公司的其他同事却得到了提升。在朋友的建议下，他做了一次性格测试。测试结果告诉他，他比较擅长与人打交道，更适合做类似销售或经纪人之类的工作。随后，他跳槽到一家机械公司做商务代表，将他的专业和特长相结合，最大程度地发挥了他的优势。

(资料来源：百度文库 https://wenku.baidu.com/view/68af8b13ff00bed5b9f31d78.html)

分析：类似案例中陈波这种经历在很多人身上都发生过。作为技术人员，陈波需要专注于技术研究，但性格外向的他在此岗位上会感到枯燥、乏味；而作为机械公司的商务代表，他既有机械技术方面的专业背景，又具备与人交流、处理人际关系等方面的性格特征，工作起来游刃有余。应该说，陈波的性格特征与商务代表的职位是相匹配的。

【小资料】

霍兰德职业兴趣理论

约翰·霍兰德(John Holland)是美国约翰·霍普金斯大学心理学教授，美国著名的职业指导专家。霍兰德十分重视兴趣与职业的关系，他认为大多数人的职业倾向可以分为现实型、研究型、艺术型、社会型、企业型和传统型六种，见表 1-7。人们所从事的职业类型与兴趣越吻合，职业满意度就会越高。

表 1-7 霍兰德职业类型对应表

职业类型	特点	典型职业
现实型	喜欢有规则的具体劳动和需要基本操作技能的工作，但缺乏社交能力，不适应社会性质的职业	技能性职业(如一般劳动、技工、维修工、农民等)和技术性职业(如摄影师、制图员、机械装配工等)
研究型	具有聪明、理性、好奇、精确、善于合作、批判性思维等特征，喜欢探索和从事创造性的活动，不喜欢遵循固定程序；对具体操作不感兴趣	科技研究人员、工程师、实验研究等

续表

职业类型	特点	典型职业
艺术型	具有想象力丰富、冲动、无秩序、情绪化、理想化、有创意、不重实际等特征,喜欢艺术性质的职业和环境	艺术方面的职业(如演员、导演、艺术设计师、雕刻家等)、音乐方面的职业(如歌唱家、作曲家、乐队指挥等)和文学方面的职业(如诗人、小说家、剧作家等)
社会型	具有合作、友善、助人、负责、圆滑、善社交、善言谈、洞察力强等特征,喜欢社会交往,关心社会问题,有教导别人的能力	教育工作者(如教师、教育行政人员)与社会工作者(如咨询人员、公关人员)等
企业型	具有冒险、野心、独断、乐观、自信、精力充沛、喜欢竞争等特征,喜欢从事领导及企业性质的职业	如政府官员、企业领导、销售人员等
传统型	具有顺从、谨慎、保守、实际、稳重、有效率等特征	如秘书、办公室人员、记事员、行政助理、图书馆管理员、出纳员、打字员等

霍兰德认为,上述职业类型与职业的关系不是绝对的,而是相互关联的。为了描述这种情况,霍兰德建议将这六种职业类型分别放在一个正六边形的每一角,见图 1-1。其中,实线表示相邻关系(如 RI、IR、IA、AI、AS、SA、SE、ES、EC、CE、RC 及 CR),这两种类型的个体之间共同点比较多,如现实型 R、研究型 I 的人都不太偏好人际交往,这两种职业环境中也都较少有机会与人接触;短折线表示相隔关系(如 RA、RE、IC、IS、AR、AE、SI、SC、EA、ER、CI 及 CS),这两种类型个体之间共同点较相邻关系少;点线属于相对关系(即在六边形上处于对角位置的类型,如 RS、IE、AC、SR、EI 及 CA),这两种类型的个体之间共同点比较少,一个人同时对相对关系的两种职业环境都感兴趣的情况较为少见。

此后,霍兰德理论不断丰富和发展。1993 年,普利德格(Prediger)在霍兰德六边形模型的基础上加上人和物维度、信息和思想的维度,使职业的类型和性质有机地结合起来。

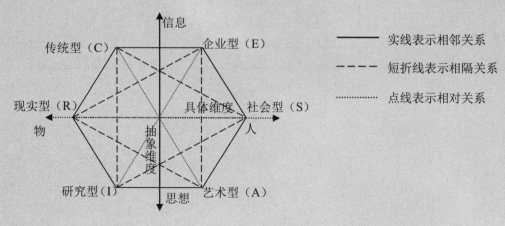

图 1-1 霍兰德职业类型关系图

【练习】

"美丽岛屿"小游戏

假定在茫茫的大海上,我们是一群游客,由于轮船搁浅,我们必须上岛。对于未来是否有救援的船只过来,我们知道这种可能性是零,而这六个岛屿很有可能就是我们今后要待的地方。如果只能待在一个岛上,那么你会如何选择?

这六个岛屿分别生活着不同的人。俗话说"物以类聚,人以群分",你最愿意到哪个岛上?每个人都做一个选择。假如你第一个要选择的岛屿已经人满为患,你的第二选择是哪个岛?如果第二个岛上人也满了,你的第三选择又是什么?请大家保留自己的选择。

R岛:自然原始的岛屿,岛上保留热带原始植物林,自然生态保护得很好,也有相当规模的动物园、植物园、水族馆。岛上居民以手工见长,自己种植瓜果蔬菜、修理房屋、打造器物,制作各种工具。

I岛:深思冥想的岛屿,岛上人迹较少,建筑物多偏处一隅,平川绿野,适合夜观星象。岛上有多处天文馆、科博馆以及科学图书馆等。岛上居民喜好沉思、追求真知,喜欢和来自各地的科学家、哲学家、心理学家等交流心得。

A岛:美丽浪漫的岛屿,岛上充满了美术馆、音乐厅,弥漫着浓厚的艺术文化气息。同时,当地的原住民还保留了传统的舞蹈、音乐与绘画,许多艺术和文艺界的朋友都喜欢在这里找寻灵感。

S岛:温暖友善的岛屿,岛上居民个性温和、十分友善、乐于助人,社区均自成一个个密切互动的服务网络,人们互助合作,重视教育,充满人文气息。

E岛:显赫富足的岛屿,岛上居民热情豪爽,善于经营。岛上的经济高度发展,处处是高级饭店、俱乐部、高尔夫球场,来往者多是企业家、经理人、政治家、律师等,岛上衣香鬓影,夜夜笙歌。

C岛:秩序井然的岛屿,岛上建筑十分现代化,是进步的都市形态,以完善的户政管理、地政管理和金融管理见长。岛民个性冷静保守,处事有条不紊,善于组织规划,细心高效。

你的选择是:

第一选择_____

第二选择_____

第三选择_____

第二章　明确自己的价值观

亲情、友情、爱情、财富、地位、名誉、权力、美貌、健康、快乐、自由、幸福等都是世间美好的事物，每个人都渴望拥有。但是人在一生中，会面临很多选择，当"鱼"和"熊掌"不可兼得时，我们常常是"舍鱼而取熊掌者也"。然而，对于不同的人，即使面临同样的选择，每个人心目中的"鱼"和"熊掌"也不是完全相同的。也就是说，每个人对事物(包括人、事、物)是否有价值以及价值大小的看法是不尽相同的。比如，求职时有人认为收入一般但稳定且福利好的工作是理想的选择，而有人则倾向于寻找薪水较高且挑战性较大的工作，认为这样的工作更有利于自己的成长与发展。你在生活和工作中最看重什么呢？这就是本章将要探讨的价值观问题。每个人都有自己独特的价值观，占主导地位的价值观会影响个体的职业选择。

【学习目标】

1. 了解价值观的内涵。
2. 掌握价值观对个人职业选择和发展的影响。
3. 能够对自己的职业价值观进行排序。

【小故事】

怀着非凡的爱去做平凡的事

"只要我一息尚存，我存在的场所便是病房、存在的价值便是医治病人。"这句话是"中国医学圣母"林巧稚的墓志铭。林巧稚是北京协和医院第一位中国籍妇产科主任，中国科学院第一位女学部委员(院士)，中国现代妇产科学的主要开拓者、奠基人之一。2009年，她被评为100位新中国成立以来感动中国人物之一。2019年，她被评选为"最美奋斗者"。

林巧稚的母亲在她5岁时因宫颈癌不幸去世。在失去母亲的痛苦中，林巧稚下定决心，以后要学医，成为一名救死扶伤的"白衣天使"。1921年，林巧稚考入北京协和医科学院(北京协和医学院)，并于1929年取得博士学位。毕业后，林巧稚选择留在协和医院较为冷门的妇产科，自此与我国妇婴健康事业紧紧连在一起。

1932年，林巧稚被派往英国曼彻斯特医学院和伦敦大学医学院进修。1939年，协和医院派林巧稚赴美国学习，在芝加哥大学医学院妇产科，她继续着胎儿生理领域的学术研究。1940年，林巧稚断然拒绝美方的挽留，毅然回国。

1941年，太平洋战争爆发，协和医院被迫关闭。林巧稚并未放下医生的职责，她在胡同里开办妇科诊所，继续为战乱中的中国妇女服务。怀着医者的仁心，林巧稚将诊疗费用降至平均水平以下，对待穷苦的病人，她不仅免去了诊疗费，还出钱对病人施以援助。她开办的诊所在战乱中坚持了6年，共留下8887份病历档案。

1948年，协和医院复院，林巧稚回到协和医院，主导重建了经过战争洗劫只剩下几张病床的妇产科。林巧稚出色的工作成果得到了社会各界的肯定，但是她始终不忘的，是自己身为医生治病救人的使命，她做任何事都是从维护妇婴健康的立场出发。1958年，她组织医护力量，对北京近8万名适龄妇女进行了妇科普查。她带领自己的团队走门串户逐人检查，收集了大量第一手资料，使宫颈癌的死亡率大大降低。

1983年4月22日，林巧稚病逝于北京，享年82岁。她在去世前嘱咐将其遗体用于医学研究，将奉献一词诠释到了极致。林巧稚秉承着博爱的理念拯救了万千母婴，亦将其毕生所学尽数传授给后辈以造福后世。她可以说一口流利的英文，能够书写中英双语的病历，钟爱喝咖啡，但西方的语言和生活习惯却始终没有改变她那颗赤诚的中国心，数次留在西方工作、生活的机会也从未打动她。林巧稚的一生，始终坚持年少求学时最纯粹的信念："怀着非凡的爱去做平凡的事。"而这非凡的爱，既是她对祖国的爱，也是她对妇婴同胞的爱。

(资料来源：根据党建网

http://www.dangjian.cn/shouye/dangjianwenhua/dangshigushi/202205/t20220518_6381629.shtml 改写)

点评： 林巧稚坚守产房50年，接生婴儿超5万，每一个她负责接生的婴儿身上都挂有她亲手写的"Lin Qiao Zhi's Baby"(林巧稚的孩子)的温暖签名，许多父母为了感激她救死扶伤的精神，给自己的孩子起名"念林""爱林""敬林""仰林"。是什么让终身未婚的林巧稚成为人人敬重的"万婴之母"？答案就是她坚信自己一直在做最有价值的事情。在林巧稚的心目中，将全部心血都奉献在自己祖国的孕妇和婴儿身上是其一生的追求和行为准则。

一、什么是价值观？

价值观是指一个人对周围的客观事物(包括人、事、物)的意义、重要性的总评价和总看法。对待同一个事物，由于价值观不同，就会有不同的行为。比如林巧稚从协和医学院毕业后，学习成绩优异的她，坚信最有价值的事情就是做母亲和婴儿的守护神，于是她选择了协和医院妇产科。但林巧稚的这个选择，却让身边的同学感到惋惜，他们觉得干内科不如干外科更有前途。在当时，医学生很少选妇产科，但是林巧稚坚定自己的信念，毫不动摇，她觉得妇产科需要自己。自林巧稚走上工作岗位到其临终前夕，她心中装着的只有妇女、儿童的安危，她将自己的一生完完全全地奉献给了我国的妇婴事业。在生活和事业两者不可兼得的条件下，她选择了事业，为事业终身未婚。可见，价值观对人的行为有着深远影响。

二、怎样了解自己的价值观？

有几种方式可以帮助你了解自己的价值观。

(1) 回忆你的时间规划。你的时间主要用在哪些方面？为什么这样安排时间？对这两个问题的回答可以帮助你确定自己的价值观，因为价值观是时间管理的根本，人们总是愿意把时间花在自己认为最重要的事情上。

(2) 回顾那些印象深刻的经验。为什么会印象深刻？是由于这些经验对你有意义。对你的意义就是价值观的体现。

(3) 利用价值观测量工具。目前使用较广泛的价值观测量量表或问卷有奥尔波特(Allport)等于 1931 年、1951 年、1960 年编制的"价值观量表"，莫里斯(Morris)1956 年编制的"生活方式问卷"，罗克奇(Rokeach)1973 年编制的"价值观调查量表"，内维尔(Nevil& Super)等于 1986 年编制的"价值观量表"和施瓦茨(Schwartz)等于 1992 年、1994 年、1995 年编制的"价值观量表"。

三、什么是职业价值观？

价值观在职业选择上的体现就是职业价值观，职业价值观也叫工作价值观。职业价值观是价值观的重要组成部分，是人们衡量社会上某种职业的优劣和重要性的内心尺度。它既决定着人们的择业倾向，又影响着人们的工作态度。职业价值观表明了一个人通过工作所要追求的理想是什么，如有的人是为了经济收入，有的人是为了社会声望，有的人是为了自我发展，有的人是为了帮助他人……人们的职业价值观不同，所选择的职业也会有所差别。

四、职业价值观有哪些特征？

职业价值观的基本特征主要包括以下几个方面。

(1) 职业价值观因人而异。因为每个人在身心条件、家庭影响、生活阅历、教育状况、兴趣爱好等方面都可能存在诸多差异，故形成的职业价值观也各不相同。

(2) 职业价值观是相对稳定的。一个人的职业价值观是在家庭、学校和社会的长期影响下逐步形成的。个体的职业价值观一旦确立，便具有相对稳定性。

(3) 职业价值观具有阶段性。职业价值观是个人需求的表现，一个人所处的成长阶段和外部环境不同，其自身的需求也会不同。如一个年轻人生活十分窘迫时，他会把赚钱当作自己工作的首要目标；而等他人到中年变得富有以后，薪酬就不再是排首位的职业价值观了，他可能会崇尚其他的职业价值观，如帮助别人等。

(4) 职业价值观具有多元化特征。每个人都拥有一种或多种职业价值观，如在被问到什么是好工作时，有人回答"没有太大压力，薪水高，工作稳定，尽量贴近自然……"这时此人至少已有 4 种职业价值观。另外，职业价值观也存在显著的个体差异。

五、职业价值观有哪些类型？

一般来说，职业价值观可以分为三大类：第一类与个人发展有关，称为发展因素，包括工作符合自己的兴趣爱好、机会均等、公平竞争、工作有挑战性、能发挥自己才能、发展空间大、工作自主性强、不受约束、能提供培训机会、晋升机会多、专业对口、有出国机会等。第二类与工资收入、福利待遇及生活水准有关，称为保健因素，包括薪酬高、福利好、保险全、职业稳定、工作环境舒适、交通便利等。第三类与声望地位有关，称为声望因素，包括工作单位知名度高、规模大、社会形象好、社会地位高等。

六、如何测评自己的职业价值观？

国外应用比较广泛且知名度比较高的职业价值观测评工具有"明尼苏达重要性问卷"①(Minnesota Importance Questionnaire，MIQ)、"职业价值观量表"②(Occupational Values Inventory，OVI)和"工作价值观量表"③(Work Values Inventory，WVI)等。国内有"职业价值观量表"④"职业价值观问卷"⑤和"大学生职业价值观问卷"⑥等。

【案例】

职业价值观模糊带来的就业盲目

2011 届某位毕业生参加了多家用人单位的招聘面试，因为他在沟通能力、现场表达等方面的表现不错，所以获得了德邦物流、长城汽车、易图通科技等多家公司的认可，都愿意录用他。而他却在这么多选择面前犯了愁。去德邦物流，公司要他去北京参加实习，需要扛包裹 3 个月；去长城汽车则要下车间实习半年到一年；而易图通公司不是知名公司。同时他在考虑到底去哪家公司时，又碰到了难题，他想离家近些，但是又不想受家里影响太多而失去自由；他想去大城市历练，又担心压力太大；想在中小城市积累，却又嫌机会相对较少。在这些想法同时并存的情况下，他左右为难。当这几家公司提出可以和他签订就业协议时，他很犹豫。在这样的情况下，就业办的老师建议他可以先去公司参加实习，通过实习进一步了解公司，并在实习中思考自己到底想从事什么样的工作。

2011 年 2 月，他进入德邦物流北京分公司参加实习，工作是扛包裹，由于劳动强度较大，加之他认为大学生干这样的工作不体面，他返回了学校。3 月底他进入易图通科技

---

① 由 Rounds、Henly、Dawis、Lofquist 和 Weiss 于 1981 年编制。
② 由高登(Gordon)于 1975 年编制。
③ 由舒伯(Super)于 1970 年编制。
④ 实为舒伯的"职业价值观量表"，由宁维卫于 1991 年修订。
⑤ 由凌文辁等于 1999 年编制。
⑥ 由金盛华等于 2005 年编制。

公司实习，工作相对清闲了，但通过与易图通老员工沟通了解到公司前途不明确而退出。而当长城汽车通知他也可以进入公司实习时，由于工作是进入生产车间，经与校友交流后，他认为没有发展空间而拒绝了去该公司实习。

(资料来源：吴前进. 大学生职业发展能力教程[M]. 北京：中国水利水电出版社，2013:39. 略有改动)

分析： 该毕业生求职过程中遇到的困惑主要来自自己的职业价值观不明确，导致他缺乏清晰的职业方向和职业目标，虽然多家公司向他抛出了橄榄枝，但由于其职业价值观模糊而难以抉择，最终全部放弃。因此，对该毕业生来说，当务之急是需要先澄清自己的职业价值观，了解自己在工作中真正想要追求的是什么。同时，还必须明白，很少有工作能够完全满足一个人所有的重要价值观，在择业的过程中我们总要不断地作出妥协，这是不可避免的，也是必要的。当然，只有对自己的职业价值观进行梳理和排序，才能知道该如何取舍。

【小资料】

价值澄清理论

价值澄清(Values Clarification)理论最早作为一种教学方法于20世纪20年代出现，为进步主义教育所采用。在20世纪60年代时逐渐形成一个德育学派，代表人物主要是纽约大学教育学院教授拉思斯(Louise E.Raths)、南伊利诺斯大学教育学教授哈明(Merrill Harmin)和马萨诸塞州大学教育学教授西蒙(Sidney B.Simon)，代表作是三人合著的《价值与教学》(Values and Teaching)。

拉思斯等认为，为了帮助学生澄清和发展他们自己的价值观，在学校的价值观教育中可以建立一种价值澄清过程，通过这种过程，学生可以确定他自己的价值观。拉思斯等将这一过程称为"评价过程"，具体来说，有选择、珍视和行动三个阶段。整个价值观获得的过程就是个体对选择的行为思考、评估，最后通过行为检验并形成一定的生活方式的过程。这三个阶段分为以下七个步骤：第一步，完全自由地选择；第二步，在尽可能广泛的范围内选择；第三步，对每一个选择途径的结果加以充分考虑后进行选择；第四步，喜爱作出的选择并感到满足；第五步，乐于公布自己的选择；第六步，按作出的选择行事；第七步，作为一种生活方式加以重复。在上述七个步骤中，前三步是选择阶段，解释如何选择自己价值观的问题，第四、五两步是对自我价值观的评价，是珍视阶段，第六、七两步是根据价值作出行动，属于行动阶段。只有这七个步骤完全经历之后，才算真正澄清并获得价值观。

(资料来源：路易斯·拉思斯. 价值与教学[M]. 谭松贤，译. 杭州：浙江教育出版社，2003. 引用时进行了改写)

【练习】

职业价值观自测量表

下面有52道题目，每个题目都有5个备选答案，请根据自己的实际情况或想法，在题目后面圈出相应字母，每题只能选择一个答案。通过测验，你大致可以了解自己的职业价值观。

  A. 非常重要 B. 比较重要 C. 一般 D. 较不重要 E. 很不重要

1. 你的工作必须经常解决新的问题。 ABCDE
2. 你的工作能为社会福利带来看得见的效果。 ABCDE
3. 你的工作奖金很高。 ABCDE
4. 你的工作内容经常变换。 ABCDE
5. 你能在你的工作范围内自由发挥。 ABCDE
6. 工作能使你的同学、朋友非常羡慕你。 ABCDE
7. 工作带有艺术性。 ABCDE
8. 你的工作能使人感觉到你是团体中的一分子。 ABCDE
9. 不论你怎么干，你总能和大多数人一样晋级和涨工资。 ABCDE
10. 你的工作使你有可能经常变换工作地点、场所或方式。 ABCDE
11. 在工作中你能接触到各种不同的人。 ABCDE
12. 你的工作上下班时间比较自由。 ABCDE
13. 你的工作使你不断地获得成功的感觉。 ABCDE
14. 你的工作赋予你高于别人的权力。 ABCDE
15. 在工作中，你能试行一些自己的新想法。 ABCDE
16. 在工作中，你不会因为身体或能力等因素而被人瞧不起。 ABCDE
17. 你能从工作的成果中，知道自己做得不错。 ABCDE
18. 你的工作经常要外出，参加各种集会和活动。 ABCDE
19. 只要你干上这份工作，就不再被调到其他意想不到的单位和工种上去。 ABCDE
20. 你的工作能使世界更美丽。 ABCDE
21. 在你的工作中，不会有人常来打扰你。 ABCDE
22. 只要努力，你的工资会高于其他同年龄的人，升级或涨工资的可能性比干其他工作大得多。 ABCDE
23. 你的工作是一项对智力的挑战。 ABCDE
24. 你的工作要求你把一些事务管理得井井有条。 ABCDE
25. 你的工作单位有舒适的休息室、更衣室、浴室及其他设备。 ABCDE
26. 你的工作有可能结识各行各业的知名人士。 ABCDE
27. 在你的工作中，能和同事建立良好的关系。 ABCDE
28. 在别人眼中，你的工作是很重要的。 ABCDE
29. 在工作中，你经常接触到新鲜的事物。 ABCDE
30. 你的工作使你能常常帮助别人。 ABCDE
31. 你在工作单位中，有可能经常变换工作岗位。 ABCDE
32. 你的作风使你被别人尊重。 ABCDE
33. 同事和领导人品较好，相处比较随便。 ABCDE
34. 你的工作会使许多人认识你。 ABCDE
35. 你的工作场所很好，如有适度的灯光，安静、清洁的工作环境，甚至恒温、恒湿等优越的条件。 ABCDE

36. 在工作中，你为他人服务，使他人感到很满意，你自己也很高兴。　　ABCDE
37. 你的工作需要计划和组织别人的工作。　　ABCDE
38. 你的工作需要敏锐的思考。　　ABCDE
39. 你的工作可以使你获得较多的额外收入，比如，常发实物、常购买打折扣的商品、常发商品的提货券、有机会购买进口货等。　　ABCDE
40. 在工作中，你是不受别人差遣的。　　ABCDE
41. 你的工作结果应该是一种艺术而不是一般的产品。　　ABCDE
42. 在工作中，你不必担心会因为所做的事情领导不满意，而受到训斥或经济惩罚。　　ABCDE
43. 在你的工作中能和领导有融洽的关系。　　ABCDE
44. 你可以看到努力工作的成果。　　ABCDE
45. 在工作中常常要你提出许多新的想法。　　ABCDE
46. 由于你的工作，经常有许多人来感谢你。　　ABCDE
47. 你的工作成果常常能得到上级、同事或社会的肯定。　　ABCDE
48. 在工作中，你可能做一个负责人，虽然可能只领导很少几个人，你信奉"宁作兵头，不作将尾"的俗语。　　ABCDE
49. 你从事的那种工作，经常在报刊、电视中被提到，因而在人们的心目中很有地位。　　ABCDE
50. 你的工作有数量可观的夜班费、加班费、保健费或营养费等。　　ABCDE
51. 你的工作比较轻松，精神上也不紧张。　　ABCDE
52. 你的工作需要和影视、戏剧、音乐、美术、文学等艺术打交道。　　ABCDE

评分与评价：

上面的 52 道题分别代表十三项工作价值观。每圈一个 A 得 5 分、B 得 4 分、C 得 3 分、D 得 2 分、E 得 1 分。请你根据评价表中每一项前面的题号，计算每一项的得分总数，并把它填在每一项的得分栏上。然后在表格下面依次列出得分最高的三项。

评价表如表 2-1 所示。

表 2-1　评价表

得　分	题　号	职业价值观	职业价值观呈现的目的和意义说明
	2、30、36、46	利他主义	在于直接为大众的幸福和利益尽一份力
	7、20、41、52	美感	在于能不断地追求美的东西，得到美感的享受
	1、23、38、45	智力刺激	在于不断地进行智力操作，动脑思考，学习以及探索新事物，解决新问题
	13、17、44、47	成就感	在于不断创新，不断取得成就，不断得到领导与同事的赞扬，或不断实现自己想要做的事
	5、15、21、40	独立性	在于能充分发挥自己的独立性和主动性，按自己的方式、步调或想法去做，不受他人干扰
	6、28、32、49	社会地位	在于所从事的工作在人们的心目中有较高的社会地位，从而使自己得到人们的重视与尊敬

续表

得分	题号	职业价值观	职业价值观呈现的目的和意义说明
	14、24、37、48	管理	在于获得对他人或某事物的管理支配权,能指挥和调遣一定范围内的人或事物
	3、22、39、50	经济报酬	在于获得优厚的报酬,使自己有足够的财力去获得自己想要的东西,使生活过得较为富足
	11、18、26、34	社会交往	在于能和各种人交往,建立比较广泛的社会联系和关系,甚至能和知名人物结识
	9、16、19、42	安全感	不管自己的能力怎样,希望在工作中有一个安稳局面,不会因为奖金、涨工资、调动工作或领导训斥等经常提心吊胆、心烦意乱
	12、25、35、51	舒适	希望能将工作作为一种消遣、休息或享受的形式,追求比较舒适、轻松、自由、优越的工作条件和环境
	8、27、33、43	人际关系	希望一起工作的大多数同事和领导人品较好,相处起来感到愉快、自然,认为这就是很有价值的事,是一种极大的满足
	4、10、29、31	变异性	希望工作的内容应该经常变换,使工作和生活显得丰富多彩,不单调枯燥

得分最高的三项是:

1. ___; 2. ___; 3. ___。

从得分最高的三项中,能够大致看出你的职业价值观,你在选择职业时可以加以考虑和借鉴。

【温馨提示】

价值观、职业价值观是个体自我认知和职业认知的第一步,也是进行其他认知的基础,对个体兴趣、职业兴趣以及技能获取、职业技能获取有着十分重要的指导作用。澄清价值观和职业价值观是职业生涯探索的开始,它将带领我们进入更深邃的人生规划历程。

第三章 评估自己的能力

在日常生活和工作中，经常可以发现这样的现象：有些事情你做起来得心应手，而其他人做起来却力不从心；有些事情对他人来说是轻而易举，但对你而言却是难若登天。这到底是为什么呢？其实是由于每个人的天赋本来就各不相同，再加上后天所受的教育及所处环境又存在很多差异，所以导致每个人各方面的能力和表现会有所差别。个体有些能力表现得十分突出，有些能力却表现得令人不满意，还有少数能力表现得可能非常逊色，这都是很自然的事。对于个人而言，如果能够早日了解自己各方面的能力发展状况，将有助于妥善规划自己的职业生涯。

【学习目标】

1. 了解能力的内涵及能力差异。
2. 能够评估自己的能力特长。
3. 掌握能力与职业匹配的原则。

【小故事】

IT 精英的困惑

李亮今年 27 岁，是某名牌大学信息工程专业的毕业生。他曾在深圳一家企业做了 4 年多系统分析员，因为业绩优秀，被北京一家公司高薪挖去担任部门经理，开始从事管理工作。但现在他觉得自己难以适应新的工作。原先做技术时只需要管好自己，按时完成任务就行了。而现在，他每天都卷入事务性的旋涡中："原来只和机器打交道，现在我每天开会、向领导汇报工作、给员工布置任务、与其他部门协调……忙得团团转。"最让李亮感到难受的是，给领导的报表总因不符合要求被退回来："我真怀疑自己的工作能力了，我是否只适合做技术，不能成为管理者。"

(资料来源：根据深圳新闻网 http://www.sznews.com/n/ca460130.htm 改写)

点评：在任何组织中，如果员工缺乏其工作岗位所必需的能力，无论他的工作态度多么积极，最终的工作绩效还是很低。李亮面对职业困境，可以请专业机构进行职业能力倾向测验，检验目前的工作是否与其能力匹配。理想的工作应是人尽其才，但能力在很大程度上来源于后天的培养，可以通过个人努力进行弥补。

一、什么是能力？

能力是人们在现实生活中经常提到的一个词，如张老师教学能力高超、王经理表达能力出众、李工程师社交能力较差等。能力作为一个日常生活概念，每个人都知道它的意思，但未必真正了解它的科学含义。

在心理学中，一般认为，能力是直接影响活动效率并保证人顺利完成某种活动所必备的心理特征。也就是说，人要想成功地完成一种活动，所需要的基本条件就是能力。例如，要想成功地绘制一幅油画，就必须具有色彩鉴别能力、形象记忆能力等；要想用钢琴弹出一曲优美的乐章，就必须具有节奏感、曲调感等音乐能力；要想成为篮球运动员，就必须具有迅速奔跑的能力、跳跃的能力等。

能力总是和人完成一定的活动联系在一起的。离开了具体活动，既不能表现人的能力，也不能发展人的能力。但是，我们不能认为与活动有关的并在活动中表现出来的所有的心理特征都是能力，如活泼、沉静、暴躁、谦虚、骄傲等心理特征，虽然对活动也有一定影响，但它们不直接决定活动能否完成，因此，不能称之为能力。

当然，任何单一的能力都不能成功地完成某种活动。为了完成学习任务，仅单纯依靠记忆能力是不可能的，还需要注意力、观察力、理解力、概括力、想象力等多种能力的组合。在各种能力的组合中，可能有些能力占据突出地位，起着重要作用，尤其在一些简单活动中更是如此。这反映了人在完成活动任务时，各种能力是彼此有机地结合在一起的，而不是简单的相加。这些能力结合成一个系统，并以整体的方式作用于个人的活动。所谓才能，就是完成某种活动中所需要的各种能力的最完备的结合，它能使人迅速地、有效地完成某种活动。天才并不表示一个人的全部能力都超群，只是指他在有限的活动领域中表现非凡。可以说，莫扎特是音乐天才，莎士比亚是文学天才，但并不表示他们在其他活动中拥有同样的才华。

二、能力有哪些类型？

人类所从事的活动多种多样，完成这些活动所必需的能力也各不相同，根据不同的标准，可以把能力分为不同的类型。

(一)一般能力和特殊能力

根据能力所表现的活动领域不同，可以将能力划分为一般能力和特殊能力。

1. 一般能力

一般能力是指人们所共同具有的最基本的能力，如观察能力、记忆能力、思维能力、想象能力等，一般能力就是人们通常所说的智力。它是人们完成任何活动都不可缺少的，是能力中最主要和最一般的部分。

2. 特殊能力

特殊能力是指人们从事特殊职业或专业所需要的能力。例如，品酒师需要敏锐的嗅觉能力、建筑设计师需要准确的空间知觉能力、数学家需要高水平的抽象思维能力、企业领导者需要较强的风险承受能力，等等。

一般能力和特殊能力是不可分割的统一整体，二者的发展是相互促进的。一方面，一般能力是特殊能力的重要组成部分。例如，人的一般听觉能力既存在于音乐能力中，也存在于言语能力中。没有一般听觉能力的发展，就不可能发展音乐能力和言语能力。另一方面，特殊能力的发展有助于促进一般能力的发展。例如，观察能力属于一般能力，但在画家身上，由于绘画能力的特殊发展，其对事物的观察能力也相应地发展起来。

(二)模仿能力和创造能力

根据能力是否能够帮助人们创造出新事物，可以将能力划分为模仿能力和创造能力。

1. 模仿能力

模仿能力是指通过观察别人的行为和活动来学习各种知识技能，然后以相同的方式做出反应的能力。比如，孩子模仿父母的言行，学生模仿老师的举止，青少年模仿影视明星的装扮等。

2. 创造能力

创造能力是指人们产生新思想和新产品的能力。如作家通过构思新的人物形象，写出一部新文学作品的能力；科学家研制出一项新发明的能力等。

模仿能力与创造能力截然不同，模仿只能按现成的方式解决问题，而创造则可以提供解决问题的新方式与新途径。人的模仿能力与创造能力存在明显的个体差异，有人模仿能力较强，而创造能力较弱；有人模仿能力与创造能力都较强。图 3-1 是美国心理学家巴朗通过让被试者完成未画完的图画来测量人们创造能力的结果。其中，图 3-1(a)是一般人完成的，图 3-1(b)是创造能力较强的科学家和艺术家完成的。可以看出，创造能力较强的人所完成的图画比较复杂，而且是非对称的，这和一般人的反应明显不同。在现实生活中，模仿能力与创造能力有着密切联系。人们常常是先模仿，然后再进行创造。学习书法的人总是先临摹别人的字帖，然后才能创作出具有个人独特风格的作品。在许多情况下，模仿能力是创造能力的前提和基础。

(三)认知能力、操作能力和社交能力

根据能力的功能不同，可将能力划分为认知能力、操作能力和社交能力。

1. 认知能力

认知能力是指个体接收信息、加工信息、储存信息和应用信息的能力。它表现在人们

对客观世界的认识活动中。美国心理学家加涅提出三种认知能力：言语信息(回答"世界是什么"的问题的能力)、智慧技能(回答"为什么"和"怎么办"的问题的能力)、认知策略(有意识地调节与监控自己的认知加工过程的能力)。

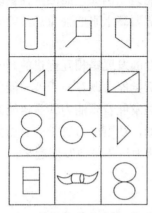
(a) 一般人完成的

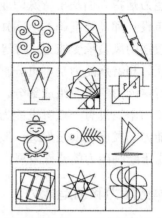
(b) 创造能力较强的科学家和艺术家完成的

图 3-1　巴朗通过让被试者完成未画完的图画来测量人们创造能力的结果

2. 操作能力

操作能力是指个体指挥自己的肢体以完成各项活动的能力，生产劳动能力、艺术表演能力、体育运动能力等都被认为是操作能力。认知能力和操作能力联系密切，操作能力的发展离不开个体借助认知能力积累的知识与经验，同样，认知能力的提高也离不开个体依靠操作能力所形成的感性经验的支撑。

3. 社交能力

社交能力是指人们在社会交往活动中所表现出来的能力，组织管理能力、沟通协调能力、人际适应能力、洞察能力、应变能力等都被认为是社交能力。社交能力中包含认知能力和操作能力。

三、能力与知识、技能三者之间的区别与联系是什么？

能力是直接影响活动效率并保证人顺利完成某种活动所必备的心理特征。知识是人类社会发展的经验总结和概括，每个人在生活、学习的过程中，都不断地掌握人类已有的知识经验，如待人接物的知识、文学写作的知识、数学四则运算的知识、英语语法知识等。技能是人们通过练习获得的动作方式和动作系统，主要表现为动作执行的经验。技能分为操作技能和心智技能，如游泳、开车、跳舞等是操作技能，口算等是心智技能。

能力与知识、技能之间是辩证统一的关系，它们既有区别，又有联系，既相互促进，又彼此制约。能力与知识、技能的区别表现在五个方面。第一，能力与知识、技能的含义不同，它们分属于不同的范畴。第二，能力与知识、技能在来源上有区别，个体的知识、技能完全是后天的，而能力除了要受后天的环境教育等因素的影响外，还要受个体先天遗传因素的影响。第三，知识和技能是随着一个人不断地学习和实践而日益增长和积累的，能力在人的一生中则是逐渐形成、发展和相对衰退或者停滞的过程。第四，从迁移的特点来看，知识和技能的迁移范围相对较窄，它们只能在类似的活动、行为或情境中发生迁移；而能力则有广泛的迁移范围，可以在许多场合(即使它们并不很相似)发挥作用。第五，与能力的发展相比，个体知识与技能的掌握更快一些。

能力与知识、技能的联系表现在两个方面。第一，能力的形成与发展依赖于知识、技能的获得。随着人的知识、技能的积累，人的能力也会不断得到提高。第二，能力的高低又会影响个体掌握知识、技能的水平。能力强的人较容易获得知识和技能，他们付出的代价也比较小；而能力较弱的人可能要付出更大的努力才能掌握同样的知识和技能。因此，能力会影响一个人掌握知识、技能的速度与质量。

正确理解能力与知识、技能的关系，有利于鉴别和培养人才。首先，不能仅依据一个人拥有知识的多少和技能的高低来简单地评价这个人能力的大小，否则容易作出错误的判断。其次，在教育工作中，也不能仅关注学生对知识、技能的掌握而忽视其能力的发展，否则会造成"高知低能"或"高分低能"的现象。

四、人与人之间在能力上存在哪些差异？

人与人之间在能力上存在明显的差异，如有人写作能力强，落笔成文；有人动作协调能力好，跳舞、打球、游泳一学就会；有人社交能力出众，善于理解别人的行为、动机和情绪等。能力的差异主要表现在能力类型的差异、能力发展水平的差异和能力表现早晚的差异三个方面。

(一)能力类型的差异

能力类型的差异是指构成能力的各种因素存在质的差异。例如在观察时，有的人善于分析细节，但缺乏整体概括本领，而另一些人虽然概括能力较强，却容易忽略细节；在记忆时，有的人善于视觉记忆，有的人善于听觉记忆，有的人对形象的东西过目不忘，另一些人则最能记住抽象逻辑性强的东西。在特殊能力方面也存在明显的类型差异，如有人精通绘画，有人善于音乐。而且，即使同样在音乐方面能力出众，人们的表现也不一样，有人节奏感强，有人曲调感精细，而有人听觉想象力丰富。

(二)能力发展水平的差异

能力发展水平的差异是指不同人的同种能力在量的方面存在差异。它表明人的同种能力发展水平有高有低。以智力为例，通过智力测验，心理学家们可以了解人们的智力发展水平。智力测验的分数被称为智商(Intelligence Quotient，IQ)。从整个人群来看，人的智商差异很大，高的可达150分甚至200分以上，低的只有20分、30分。但这种差异是有规律的，即智商特别高的人和智商特别低的人在总人口中所占比例很小，而智力居中的人数量最多。大样本的智商分数正态分布如图3-2所示。

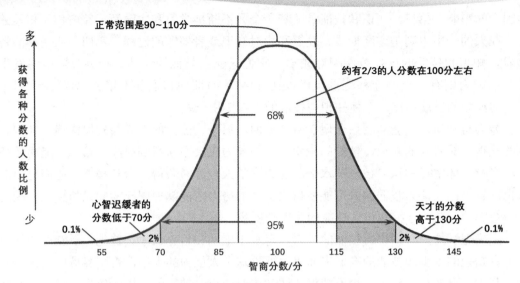

图 3-2　大样本的智商分数正态分布

(资料来源：津巴多，约翰逊，麦卡恩. 津巴多普通心理学：原书第 7 版. DSM-5 升级版[M]. 邹智敏，肖莉婷，等译. 北京：机械工业出版社，2017)

(三)能力表现早晚的差异

人的能力的发展有早晚之分。

有的人在儿童时期就在某些方面显现出非凡的能力。如我国唐朝诗人王勃 10 岁能作赋；莫扎特 5 岁作曲，8 岁作交响乐，11 岁创作歌剧；控制论的创始人维纳，4 岁就可以自由地阅读书籍，7 岁能阅读达尔文的著作，9 岁破格升入高中，11 岁写出论文，14 岁大学毕业，18 岁获哈佛大学哲学博士学位。许多研究表明，能力的早期表现在音乐、绘画等领域中最常见。能力的早期表现，一方面要有良好的素质基础，另一方面也离不开环境的早期影响和个体的主观努力。

有的人能力发展较晚，年龄很大时才达到较高的水平。如画家齐白石 40 岁才表现出绘画才能；达尔文 50 岁时才开始有研究成果，写出名著《物种起源》；摩尔根发表基因遗传理论时已经 60 岁了。人才大器晚成的原因是多方面的，有可能是青年时期没有机会或不够努力，也有可能是所从事的工作需要长时间的积累，因而表现为厚积薄发。但就大多数人来说，青壮年时期是各项能力表现的最佳年龄。

五、影响能力发展的因素有哪些？

个体并不是一生下来就具有各种能力，人的能力是在出生后的成长过程中不断发展起来的。到底哪些因素影响能力的发展呢？现代心理学界认为：能力的发展依赖于多种因素的交互作用，这些因素既包括先天的遗传素质，也包括后天的环境和教育、实践活动以及人格特征等。也就是说，能力是在多种因素的共同作用下发展起来的。其中，遗传素质是能力发展的自然前提和物质基础，个体如果缺乏某一方面的遗传素质，就难以发展某一方面的能力。例如，天生的盲人难以发展绘画能力；先天失聪的人无法培养高水平的音乐能力；唐氏综合征患者则很难智力超群；等等。如果把能力发展比作一棵不断向上生长的小树，那么遗传等生物因素就是它生长的土壤，而家庭、学校教育等外界环境因素则是它生长时所需要的阳光。无数事实证明，环境和教育是影响能力发展的重要因素。

  同时，人的各种能力的发展是与其所从事的社会实践活动密不可分的。长年累月、坚持不懈地参加各种社会实践，会使人相应的能力得到提升。例如，卖油翁熟能生巧的倒油能力、宇航员高超的平衡能力、职业经理人出色的管理能力等都是在长年的实践中培养出来的。我国汉代唯物主义哲学家王充就曾提出过"施用累能"和"科用累能"的思想，前者是说能力是在使用中积累的，后者是说不同职业活动可以积累不同的能力。换言之，由于实践的性质不同、实践的广度和深度不同，人们会形成各种不同的能力。例如，被誉为"大国工匠"的高凤林在焊接方面拥有超人的能力。在"长征五号"火箭发动机的喷管上，有数百根空心管线，管壁的厚度只有 0.33 毫米，高凤林需要通过 3 万多次精密的焊接操作，才能把它们编织在一起。这些细如发丝的焊缝加起来，长度超过 1600 米，每个焊点的宽度只有 0.16 毫米，完成焊接允许的时间误差仅为 0.1 秒。发动机是火箭的"心脏"，一小点焊接瑕疵都有可能导致一场灾难。为了保证一条细窄而"漫长"的焊缝在技术指标上首尾一致，高凤林在整个操作过程中必须发力精准、心平手稳，保持住焊条与母件的恰当角度，这样才能让焊液在焊缝里均匀分布，不出现气孔、沙眼。高凤林攻克发动机喷管焊接技术的这些绝活都是在实践中一点点练出来的，他吃饭时拿筷子练送丝，喝水时端着盛满水的杯子练稳定性，休息时举着铁块练耐力，冒着高温观察铁水的流动规律。由此可见，任何高超的能力都是在实践活动中不断练就的。

  许多研究表明：强烈的动机、浓厚的兴趣、顽强的意志等人格特征也是促进能力发展的重要因素。一般来说，具有比较稳定的特殊兴趣能够促进能力某一方面的发展。能力的发展离不开良好的性格特征，没有坚强的毅力，没有拼搏进取和勤学苦练的精神，能力发展的水平就会比较低。

  总之，影响能力发展的因素是多方面的，虽然无法精确估算各种影响因素在决定能力高低与发展历程中各自所占的比重，但有一点是不可否定的，即遗传素质、环境和教育、实践活动以及个体的人格特征在能力发展中的作用缺一不可。

六、如何了解自己的能力特长？

  具备一定的能力是个人职业成功的先决条件，试想一名主持人如果连说话都不流利，怎么能胜任工作？可见，人们只有对自己的能力有充分的认识和判断，才能找到适合自己的工作。能力测试是个人了解自己能力的一种非常重要的方法，国内外常见的能力测试主要有韦克斯勒成人智力量表(Wechsler Adult Intelligence Scale，WAIS)、瑞文推理测试(Raven's Progressive Matrices，RPM)、一般能力倾向测试(General Aptitude Test Battery，GATB)、分辨能力倾向测验(Differential Aptitude Test，DAT)、托兰斯创造性思维测验(Torrance Tests of Creative Thinking，TTCT)、本纳特机械理解测验(Bennet Mechanical Comprehension Test，BMCT)、西肖尔音乐才能测验(Seashore Measures of Musical Talents，SMMT)和梅尔艺术鉴赏测验(Meier Art Judgement Test，MAJT)等。

七、如何做到能力与职业的匹配？

不同的职业对能力的要求是不同的，例如，医生需要具备敏锐的观察能力，教师需要良好的语言表达能力，宇航员需要具备高超的平衡能力，职业经理人应有出色的管理能力等。可见，职业与能力之间存在着重要的匹配关系，要做到能力与职业的匹配，应把握好以下两个原则。

(一)发挥自己的优势能力

职业能力是由多种具体能力组成的综合能力，具体包括学习能力、洞察能力、言语能力、社交能力、管理能力、动手操作能力等。对个人而言，这些具体能力的发展是不平衡的，常常是某方面的能力占优势，而另一些能力则不太突出。因此，在择业时，个人应选择最能运用自己优势能力的职业，这样可达到事半功倍的工作效果。

(二)能力水平要与职业层次一致

对一种职业或职业类型来说，由于所承担的责任不同，所以不同的责任对人的能力就有不同的要求。每个人择业时在确定了职业类型后，还要根据自己目前的能力水平确定匹配的职业层次。比如，对于一个有志于从事销售工作的应届毕业生而言，选择的第一份工作应该是基层销售。如果他一定要应聘某公司的销售总监，以他的能力和经验显然是无法胜任的，而且也不会有公司录用他。

【案例】

放弃也可以成就人生

杨振宁青年时期喜爱物理，而且想成为一位实验物理学家。赴美国留学时，他本来想跟芝加哥大学的费米教授做实验物理学的研究，希望能在费米的指导下写一篇实验方面的博士论文。可是那个时候费米的实验室是保密的，留学生身份的杨振宁不能进入。所以费米推荐他先跟泰勒教授做些理论研究，实验则可以到艾里逊教授的实验室去做。

然而，杨振宁的物理实验进行得非常不顺利，做实验时常常发生爆炸，以至于当时实验室里流传着这样一句笑话：哪里有爆炸，哪里就有杨振宁。此时，杨振宁不得不痛苦地承认，自己的动手能力比别人差！

一天，一直在关注着杨振宁、被誉为美国"氢弹之父"的泰勒博士关切地问杨振宁："你做的实验是不是不太成功？"

"是的。"面对令人尊敬的前辈，杨振宁诚恳地说。

"我认为你不必坚持一定要写一篇实验论文，你已经写了一篇理论论文，我建议你把它充实一下作为博士论文，我可以做你的导师。"泰勒直率地对杨振宁说。

杨振宁听了泰勒的话，心情十分复杂。一方面，他从内心深处感到自己做实验确实力不从心；另一方面，他又不甘服输，非常希望通过写一篇实验论文来弥补自己实验能力的不足。他十分感谢泰勒的关怀，但要他下决心打消自己的实验目标实在不是一件容易的事。

第三章 评估自己的能力

"我想考虑一下,两天后再告诉您。"杨振宁恳切地说。

杨振宁认真思考了两天。他想起在厦门上小学时的一件事:有一次上手工课,杨振宁兴致勃勃地捏了一只鸡,拿回家给爸爸妈妈看,爸爸妈妈看了笑着说:"很好,很好,是一段藕吧?"往事一件接一件地在他的脑海里浮现,他不得不承认,自己的动手能力实在不强。

最终,杨振宁接受了泰勒的建议,放弃写实验论文。从此,他毅然把主攻方向转向理论物理研究,与李政道联手摘取了1957年的诺贝尔物理学奖。

(资料来源:豆丁网 https://www.docin.com/p-2558605775.html)

分析: 没有人是全能的,成功者只是比一般人更懂得加强自己的优点,并且善于管理自己的缺点。个人发展最重要的就是扬长避短,花一些心思管理自己的缺点,使缺点不致成为成功的绊脚石,而将绝大部分精力投入在加强自身的优点上,使它们充分发挥。做自己能胜任的事情、做自己擅长的事情,是走向成功的明智之举。

【小资料】

能力的加强

能力因人而异,因此不同的人适合不同的工作,但是这绝不是说个体在能力面前毫无作为。相反,正是由于个体的能力有限,所以才需要不断地学习,不断地提升自己的优势,改善自己的劣势。评估能力的目的,只是告诉你:哪些方面你可以得到更好的发展,哪些方面你只能做到平均水平,哪些方面你可能在平均水平之下。能力评估给个体提供了前进的方向,绝不应该成为接受现状的理由[1]。

在对自己的能力有所了解之后,应该做的是通过学习不断地提高自己的能力,使强项更强、弱项改善。能力不断提高的过程,就是终身学习的过程。

【练习】

"我能做什么"探索活动

在这项活动中,你需要搞清楚的是:我会做哪些事情?要求:用10个陈述句来描述自己的能力。只要是你会做的,就把它写出来,不一定要和工作有关。例如,"我能和别人相处得很好"或"我能操作电脑"等。

1. 我能做的事情有:

(1) 我能_____

(2) 我能_____

(3) 我能_____

(4) 我能_____

(5) 我能_____

(6) 我能_____

---

[1] 黄天中. 生涯规划——体验式学习[M]. 北京:高等教育出版社,2009:511.

(7) 我能＿＿＿＿＿＿＿＿＿＿＿＿＿＿＿＿＿＿＿＿＿＿＿＿＿＿＿＿＿＿
(8) 我能＿＿＿＿＿＿＿＿＿＿＿＿＿＿＿＿＿＿＿＿＿＿＿＿＿＿＿＿＿＿
(9) 我能＿＿＿＿＿＿＿＿＿＿＿＿＿＿＿＿＿＿＿＿＿＿＿＿＿＿＿＿＿＿
(10) 我能＿＿＿＿＿＿＿＿＿＿＿＿＿＿＿＿＿＿＿＿＿＿＿＿＿＿＿＿＿

2. 在上面所陈述的事情中，哪一件事你做得最好？其次又是哪一件？请试着将以上10件事情依照实际情况在"顺序"栏中列出，表现最好的填1，其次填2，依次类推。

3. 通过前面的活动，你已基本清楚了自己的能力特长，接下来请思考："与我能力有关的职业有哪些？"

专题二 职场分析

第四章 认识职业岗位

职业是我们谋生的手段，职业寄托着我们人生的梦想，一个不热爱本职工作的人是很难实现人生梦想的。在职业选择标准上，没有好坏之分，只有适合与不适合。深刻了解从事某项职业所需要的资格及条件，能清晰地判断自己应当选择什么职业，不能选择什么职业。

【学习目标】

1. 掌握职业分类。
2. 掌握职业资格的种类及取得方法。
3. 了解职称的含义及取得的方式。
4. 了解我国行业的分类。

【小故事】

入殓师——最温柔的陪伴

一个调色盘、几支画笔、几管颜料、一副镊子、一把梳子、一大袋的棉花和浸有福尔马林的纱布，以及专用的洗浴床、洗浴用品、面膜等，为的就是让死者保留原来的容颜。吴津娜，"80 后"入殓师，19 岁从福建民政学校殡葬专业毕业后，即前往日本学习当一名入殓师，一做就是九年。2013 年，带着炉火纯青的技术和对入殓的深刻理解，她回国组建入殓师团队，成立至归(上海)礼仪服务有限公司。从事这一行将近 20 年的吴津娜，每日为 15 位死者整理遗体，每年共服务 5000 余位死者，被称为"中国故人沐浴第一人"。吴津娜带着她的团队，靠着"响彻云霄"的技术，以"故人沐浴"服务蜚声国内，而吴津娜本人也被誉为中国"故人沐浴"第一人。吴津娜认为，入殓师并不像很多人想象的那样，而是一种充满温暖和关爱的职业。她从来没有将死去的人当成一具冰冷的死尸，她只把他们当成"故人"。她会将"故人沐浴"作为毕生的事业，这种经历，可以让活着的人重新审视自己的生活。这项事业是一份对亡者的尊重，更是一份对生者的慰藉。

尽管时代变了，大家观念开放了，但对于入殓师来说，他们依然会遭遇到来自社会的不解。人各有志，路漫漫其修远兮，编织梦想，需要的是不屈不挠的精神。

(资料来源：根据搜狐网 https://www.sohu.com/a/564161144_121136600#:~改写)

点评：在国外，殡葬是十大热门行业之一。每个人都会经历生、老、病、死，入殓师是在逝者最后时刻，用双手为他们温暖送行的人。"帮助逝者有尊严地走完人生最后一程"，这是入殓师们的职责，他们的职业就像医生迎接新生儿一样神圣，入殓师同样能体现自身价值。该职业在《中华人民共和国职业分类大典》2022 年版中已经正式列入，职业名称为"遗体防腐整容师"。

一、《中华人民共和国职业分类大典》有哪些职业分类？

《中华人民共和国职业分类大典》于 1998 年 12 月编制完成，并于 1999 年 5 月正式颁布实施，是我国首部职业分类大典。2010 年逐步启动了各个行业的修订工作。2015 年 7 月 29 日，国家职业分类大典修订工作委员会召开全体会议审议、表决通过并颁布了新修订的 2015 年版《中华人民共和国职业分类大典》。2015 年版《中华人民共和国职业分类大典》将我国职业分为 8 个大类、75 个中类、434 个小类、1481 个细类(职业)。

2022 年 7 月，人力资源和社会保障部向社会公示了新修订的《中华人民共和国职业分类大典》，并于 2022 年 11 月正式出版。此次大典修订工作，是 2021 年 4 月由人力资源和社会保障部、国家市场监督管理总局、国家统计局联合启动的，也是自 1999 年颁布首部国家职业分类大典以来的第二次全面修订。此次大典修订围绕制造强国、数字中国、绿色经济、依法治国、乡村振兴等国家重点战略，增设或调整了相关中类、小类和细类(职业)。比如围绕制造强国，我们把工业机器人操作员和运维人员纳入大典中。根据乡村振兴的需要，我们把农业数字化技术员和农业经理人纳入大典中。与 2015 年版大典相比，2022 年版大典在保持 8 个大类不变的情况下，根据实际，增设或调整了相关中类、小类和细类(职业)，净增了 158 个新的职业，现在职业数达到了 1639 个。同时对相关职业信息描述做了一些修订，对第七大类的名称作了修改，对第一大类定义做了调整，对 32 个中类、100 余个小类名称、定义作了一些调整；对 600 多个细类(职业)及工种编码、定义、名称等描述作了调整，如表 4-1 所示。

新版大典的一个亮点，就是首次标识了数字职业(标识为 S)。数字职业是从数字产业化和产业数字化两个视角，围绕数字语言表达、数字信息传输、数字内容生产三个维度及相关指标综合论证而界定的。标识数字职业是我国职业分类的重大创新，对推动数字经济、数字技术发展以及提升全民数字素养，具有重要意义。新版大典中共标识数字职业 97 个，约占职业总数的 6%。标识了绿色职业 134 个(标识为 L)，约占职业总数的 8%。既是绿色职业，又是数字职业的有 23 个(标识为 L/S)。

第一大类名称为"党的机关、国家机关、群众团体和社会组织、企事业单位负责人"，其职业分类根据国家现代管理理念，并参照我国政治制度与管理体制现状，对具有决策权和管理职权的社会职业依组织类型、职责范围的层次和业务相似性、工作的复杂程度和所承担的职责大小等进行划分与归类，2015 年版包括 6 个中类、15 个小类、23 个职业。在2022年版中比2015年版增加了1个小类、2个职业，包括6个中类、16个小类、25个职业，本大类里不含有绿色和数字职业。

表4-1　2015年版《中华人民共和国职业分类大典》职业分类体系与2022年版公示稿对比

大　类	中　类		小　类		细类(职业)	
	2015	2022	2015	2022	2015	2022
第一大类，党的机关、国家机关、群众团体和社会组织、企事业单位负责人	6	6	15	16	23	25
第二大类，专业技术人员	11	11	120	125	451	492
第三大类，办事人员和有关人员	3	4	9	12	25	36
第四大类，社会生产服务和生活服务人员	15	15	93	96	278	356
第五大类，农、林、牧、渔业生产及辅助人员	6	6	24	24	52	54
第六大类，生产制造及有关人员	32	32	171	172	650	671
第七大类，军人	1	4	1	4	1	4
第八大类，不便分类的其他从业人员	1	1	1	1	1	1
合计	75	79	434	450	1481	1639

第二大类名称为"专业技术人员"，其职业分类除遵循职业分类一般原则和技术规范外，还着重考量职业的专业化、社会化和国际化水平，原2015年版包括11个中类、120个小类、451个职业。随着我国数字经济、社会保险、监察制度的发展，在2022年版中增加了5个小类、41个职业，包括11个中类、125个小类、489个职业，本大类里有绿色职业61个，数字职业54个，既是绿色职业又是数字职业的共16个。

第三大类名称为"办事人员和有关人员"，其职业分类是以所办理事务或所从事服务项目的同一性进行划分和归类，主要依据我国公共管理与社会组织中从业者的实际业态进行。本大类强化其公共管理、企事业管理等领域行政业务、行政事务属性，2015年版大典包括3个中类、9个小类、25个职业。为厘清行政事务和法律事务，并对社区基层职业进行细化，在2022年版中增加1个中类、3个小类、11个职业，包括4个中类、12个小类、36个职业，本大类里有绿色职业2个，无数字职业。

第四大类名称为"社会生产服务和生活服务人员"，主要按照服务属性归并职业，其职业分类参照国民经济行业分类以及我国服务业发展现状，特别关注新兴服务业的社会职业发展，2015年版包括15个中类、93个小类、278个职业。近年来，为适应电子商务、养老服务、教育服务等产业发展的新要求，在2022年版中增加了3个小类、78个职业，包括15个中类、96个小类、356个职业，本大类里有绿色职业37个，数字职业37个，既是绿色职业又是数字职业的共5个。

第五大类名称为"农、林、牧、渔业生产及辅助人员"，其职业分类以农、林、牧、渔业生产环境、生产技术和产业结构的变化，现代农业生产领域中生产技术应用、生产分工与合作的现状为依据，参照国民经济行业分类进行，2015年版大典包括6个中类、24个小类、52个职业。为适应乡村振兴新形势，在2022年版中增加了2个职业，包括6个中类、24 个小类、54 个职业，本大类里有绿色职业 14 个，数字职业 1 个，既是绿色职业又是数字职业的共 1 个。

第六大类名称为"生产制造及有关人员"，其职业分类按照国民经济行业分类以及生产制造业发展业态，以工艺技术、工具设备、主要原材料、产品用途和服务与技能等级水平相似性进行，2015 年版大典包括 32 个中类、171 个小类、650 个职业。为推动智能制造行业发展，在 2022 年版中增加了 1 个小类、20 个职业，包括 32 个中类、172 个小类、671 个职业，本大类里有绿色职业 20 个，数字职业 5 个，既是绿色职业又是数字职业的共 1 个。

第七大类名称为"军人"。2015 年版大典中只有 1 个中类、1 个小类和 1 个职业。在 2022 年版中，为顺应国防和军队改革要求，修改了大类名称，并细分为 4 个中类、4 个小类和 4 个职业。本大类里不含有绿色职业和数字职业。

第八大类名称为"不便分类的其他从业人员"。2022 年版内容与 2015 年版相同，没有改变。

在大典中每个类别都有相应的编码、名称、类别描述等内容，每一个职业都包括职业编码、职业名称、职业定义和工作任务。其中，职业编码是由"大类码-中类码-小类码-细类码"组成。以高等教育教师职业为例，其描述见表 4-2。

表 4-2　2022 年版《中华人民共和国职业分类大典》公示稿中职业举例

职业编码	职业名称	职业定义	主要工作任务
2-08-01-01	普通高等学校教师	在普通高等学校，专门从事教育教学及科学研究工作的专业人员	1. 进行普通高等学校基础课、专业基础课、专业课等课程的教学，答疑、批改作业，组织课堂讨论； 2. 参加实验室建设，指导实验教学； 3. 组织、指导生产实习、社会实践和社会服务； 4. 进行课程设计，指导学生毕业设计、毕业论文、学位论文； 5. 开展学生思想政治工作、职业指导工作，担任班主任或政治辅导员； 6. 编写教材及讲义，编审教材及教学参考书； 7. 进行教育教学研究，开展教育教学改革与实践； 8. 进行学生学习成绩的考试、考核； 9. 进行科学研究、技术开发和成果转化

二、职业、职位有什么区别？

前面我们定义，职业(Occupation)是指人们为了谋生和发展从事的具有相对稳定的、有收入的和专门类别的工作。因此，从个人的角度来看，职业就是运用专门知识或技能的工作；从社会学的角度来看，职业是指在不同的行业和组织中存在一组相似的职位，比如会计是一种职业，它几乎在各个行业里面都存在，在教育、医疗、制造行业都存在会计这样一个职业。

职位是工作的职务与位置。当职责和责任结合在一起的时候就产生了职位(Position)。在主要任务和责任上相同或相似的一组职位就构成了工作。一个职位只能容纳一个人，而一项工作则可以有多个人来做。职位与组织有直接关系，即一个职位只能为某个具体的部门所拥有。职位在任何时候都应根据组织机构的目标和流程而设置，不能因人来设置职位，也不能因任职者调离而舍弃该职位，它是组织机构的基本单位。

三、什么是职业分层？

职业分层是指通过人们对某种职业所对应的经济收入、权力地位和社会声望进行评价，从而对多种职业进行排序的分层方法。

对职业分层的研究起源于西方发达国家。美国学者安妮·罗伊(Anne Roe)把职业分为服务、商业交易、行政、科技、户外活动、科学、文化和艺术娱乐八大职业组群，依其难易程度和责任要求的高低分为六个层级。在我国的教育体制下，按不同层次需要的最低教育水平和难易程度划分的职业分层体系见表4-3。

表4-3 职业分层体系中不同层次需要的最低教育水平

难易程度	教育水平	相关职业
高级专业及管理	本科及以上教育	心理咨询师、高级工程师、医师、法官、公司业务主管等
一般专业及管理	专科或本科教育	人事经理、飞行员、药剂师、新闻编辑、建筑师、工程师、教师等
半专业及管理	专科、高职教育或中等职业教育	护士、会计、秘书、广播员、摄影师、经销商等
技术	中等职业教育或高中	技师、水电工、技术助理、一般职员等
半技术	中学	司机、售票员、图书馆管理员、厨师等
非技术	小学	清洁工、送报员、保安等

(资料来源：杜耿.《重塑职业生涯规划：个性、生活与职业》)

从表4-3中可以看到，处于不同层级的职业不仅反映了其社会地位和社会价值取向，同时反映出该职业的教育水平、技术含量以及能力状况等内容。因此，职业分层实际上是职业所要求的从业人员综合素质的反映。一般来说，具有较高技术水平、教育水平以及在社会中拥有较高权力地位的职业都具有较高的社会地位，而那些从事体力劳动、技术水平较低又缺乏权力的职业的社会地位评价都较低。但是随着全民教育水平的提高，职业分层体系中不同层次需要的最低教育水平不断提高，如飞行员现在已经要求本科以上学历，新入职高等教育的教师岗位要求博士学历，护士也逐步要求普及本科学历。

四、什么是职业资格？

职业资格是对从事某一职业的劳动者所必备的学识、技术和能力的基本要求。职业资格包括从业资格和执业资格。

从业资格是政府规定专业技术人员从事某种专业技术性工作的学识、技术和能力的起点标准，如导游证、会计上岗证、银行从业人员资格证书、证券从业人员资格证书等。

执业资格是政府对某些责任较大、社会通用性强、关系公共利益的专业技术工作实行的准入控制，是专业技术人员依法独立开业或独立从事某种专业技术工作学识、技术和能力的必备标准，如医师、注册会计师、注册建筑师等。

五、职业资格有哪些分类？

职业无贵贱之分，但有难易、社会责任大小之分，因此国家采取职业资格制度。目前职业资格证书可分为准入类、水平评价类。就业准入制度是指根据《中华人民共和国劳动法》和《中华人民共和国职业教育法》的有关规定，对从事技术复杂，通用性广，涉及国家财产、人民生命安全和消费者利益的职业(工种)的劳动者，必须经过培训，并取得职业资格证书后，方可就业上岗的制度，如教师资格证。水平评价类是指社会通用性强，专业性强的职业建立的非行政许可类职业资格评价制度，它反映了持证者的业务水平和业务能力。当前我国的水平评价类职业资格等级分为五级：五级(初级技能)、四级(中级技能)、三级(高级技能)、二级(技师)、一级(高级技师)。

2021年12月2日，人力资源社会和保障部在其网站公布了《国家职业资格目录(2021年版)》(以下简称《目录》)，该版《目录》包含72项职业资格，其中，专业技术人员59项(准入类33项，水平评价类26项)，技能人员13项。职业资格总量比2017年版《目录》减少了68项。

六、如何取得职业资格？

不同类的职业资格准入取得的方式不同，有的要求必须通过全国性统一考试；有的无要求；有的甚至要求取得资格证书前必须在相关行业类从事相关工作一定的时间，如律师、医师等。职业资格证书一般由以下三个部门发放。

(1) 人力资源和社会保障局负责以技能为主的职业资格鉴定和证书的核发与管理，由职业技能鉴定中心开展职业技能鉴定，分为五个等级：初级技能(五级)、中级技能(四级)、高级技能(三级)、技师(二级)和高级技师(一级)。开展职业技能鉴定，推行职业资格证书制度，是我国人力资源开发的一项战略措施。取得中级技能(中级工)资格，相当于技术员待遇；取得高级技能(高级工)资格，相当于助理工程师待遇；取得技师资格，相当于工程师待遇；取得高级技师资格，相当于高级工程师待遇。

专业技术资格由人力资源和社会保障部负责专业技术人员的资格评价和证书的核发与管理，在上海由上海职业能力考试院负责具体的考试工作。专业技术人员职业资格是对从事某一职业所必备的学识、技术和能力的基本要求。专业技术资格也就是我们平时所说的专业技术人员职称，职称分为初级职称(员级，助理级)、中级职称、高级职称(副高级，正高级)，但是职称制度也在不断改革中，尤其是事业单位，如公办中小学教师、高校教师、公办医疗机构医生的专业技术资格有名额限制，一般按缺额申报，并实施"以聘代评"制度。

(2) 从业资格的确认及其证书的颁发工作一般由各省、自治区、直辖市人事(职改)部门会同当地业务主管部门组织实施，通过学历认证或考试取得。

(3) 执业资格的确认及其证书的颁发工作都是由国务院劳动人事行政部门综合管理，必须经考试合格后才能取得，报考条件、考试内容、考核标准则因不同的专业而略有差异。

七、什么是职称？

职称(professional title)最初源于职务名称，理论上职称是指专业技术人员的专业技术水平、能力以及成就的等级称号，是反映专业技术人员的技术水平、工作能力的标志，代表着一个人的学识水平和工作业绩，表明劳动者具有从事某一职业所必备的学识和技能的证明，同时也是对自身专业素质的一个被社会广泛接受、认可的评价。职称制度是我国专业技术人才评价和管理的基本制度，也是事业单位和国有企业中专业技术人员基本工资定级的依据。对于个人来说，职称与工资福利挂钩，有时也与职务升迁挂钩，在事业编制和国有企业取得职称是提升基本工资等级的主要依据。对需要资质证书的企业来说，职称是企业开业、资质等级评定、资质升级、资质年审的必需条件。

随着社会发展的需要，逐步产生了对专业技术人员的水平评价与聘任岗位相分离的需要，即"评聘分离"，职称的概念也相应地发生了变化。聘任的岗位称为"专业技术职务"，简称职务；而专业技术人员的水平则以"专业技术职务任职资格"来标识，简称职称(详见本章小资料)。

八、职称有哪些系列和层级？

根据2016年11月1日中共中央办公厅、国务院办公厅印发《关于深化职称制度改革的意见》(以下简称《意见》)，目前职称系列包括工程、卫生、农业、经济、会计、统计、翻译、新闻出版广电、艺术、教师、科学研究等领域。同时《意见》还提出创新职称评价机制，适时地调整、整合，探索在新兴职业领域增设职称系列，职称系列可根据专业领域设置相应的专业类别。新设职称系列由中央和国家机关有关部门提出，经人力资源和社会保障部审核后，报国务院批准。至2021年11月，27个职称系列的改革指导意见全部出台，历时五年的职称制度改革重点任务已完成。

这是现行职称制度实施30多年来首次进行的全面系统改革，涉及约8000万专业技术人才，改革后，11个系列新增正高级职称，13个专业加入职称评审，以品德、能力、业绩为导向，克服唯学历、唯资历、唯论文、唯奖项倾向，打破户籍、地域、身份、档案限制，畅通申报渠道，改革通过健全制度体系、完善评价标准、创新评价机制、拓展评审范围等措施，树立了重品德、重能力、重业绩的评价导向，拓展了专业技术人才职业发展空间，进一步发挥了用人主体积极性，充分激发了专业技术人才创新创业活力。①职称系列(专业)各层级名称见本章小资料。

职称分为三个层级，包括高级、中级和初级，其中高级又分为正高级和副高级，初级有部分还分为助理级和技术员级。职称级别对应不同的岗位级别，职称岗位级别共分13级，其中，13级为员级；12级、11级为初级；10级至8级为中级；7级至5级为副高级；4级至1级为正高级。

九、如何取得职称？

取得职称任职资格的办法有两种：评审或者考试(以考代评)，不论是评审还是考试，都要有相应的学历、工作经验。各省以及不同的专业对取得职称的要求也不尽相同。如在上海的工程技术人员的中级职称，只能评审不能以考代评。此类职称的取得虽说情况比较复杂，但可以咨询各省人事主管部门，在此不一一赘述。但在某些专业中初级、中级职称已经实行全国统一考试的专业不再进行相应的职称评审或认定。

取得职称的任职资格后，不代表就真的取得了这个职称的身份，只代表仅仅有成为这一职称的任职资格，然后还需要被用人单位聘任来确定身份。一般来说，评审通过的职称比较"硬"，一般都能被单位聘任，也就是所谓的评聘，被单位聘任以后才算正式取得这一职称等级的身份。在现实操作中，还存在高评低聘或者低评高聘的情况。

十、职称有什么用？

第一，职称是专业技术职务任职资格。从理论上说，职称越高说明具有该职称的人在其专业领域的能力和水平越突出。比如，重大科技项目的负责人和项目组核心成员，至少需要具备中级及中级以上职称的人员才能担任。

第二，在特定岗位，需要具有特定等级的职称，一般会将是否具备职称作为任职资格，否则不能上岗。比如，从事会计岗位的，至少具有初级会计职称，但担任出纳员则不需要初级会计职称。

第三，职称也可以作为选拔人才、职务晋升的考核指标。

第四，在工资待遇上，在某些单位，特别是财政拨款的事业单位，如学校、医院等，人员的基本工资是由财政拨款的，其职称则与基本工资待遇直接挂钩。还有一些国有企业，电力、燃气等职称与基本工资直接相关。

但是在私营企业、外企等更注重个人的实际能力，薪级工资与担任的岗位直接相关，与职称关系不大。同时在这两类企业中，职称评审渠道也较少，所以对职称并不重视。

---

① 依据《职称改革，以实绩论英雄》(《人民日报》2021年11月15日)内容改写。

十一、什么是单位？

根据我国《国民经济行业分类》(GB/T 4754—17 版)中的定义，单位(unit)是有效地开展各种经济活动的实体，是划分国民经济行业的载体。

法人单位(corporate unit)是指依法成立，有自己的名称、组织机构和场所，能够独立承担负债和其他民事责任；独立拥有和使用(或受权使用)资产，有权与其他单位签订合同；会计上独立核算，能够编制资产负债表和利润表。

产业活动单位(establishment)是指在一个场所从事一种或主要从事一种经济活动；相对独立地组织生产、经营或业务活动；能够掌握收入和支出等资料。

产业活动单位是法人单位的附属单位。

单位的规模、类别、福利待遇和文化对个人职业生涯会带来巨大影响，因此对单位的了解也非常重要。

十二、目前我国的用人单位有哪些类别？

用人单位主要指企业、个体经济组织、民办非企业单位以及符合用人资格的其他劳动组织，另外还包括事业单位、国家机关、社会团体等组织。只有符合法律规定的用人单位才具有使用劳动力的资格，才能与劳动者建立劳动关系，双方的劳动关系才能由此被法律认可和保护。我国用人单位的类型广泛，依据《中华人民共和国劳动法》《中华人民共和国劳动合同法》《中华人民共和国合同法实施条例》的规定，主要包括以下几种。

(1) 在中国境内依法核准登记的企业：包括各种所有制性质、各种组织形式的企业，包括国有企业、集体企业、私营企业、股份制企业和外商投资企业等，也包括法人企业、非法人企业(合伙企业、个人独资企业等)。

(2) 依法核准登记的个体经济组织：是依法经工商行政管理部门核准登记，并领取营业执照从事工商业生产、经营活动的个体单位，也就是我们俗称的个体工商户。个体工商户可以请帮手、带学徒。

(3) 依法成立的事业单位：包括文化、教育、卫生、科研等单位，如学校、医院、出版社等。这些事业单位在国家法律规定的权限范围内有权使用劳动者。事业单位分为三种：财政全额拨款、非全额拨款和自收自支。大部分事业单位是由国家全额拨款，是非营利性组织，如公办的医院、中小学等；有的是国家非全额拨款，自身在业务活动中收取一部分业务费用；也有许多事业单位，已经实行事业单位企业化管理的体制，完全靠自收自支维持业务活动。

(4) 依法成立的国家机关：国家机关在法律规定的权限范围内，有权使用劳动者。这些劳动者即国家机关工作人员，也就是我们俗称的公务员。

(5) 依法成立的社会团体：包括工会、妇联、研究会、协会等社会团体组织。依法成立的社会团体在法律规定的权限范围内，有权使用劳动者。

(6) 依法成立的民办非企业单位：是指企业事业单位、社会团体和其他社会力量以及公民个人利用非国有资产举办的，从事非营利性社会服务活动的社会组织。根据《民办非企业单位登记管理暂行条例》的规定，我国的民办非企业单位主要有各类民办学校、医院、文艺团体、科研院所、体育场馆、职业培训中心、福利院、人才交流中心等。基于这类单位"企业化管理"的实质，将其内部的劳动关系纳入劳动合同法进行调整。

十三、我国行业是如何分类的？

根据《国民经济行业分类》国家标准中的定义，行业(或产业)是指从事相同性质的经济活动的所有单位的集合，即从事国民经济中同性质的生产或其他经济社会的经营单位或者个体的组织结构体系的详细划分。行业的发展必然遵循从低级的自然资源掠夺性开采利用和低级的人工劳务输出，逐步转向规模经济、科技密集型、金融密集型、人才密集型、知识经济型，从输出自然资源，逐步转向输出工业产品、知识产权、高科技人才等。因此，了解行业的发展趋势对个人职业发展至关重要。

我国的《国民经济行业分类》国家标准于1984年首次发布，先后于1994年、2002年、2011年、2017年进行了四次修订。2011年的修订参照了2006年联合国新修订的《国际标准行业分类》修订四版(简称：ISIC4)，2017年修订版保留GB/T 4754—2011的主要内容，但是主要依据我国近年来经济发展状况和趋势，对个别大类、中类及若干小类的条目、名称和范围作了调整。《国民经济行业分类(GB/T 4754—2017)》国家标准由国家统计局起草，国家质量监督检验检疫总局、国家标准化管理委员会批准发布，并于2017年10月1日实施。在2017年版中国民经济行业分类分为四个层次，即门类、大类、中类、小类，共有20个门类、97个大类、473个中类、1381个小类。国家标准化管理委员会于2019年3月25日批准了《国民经济行业分类(GB/T 4754—2017)》国家标准第1号修改单，自2019年3月29日起实施，见表4-4。修改单增加了一个小类，即公共管理、社会保障和社会组织门类中，增加了检察委员会小类，因此修改后有1382个小类，其他修改内容主要是针对说明部分内容，还有就是对类别名称进行了小修改，使得名称表述更精准。

表4-4 2017年版《国民经济行业分类(GB/T 4754—2017)》(2019年修订)中的门类

门类代码	类别名称	说　明
A	农、林、牧、渔业	本门类包括第01~05大类
B	采矿业	本类包括第06~12大类，采矿业指对固体(如煤和矿物)、液体(如原油)或气体(如天然气)等自然产生的矿物的采掘；包括地下或地上采掘、矿井的运行以及一般在矿址或矿址附近从事的旨在加工原材料的所有辅助性工作，如碾磨、选矿和处理，均属本类活动；还包括使原料得以销售所需的准备工作；不包括水的蓄集、净化和分配以及地质勘查、建筑工程活动

续表

门类代码	类别名称	说　　明
C	制造业	本门类包括 13～43 大类，指经物理变化或化学变化后成为新的产品，不论是动力机械制造或手工制作，也不论产品是批发销售或零售，均视为制造；建筑物中的各种制成品、零部件的生产应视为制造，但在建筑预制品工地，把主要部件组装成桥梁、仓库设备、铁路与高架公路、升降机与电梯、管道设备、喷水设备、暖气设备、通风设备与空调设备，照明与安装电线等组装活动，以及建筑物的装置，均列为建筑活动；本门类包括机电产品的再制造，指将废旧汽车零部件、工程机械、机床等进行专业化修复的批量化生产过程，再制造的产品达到与原有新产品相同的质量和性能
D	电力、热力、燃气及水生产和供应业	本门类包括第 44～46 大类
E	建筑业	本门类包括第 47～50 大类
F	批发和零售业	本门类包括第 51～52 大类，指商品在流通环节中的批发活动和零售活动
G	交通运输、仓储和邮政业	本门类包括第 53～60 大类
H	住宿和餐饮业	本门类包括第 61～62 大类
I	信息传输、软件和信息技术服务业	本门类包括第 63～65 大类
J	金融业	本门类包括第 66～69 大类
K	房地产业	本门类包括第 70 大类
L	租赁和商务服务业	本门类包括第 71～72 大类
M	科学研究、技术服务	本门类包括第 73～75 大类
N	水利、环境和公共设施管理业	本门类包括第 76～79 大类
O	居民服务、修理和其他服务业	本门类包括第 80～82 大类
P	教育	本门类包括第 83 大类
Q	卫生、社会工作	本门类包括第 84～85 大类
R	文化、体育和娱乐业	本门类包括第 86～90 大类
S	公共管理、社会保障和社会组织	本类包括第 91～96 大类
T	国际组织	本类包括第 97 大类，指联合国和其他国际组织驻我国境内机构等活动

【案例】

第十二块纱布

在一所大医院的手术室里,正在紧张地进行着一次手术。在这次手术中,有一位年轻的护士是第一次担任责任护士,而且是为一位赫赫有名的外科专家做助手。

复杂艰苦的手术从清晨进行到黄昏,眼看患者的伤口即将缝合,女护士突然严肃地盯着外科专家,说:"大夫,我们用了十二块纱布,您只取出了十一块。"

"我已经都取出来了,"专家断言道,"手术已经进行一整天了,立刻缝合伤口。"

"不,不行!"女护士高声抗议,"我记得清清楚楚,手术中我们用了十二块纱布。"

外科专家不理睬她,命令道:"听我的,准备——缝合!"

女护士毫不示弱,她几乎大声叫起来:"您是医生,您不能这样做!"

直到这时,外科专家冷漠的脸上才泛起一丝欣慰的笑容。他举起左手心里握着的第十二块纱布,向所有人宣布:"她是我合格的助手。"

(资料来源:湘教版四年级《语文》上册)

分析: 这名女护士的举动,绝不仅仅是认真,还体现了她作为一名医务工作者强烈的职业意识和敬业精神,正是这种强烈的职业意识和敬业精神使她获得了外科专家的赞扬。在职业生涯中,职业意识和敬业精神是职场成功的第一步。

【小资料】

1. 根据2021年中国统计年鉴中的信息可以查到2016年至2020年全国城镇单位就业人员行业平均工资水平,见表4-5。从表4-5中可以看到,近几年来信息传输、软件和信息技术业、科学研究和技术服务及金融业位居城镇单位就业人员平均工资水平列前三。非私营单位的就业人员平均工资明显高于私营单位,且从2016年以来差距逐年拉大,2019年和2020年都达到了1.69倍。除公共管理、社会保障和社会组织门类外无私营单位,差距较大的是电力、热力、燃气及水生产和供应业垄断行业及有事业编制的教育、卫生和社会工作、科学研究和技术服务等,这也是近几年考公及考事业编制火爆的原因之一。

表4-5 2016年至2020年按行业分城镇私营和非私营单位就业人员平均工资 单位:元

指标	城镇私营单位就业人员平均工资					城镇非私营单位就业人员平均工资				
	2016年	2017年	2018年	2019年	2020年	2016年	2017年	2018年	2019年	2020年
就业人员平均工资	42833	45761	49575	53604	57727	67569	74318	82413	90501	97379
农、林、牧、渔业	31301	34272	36375	37760	38956	33612	36504	36466	39340	48540
采矿业	39600	41236	44096	49675	54563	60544	69500	81429	91068	96674
制造业	42115	44991	49275	52858	57910	59470	64452	72088	78147	82783
电力、热力、燃气及水生产和供应业	38605	41510	44239	49633	54268	83863	90348	100162	107733	116728
建筑业	44803	46944	50879	54167	57309	52082	55568	60501	65580	69986
批发和零售业	39589	42359	45177	48722	53018	65061	71201	80551	89047	96521

续表

指标	城镇私营单位就业人员平均工资					城镇非私营单位就业人员平均工资				
	2016年	2017年	2018年	2019年	2020年	2016年	2017年	2018年	2019年	2020年
交通运输、仓储和邮政业	42705	45852	50547	54006	57313	73650	80225	88508	97050	100642
住宿和餐饮业	34712	36886	39632	42424	42258	43382	45751	48260	50346	48833
信息传输、软件和信息技术服务业	63578	70415	76326	85301	101281	122478	133150	147678	161352	177544
金融业	50366	52289	62943	76107	82930	117418	122851	129837	131405	133390
房地产业	46063	48025	51393	54416	55759	65497	69277	75281	80157	83807
租赁和商务服务业	47836	51394	53382	57248	68155	76782	81393	85147	88190	92924
科学研究和技术服务业	54764	58102	61876	67642	72233	96638	107815	123343	133459	139851
水利、环境和公共设施管理业	40099	41061	42409	44444	43287	47750	52229	56670	61158	63914
居民服务、修理和其他服务业	35824	38417	41058	43926	44536	47577	50552	55343	60232	60722
教育	39508	43263	46228	50761	48443	74498	83412	92383	97681	106474
卫生和社会工作	43993	47296	52343	57140	60689	80026	89648	98118	108903	115449
文化、体育和娱乐业	38228	41201	44592	49289	61300	79875	87803	98621	107708	112081
公共管理、社会保障和社会组织						70959	80372	87932	94369	104487

2.2021年12月2日人力资源和社会保障部在其网站公布了《国家职业资格目录(2021年版)》(以下简称《目录》),该版《目录》包含72项职业资格,其中,专业技术人员59项(准入类33项,水平评价类26项),技能人员13项,分别见表4-6和表4-7。职业资格总量比2017年版《目录》减少了68项。

表4-6 专业技术人员职业资格类(共计59项。其中准入类33项,水平评价类26项)

序号	职业资格名称	实施部门(单位)	资格类别	设定依据
1	教师资格	教育部	准入类	《中华人民共和国教师法》《教师资格条例》《〈教师资格条例〉实施办法》(教育部令2000年第10号)

续表

序号	职业资格名称		实施部门（单位）	资格类别	设定依据
2	法律职业资格		司法部	准入类	《中华人民共和国法官法》 《中华人民共和国检察官法》 《中华人民共和国公务员法》 《中华人民共和国律师法》 《中华人民共和国公证法》 《中华人民共和国仲裁法》 《中华人民共和国行政复议法》 《中华人民共和国行政处罚法》
3	中国委托公证人资格(香港、澳门)		司法部	准入类	《国务院对确需保留的行政审批项目设定行政许可的决定》
4	注册会计师		财政部	准入类	《中华人民共和国注册会计师法》
5	注册城乡规划师		自然资源部 人力资源和社会保障部相关行业协会	准入类	《中华人民共和国城乡规划法》
6	注册测绘师		自然资源部 人力资源和社会保障部	准入类	《中华人民共和国测绘法》 《注册测绘师制度暂行规定》(国人部发〔2007〕14号)
7	核安全设备无损检验人员资格	民用核安全设备无损检验人员	生态环境部	准入类	《民用核安全设备监督管理条例》
		国防科技工业军用核安全设备无损检验人员	国防科工局	准入类	《中华人民共和国核安全法》
8	核设施操纵人员资格	民用核设施操纵人员	生态环境部 国家能源局	准入类	《中华人民共和国民用核设施安全监督管理条例》
		国防科技工业军用核设施操纵人员	国防科工局	准入类	《中华人民共和国核安全法》
9	注册核安全工程师		生态环境部 人力资源和社会保障部	准入类	《中华人民共和国放射性污染防治法》 《注册核安全工程师执业资格制度暂行规定》(人发〔2002〕106号)
10	注册建筑师		全国注册建筑师管理委员会及省级注册建筑师管理委员会	准入类	《中华人民共和国建筑法》 《中华人民共和国注册建筑师条例》 《建设工程勘察设计管理条例》 《关于建立注册建筑师制度及有关工作的通知》(建设〔1994〕第598号)

续表

序号	职业资格名称	实施部门(单位)	资格类别	设定依据
11	监理工程师	住房和城乡建设部 交通运输部 水利部 人力资源和社会保障部	准入类	《中华人民共和国建筑法》 《建设工程质量管理条例》 《监理工程师职业资格制度规定》(建人规〔2020〕3号) 《注册监理工程师管理规定》(建设部令2006年第147号,根据住房和城乡建设部令2016年第32号修订) 《公路水运工程监理企业资质管理规定》(交通运输部令2019年第37号) 《水利工程建设监理规定》(水利部令2006年第28号,根据水利部令2017年第49号修订)
12	房地产估价师	住房和城乡建设部 自然资源部	准入类	《中华人民共和国城市房地产管理法》
13	造价工程师	住房和城乡建设部 交通运输部 水利部 人力资源和社会保障部	准入类	《中华人民共和国建筑法》 《造价工程师职业资格制度规定》(建人〔2018〕67号) 《注册造价工程师管理办法》(建设部令2006年第150号,根据住房和城乡建设部令2016年第32号、2020年第50号修订)
14	建造师	住房和城乡建设部 人力资源和社会保障部	准入类	《中华人民共和国建筑法》 《注册建造师管理规定》(建设部令2006年第153号,根据住房和城乡建设部令2016年第32号修订) 《建造师执业资格制度暂行规定》(人发〔2002〕111号)
15	勘察设计注册工程师 注册结构工程师	住房和城乡建设部 人力资源和社会保障部	准入类	《中华人民共和国建筑法》 《建设工程勘察设计管理条例》 《勘察设计注册工程师管理规定》(建设部令2005年第137号,根据住房和城乡建设部令2016年第32号修订) 《注册结构工程师执业资格制度暂行规定》(建设〔1997〕222号)

续表

序号	职业资格名称		实施部门(单位)	资格类别	设定依据
15	勘察设计注册工程师	注册土木工程师	住房和城乡建设部 交通运输部 水利部 人力资源和社会保障部	准入类	《中华人民共和国建筑法》 《建设工程勘察设计管理条例》 《勘察设计注册工程师管理规定》(建设部令2005年第137号,根据住房和城乡建设部令2016年第32号修订) 《注册土木工程师(岩土)执业资格制度暂行规定》(人发〔2002〕35号) 《注册土木工程师(水利水电工程)制度暂行规定》(国人部发〔2005〕58号) 《注册土木工程师(港口与航道工程)执业资格制度暂行规定》(人发〔2003〕27号) 《勘察设计注册土木工程师(道路工程)制度暂行规定》(国人部发〔2007〕18号)
		注册化工工程师	住房和城乡建设部 人力资源和社会保障部	准入类	《中华人民共和国建筑法》 《建设工程勘察设计管理条例》 《勘察设计注册工程师管理规定》(建设部令2005年第137号,根据住房和城乡建设部令2016年第32号修订) 《注册化工工程师执业资格制度暂行规定》(人发〔2003〕26号)
		注册电气工程师			《中华人民共和国建筑法》 《建设工程勘察设计管理条例》 《勘察设计注册工程师管理规定》(建设部令2005年第137号,根据住房和城乡建设部令2016年第32号修订) 《注册电气工程师执业资格制度暂行规定》(人发〔2003〕25号)
		注册公用设备工程师	住房和城乡建设部 人力资源和社会保障部	准入类	《中华人民共和国建筑法》 《建设工程勘察设计管理条例》 《勘察设计注册工程师管理规定》(建设部令2005年第137号,根据住房和城乡建设部令2016年第32号修订) 《注册公用设备工程师执业资格制度暂行规定》(人发〔2003〕24号)

续表

序号	职业资格名称		实施部门(单位)	资格类别	设定依据
15	勘察设计注册工程师	注册环保工程师	住房和城乡建设部 生态环境部 人力资源和社会保障部	准入类	《中华人民共和国建筑法》《建设工程勘察设计管理条例》《勘察设计注册工程师管理规定》(建设部令 2005 年第 137 号,根据住房和城乡建设部令 2016 年第 32 号修订)《注册环保工程师制度暂行规定》(国人部发〔2005〕56 号)
16	注册验船师		交通运输部 人力资源和社会保障部	准入类	《中华人民共和国船舶和海上设施检验条例》《中华人民共和国渔业船舶检验条例》《注册验船师制度暂行规定》(国人部发〔2006〕8 号)
17	船员资格(含船员、渔业船员)		交通运输部 农业农村部	准入类	《中华人民共和国海上交通安全法》《中华人民共和国船员条例》《中华人民共和国内河交通安全管理条例》《中华人民共和国渔港水域交通安全管理条例》
18	执业兽医		农业农村部	准入类	《中华人民共和国动物防疫法》
19	演出经纪人员资格		文化和旅游部	准入类	《营业性演出管理条例》《营业性演出管理条例实施细则》(文化部令 2009 年第 47 号,根据文化部令 2017 年第 57 号修订)
20	导游资格		文化和旅游部	准入类	《中华人民共和国旅游法》《导游人员管理条例》
21	医生资格	医师	国家卫生健康委	准入类	《中华人民共和国医师法》
		乡村医生			《乡村医生从业管理条例》
		人体器官移植医师			《中华人民共和国医师法》《人体器官移植条例》《关于对人体器官移植技术临床应用规划及拟批准开展人体器官移植医疗机构和医师开展审定工作的通知》(卫办医发〔2007〕38 号)《国务院关于取消和调整一批行政审批项目等事项的决定》(国发〔2014〕27 号)

续表

序号	职业资格名称		实施部门（单位）	资格类别	设定依据
21	医生资格	职业病诊断医师	国家卫生健康委	准入类	《中华人民共和国职业病防治法》《国务院关于取消一批职业资格许可和认定事项的决定》（国发〔2016〕5号）
22	护士执业资格		国家卫生健康委 人力资源和社会保障部	准入类	《护士条例》《护士执业资格考试办法》（卫生部、人力资源和社会保障部令2010年第74号）
23	母婴保健技术服务人员资格		国家卫生健康委	准入类	《中华人民共和国母婴保健法》
24	注册安全工程师		应急管理部 人力资源和社会保障部	准入类	《中华人民共和国安全生产法》《注册安全工程师职业资格制度规定》（应急〔2019〕8号）
25	注册消防工程师		应急管理部 人力资源和社会保障部	准入类	《中华人民共和国消防法》《注册消防工程师制度暂行规定》（人社部发〔2012〕56号）
26	注册计量师		市场监管总局 人力资源和社会保障部	准入类	《中华人民共和国计量法》《注册计量师职业资格制度规定》（国市监计量〔2019〕197号）
27	特种设备检验、检测人员资格		市场监管总局	准入类	《中华人民共和国特种设备安全法》
28	广播电视播音员、主持人资格		广电总局	准入类	《国务院对确需保留的行政审批项目设定行政许可的决定》
29	新闻记者职业资格		国家新闻出版署	准入类	《国务院对确需保留的行政审批项目设定行政许可的决定》《新闻记者证管理办法》（新闻出版总署令2009年第44号）
30	航空人员资格	空勤人员、地面人员	中国民航局	准入类	《中华人民共和国民用航空法》
		民用航空器外国驾驶员、领航员、飞行机械员、飞行通信员			《国务院对确需保留的行政审批项目设定行政许可的决定》
		航空安全员			《国务院对确需保留的行政审批项目设定行政许可的决定》
		民用航空电信人员、航行情报人员、气象人员			《国务院对确需保留的行政审批项目设定行政许可的决定》

续表

序号	职业资格名称	实施部门(单位)	资格类别	设定依据
31	执业药师	国家药监局 人力资源和社会保障部	准入类	《中华人民共和国药品管理法》 《中华人民共和国药品管理法实施条例》 《国务院对确需保留的行政审批项目设定行政许可的决定》 《药品经营质量管理规范》(国家食品药品监督管理总局令2015年第13号,根据国家食品药品监督管理总局令2016年第28号修正) 《执业药师职业资格制度规定》(国药监人〔2019〕12号)
32	专利代理师	国家知识产权局	准入类	《专利代理条例》 《专利代理师资格考试办法》(国家市场监督管理总局令2019年第7号)
33	拍卖师	中国拍卖行业协会	准入类	《中华人民共和国拍卖法》
34	工程咨询(投资)专业技术人员职业资格	国家发展改革委 人力资源社会保障部 中国工程咨询协会	水平评价类	《工程咨询(投资)专业技术人员职业资格制度暂行规定》(人社部发〔2015〕64号)
35	通信专业技术人员职业资格	工业和信息化部 人力资源社会保障部	水平评价类	《中华人民共和国电信条例》 《通信专业技术人员职业水平评价暂行规定》(国人部发〔2006〕10号)
36	计算机技术与软件专业技术资格	工业和信息化部 人力资源和社会保障部	水平评价类	《计算机技术与软件专业技术资格(水平)考试暂行规定》(国人部发〔2003〕39号)
37	社会工作者职业资格	民政部 人力资源和社会保障部	水平评价类	《国家中长期人才发展规划纲要(2010—2020年)》 《关于加强社会工作专业人才队伍建设的意见》(中组发〔2011〕25号) 《社会工作者职业水平评价暂行规定》(国人部发〔2006〕71号) 《高级社会工作师评价办法》(人社部规〔2018〕2号)
38	会计专业技术资格	财政部 人力资源和社会保障部	水平评价类	《中华人民共和国会计法》 《关于深化会计人员职称制度改革的指导意见》(人社部发〔2019〕8号) 《会计专业技术资格考试暂行规定》(财会〔2000〕11号)

续表

序号	职业资格名称	实施部门（单位）	资格类别	设定依据
39	资产评估师	财政部 人力资源和社会保障部 中国资产评估协会	水平评价类	《中华人民共和国资产评估法》 《资产评估师职业资格制度暂行规定》（人社部规〔2017〕7号）
40	经济专业技术资格	人力资源和社会保障部	水平评价类	《关于深化经济专业人员职称制度改革的指导意见》（人社部发〔2019〕53号） 《经济专业技术资格规定》（人社部规〔2020〕1号）
41	不动产登记代理专业人员职业资格	自然资源部 中国土地估价师与土地登记代理人协会	水平评价类	《不动产登记暂行条例》
42	矿业权评估师	自然资源部 中国矿业权评估师协会	水平评价类	《中华人民共和国资产评估法》 《矿产资源勘查区块登记管理办法》 《矿产资源开采登记管理办法》 《探矿权采矿权转让管理办法》
43	环境影响评价工程师	生态环境部 人力资源和社会保障部	水平评价类	《建设项目环境保护管理条例》 《环境影响评价工程师职业资格制度暂行规定》（国人部发〔2004〕13号）
44	房地产经纪专业人员职业资格	住房和城乡建设部 人力资源和社会保障部 中国房地产估价师与房地产经纪人学会	水平评价类	《中华人民共和国城市房地产管理法》 《房地产经纪专业人员职业资格制度暂行规定》（人社部发〔2015〕47号）
45	机动车检测维修专业技术人员职业资格	交通运输部 人力资源和社会保障部	水平评价类	《中华人民共和国道路运输条例》 《机动车检测维修专业技术人员职业水平评价暂行规定》（国人部发〔2006〕51号）
46	公路水运工程试验检测专业技术人员职业资格	交通运输部 人力资源和社会保障部	水平评价类	《建设工程质量管理条例》 《公路水运工程试验检测专业技术人员职业资格制度规定》（人社部发〔2015〕59号）

续表

序号	职业资格名称	实施部门（单位）	资格类别	设定依据
47	水利工程质量检测员资格	水利部	水平评价类	《建设工程质量管理条例》 《水利工程质量检测管理规定》（水利部令 2008 年第 36 号，根据水利部令 2017 年第 49 号、2019 年第 50 号修订）
48	卫生专业技术资格	国家卫生健康委 人力资源和社会保障部	水平评价类	《关于深化卫生专业技术人员职称制度改革的指导意见》（人社部发〔2021〕51 号） 《临床医学专业技术资格考试暂行规定》（卫人发〔2000〕462 号） 《预防医学、全科医学、药学、护理、其他卫生技术等专业技术资格考试暂行规定》（卫人发〔2001〕164 号）
49	审计专业技术资格	审计署 人力资源和社会保障部	水平评价类	《中华人民共和国审计法》 《中华人民共和国审计法实施条例》 《关于深化审计专业人员职称制度改革的指导意见》（人社部发〔2020〕84 号） 《审计专业技术初、中级资格考试规定》（审人发〔2003〕4 号） 《高级审计师评价办法(试行)》（人发〔2002〕58 号）
50	税务师	国家税务总局 人力资源和社会保障部 中国注册税务师协会	水平评价类	《中华人民共和国税收征收管理法》 《税务师职业资格制度暂行规定》（人社部发〔2015〕90 号）
51	认证人员职业资格	市场监管总局	水平评价类	《中华人民共和国认证认可条例》
52	设备监理师	市场监管总局 人力资源和社会保障部	水平评价类	《国务院关于第三批取消和调整行政审批项目的决定》（国发〔2004〕16 号）
53	统计专业技术资格	国家统计局 人力资源和社会保障部	水平评价类	《中华人民共和国统计法》 《关于深化统计专业人员职称制度改革的指导意见》（人社部发〔2020〕16 号） 《统计专业技术资格考试暂行规定》（国统字〔1995〕46 号）

续表

序号	职业资格名称	实施部门（单位）	资格类别	设定依据
54	出版专业技术人员职业资格	国家新闻出版署 人力资源和社会保障部	水平评价类	《出版管理条例》 《音像制品管理条例》 《关于深化出版专业技术人员职称制度改革的指导意见》（人社部发〔2021〕10号） 《出版专业技术人员职业资格考试暂行规定》（人发〔2001〕86号）
55	银行业专业人员职业资格	银保监会 人力资源和社会保障部 中国银行业协会	水平评价类	《银行业专业人员职业资格制度暂行规定》（人社部发〔2013〕101号）
56	精算师	银保监会 人力资源和社会保障部 中国精算师协会	水平评价类	《中华人民共和国保险法》
57	证券期货基金业从业人员资格	证监会	水平评价类	《中华人民共和国证券法》 《中华人民共和国证券投资基金法》 《期货交易管理条例》
58	文物保护工程从业资格	国家文物局	水平评价类	《中华人民共和国文物保护法实施条例》 《文物保护工程管理办法》（文化部令2003年第26号） 《文物保护工程勘察设计资质管理办法(试行)》《文物保护工程施工资质管理办法(试行)》《文物保护工程监理资质管理办法(试行)》（文物保发〔2014〕13号）
59	翻译专业资格	中国外文局 人力资源和社会保障部	水平评价类	《关于深化翻译专业人员职称制度改革的指导意见》（人社部发〔2019〕110号） 《翻译专业资格(水平)考试暂行规定》（人发〔2003〕21号）

表 4-7 技能人员职业资格(共计 13 项)

序号	职业资格名称		实施部门(单位)	资格类别	设定依据	备注
1	焊工	民用核安全设备焊工、焊接操作工	生态环境部	准入类	《民用核安全设备监督管理条例》《国务院对确需保留的行政审批项目设定行政许可的决定》《国务院关于修改部分行政法规的决定》	
		国防科技工业军用核安全设备焊接人员	国防科工局	准入类	《中华人民共和国核安全法》	
2	安全保护服务人员	保安员	公安部门及相关机构	准入类	《保安服务管理条例》《人力资源和社会保障部办公厅公安部办公厅关于颁布保安员国家职业技能标准的通知》(人社厅发〔2019〕60 号)	
		民航安全检查员	民航行业技能鉴定机构	水平评价类	《人力资源和社会保障部办公厅中国民用航空局综合司关于颁布民航乘务员等 3 个国家职业技能标准的通知》(人社厅发〔2019〕110 号)	涉及安全,根据 2019 年 12 月 30 日国务院常务会议精神,拟依法调整为准入类职业资格。
3	消防和应急救援人员	消防员	消防行业技能鉴定机构	水平评价类	《关于印发灭火救援员国家职业技能标准的通知》(人社厅发〔2011〕18 号)	涉及安全,根据 2019 年 12 月 30 日国务院常务会议精神,拟依法调整为准入类职业资格。
		森林消防员	应急管理部、国家林业和草原局		《关于印发第十二批房地产策划师等 54 个国家职业标准的通知》(劳社厅发〔2006〕1 号)	
		应急救援员	紧急救援行业技能鉴定机构		《人力资源和社会保障部办公厅应急管理部办公厅关于颁布应急救援员国家职业技能标准的通知》(人社厅发〔2019〕8 号)	
4	消防设施操作员		消防行业技能鉴定机构	准入类	《中华人民共和国消防法》	

续表

序号	职业资格名称		实施部门（单位）	资格类别	设定依据	备注
5	健身和娱乐场所服务人员	游泳救生员	体育行业技能鉴定机构	准入类	《全民健身条例》	
		社会体育指导员			《全民健身条例》《第一批高危险性体育项目目录公告》（国家体育总局公告2013年第16号）	指从事游泳、滑雪、潜水、攀岩等高危险性体育项目的社会体育指导员。
6	航空运输服务人员	民航乘务员	民航行业技能鉴定机构	准入类	《中华人民共和国民用航空法》《人力资源和社会保障部办公厅中国民用航空局综合司关于颁布民航乘务员等3个国家职业技能标准的通知》（人社厅发〔2019〕110号）	
		机场运行指挥员	民航行业技能鉴定机构	水平评价类	《人力资源和社会保障部办公厅中国民用航空局综合司关于颁布民航乘务员等3个国家职业技能标准的通知》（人社厅发〔2019〕110号）	涉及安全，根据2019年12月30日国务院常务会议精神，拟依法调整为准入类职业资格。
7	轨道交通运输服务人员	轨道列车司机	交通运输主管部门及相关机构 国家铁路局	准入类	《铁路安全管理条例》《国务院办公厅关于保障城市轨道交通安全运行的意见》（国办发〔2018〕13号）《人力资源和社会保障部办公厅交通运输部办公厅国家铁路局综合司关于颁布轨道列车司机国家职业技能标准的通知》（人社厅发〔2019〕121号）	
8	危险货物、化学品运输从业人员	危险货物道路运输从业人员	交通运输主管部门及相关机构	准入类	《中华人民共和国安全生产法》《中华人民共和国道路运输条例》《危险化学品安全管理条例》《放射性物品运输安全管理条例》《道路运输从业人员管理规定》（交通运输部令2019年第18号）《危险货物水路运输从业人员考核和从业资格管理规定》（交通运输部令2021年第29号）	
		放射性物品道路运输从业人员				
		危险货物水路运输从业人员				

续表

序号	职业资格名称	实施部门(单位)	资格类别	设定依据	备注
9	道路运输从业人员	经营性客运驾驶员	交通运输主管部门及相关机构	准入类	《中华人民共和国道路运输条例》《国务院关于加强道路交通安全工作的意见》(国发〔2012〕30号)《道路运输从业人员管理规定》(交通运输部令2019年第18号)	
		经营性货运驾驶员	交通运输主管部门及相关机构	准入类	《中华人民共和国道路运输条例》《国务院关于加强道路交通安全工作的意见》(国发〔2012〕30号)《道路运输从业人员管理规定》(交通运输部令2019年第18号)	除使用总质量4500千克及以下普通货运车辆的驾驶人员外。
		出租汽车驾驶员	交通运输主管部门及相关机构	准入类	《国务院对确需保留的行政审批项目设定行政许可的决定》《出租汽车驾驶员从业资格管理规定》(交通运输部令2021年第15号)《巡游出租汽车经营服务管理规定》(交通运输部令2021年第16号)《网络预约出租汽车经营服务管理暂行办法》(交通运输部令2019年第46号)	
10	特种作业人员		应急管理部门、矿山安全监管部门	准入类	《中华人民共和国安全生产法》《中华人民共和国劳动法》《中华人民共和国矿山安全法》《安全生产许可证条例》《煤矿安全监察条例》《危险化学品安全管理条例》《烟花爆竹安全管理条例》《特种作业人员安全技术培训考核管理规定》(国家安全监管总局令2010年第30号、2013年第63号第一次修正、2015年第80号第二次修正)	

续表

序号	职业资格名称	实施部门(单位)	资格类别	设定依据	备注
11	建筑施工特种作业人员	住房和城乡建设主管部门及相关机构	准入类	《中华人民共和国安全生产法》《中华人民共和国特种设备安全法》《建设工程安全生产管理条例》《特种设备安全监察条例》《安全生产许可证条例》《建筑起重机械安全监督管理规定》(建设部令2008年第166号)	
12	特种设备安全管理和作业人员	市场监督管理部门	准入类	《中华人民共和国特种设备安全法》《特种设备安全监察条例》《特种设备作业人员监督管理办法》(国家质量监督检验检疫总局令2011年第140号)	
13	家畜繁殖员	农业行业技能鉴定机构	准入类	《中华人民共和国畜牧法》	

3. 2021年11月2日,我国人力资源和社会保障部在其网站公布了从2016年开始历时五年完成的职称系列改革,共有27个系列,具体见表4-8。

表4-8 职称系列(专业)各层级名称

序号	名称	各层级职称名称			
		高级	中级	初级	
1	高等学校教师	教授	副教授	讲师	助教
2	哲学社会科学研究人员	研究员	副研究员	助理研究员	研究实习员
3	自然科学研究人员	研究员	副研究员	助理研究员	研究实习员
4	卫生技术人员	主任医师	副主任医师	主治(主管)医师	医师	医士
		主任药师	副主任药师	主管药师	药师	药士
		主任护师	副主任护师	主管护师	护师	护士
		主任技师	副主任技师	主管技师	技师	技士
5	工程技术人员	正高级工程师	高级工程师	工程师	助理工程师	技术员
6	农业技术人员	正高级农艺师	高级农艺师	农艺师	助理农艺师	农业技术员
		正高级畜牧师	高级畜牧师	畜牧师	助理畜牧师	
		正高级兽医师	高级兽医师	兽医师	助理兽医师	
		农业技术推广研究员				

续表

序号	名称	各层级职称名称			
		高级		中级	初级
7	新闻专业人员	高级记者	主任记者	记者	助理记者
		高级编辑	主任编辑	编辑	助理编辑
8	出版专业人员	编审	副编审	编辑	助理编辑
9	图书资料专业人员	研究馆员	副研究馆员	馆员	助理馆员	管理员
10	文物博物专业人员	研究馆员	副研究馆员	馆员	助理馆员
11	档案专业人员	研究馆员	副研究馆员	馆员	助理馆员	管理员
12	工艺美术专业人员	正高级工艺美术师	高级工艺美术师	工艺美术师	助理工艺美术师	工艺美术员
13	技工院校教师	正高级讲师	高级讲师	讲师	助理讲师
		正高级实习指导教师	高级实习指导教师	一级实习指导教师	二级实习指导教师	三级实习指导教师
14	体育专业人员	国家级教练	高级教练	中级教练	初级教练
		正高级运动防护师	高级运动防护师	中级运动防护师	初级运动防护师
15	翻译专业人员	译审	一级翻译	二级翻译	三级翻译
16	播音主持专业人员	播音指导	主任播音主持人	一级播音员主持人	二级播音员主持人
17	会计人员	正高级会计师	高级会计师	会计师	助理会计师
18	统计专业人员	正高级统计师	高级统计师	统计师	助理统计师
19	经济专业人员	正高级经济师	高级经济师	经济师	助理经济师
		正高级人力资源管理师	高级人力资源管理师	人力资源管理师	助理人力资源管理师
		正高级知识产权师	高级知识产权师	知识产权师	助理知识产权师
20	实验技术人才	正高级实验师	高级实验师	实验师	助理实验师	实验员
21	中等职业学校教师	正高级讲师	高级讲师	讲师	助理讲师
		正高级实习指导教师	高级实习指导教师	一级实习指导教师	二级实习指导教师	三级实习指导教师
22	中小学教师	正高级教师	高级教师	一级教师	二级教师	三级教师
23	艺术专业人员	一级演员	二级演员	三级演员	四级演员
		一级演奏员	二级演奏员	三级演奏员	四级演奏员
		一级编剧	二级编剧	三级编剧	四级编剧
		一级导演(编导)	二级导演(编导)	三级导演(编导)	四级导演(编导)
		一级指挥	二级指挥	三级指挥	四级指挥
		一级作曲	二级作曲	三级作曲	四级作曲

续表

序号	名称	各层级职称名称		
		高级	中级	初级
23	艺术专业人员	一级作词	二级作词	三级作词	四级作词	

序号	名称	高级		中级		初级
23	艺术专业人员	一级作词	二级作词	三级作词	四级作词	
		一级摄影(摄像)师	二级摄影(摄像)师	三级摄影(摄像)师	四级摄影(摄像)师	
		一级舞美设计师	二级舞美设计师	三级舞美设计师	四级舞美设计师	
		一级艺术创意设计师	二级艺术创意设计师	三级艺术创意设计师	四级艺术创意设计师	
		一级美术师	二级美术师	三级美术师	四级美术师	
		一级文学创作	二级文学创作	三级文学创作	四级文学创作	
		一级演出监督	二级演出监督	三级演出监督	四级演出监督	
		一级舞台技术	二级舞台技术	三级舞台技术	四级舞台技术	
		一级录音师	二级录音师	三级录音师	四级录音师	
		一级剪辑师	二级剪辑师	三级剪辑师	四级剪辑师	
24	公共法律服务专业人员	一级公证员	二级公证员	三级公证员	四级公证员	
		正高级司法鉴定人	副高级司法鉴定人	中级司法鉴定人	初级司法鉴定人	
		主任法医师	副主任法医师	主检法医师	法医师	
25	船舶专业技术人员	正高级船长	高级船长	中级驾驶员	助理驾驶员	驾驶员
		正高级轮机长	高级轮机长	中级轮机员	助理轮机员	轮机员
		正高级船舶电子员	高级船舶电子员	中级船舶电子员	助理船舶电子员	船舶电子员
		正高级引航员	高级引航员	中级引航员	助理引航员	引航员
26	民用航空飞行技术人员	正高级飞行员	一级飞行员	二级飞行员	三级飞行员	
		正高级领航员	一级领航员	二级领航员	三级领航员	
		正高级飞行通信员	一级飞行通信员	二级飞行通信员	三级飞行通信员	
		正高级飞行机械员	一级飞行机械员	二级飞行机械员	三级飞行机械员	
27	审计专业人员	正高级审计师	高级审计师	审计师	助理审计师	

(资料来源：人社部专业技术人员管理司)

【练习】

1. 请列出3个在10年前不存在的工作。

2. 请列出3个自己喜欢且适合的工作。

3. 请选择自己现在的工作岗位或曾经工作过的岗位中的一种，填写表4-9所示的"职位说明书"。

表4-9 职位说明书

岗位名称			岗位编号	
所在部门			岗位定员	
直接上级			直接下级	
职位等级			填写日期	
工作职责	1.			
	2.			
	3.			
工作关系	对内关系：			
	对外关系：			
任职资格	学历/学位		专业	
	工作经验			
	基本技能			
考核方法				

第五章　影响职业生涯发展的环境因素

职业环境因素对个人职业生涯发展的影响是不言而喻的，每个人都处在一定的环境中，离开了环境，便无法生存与成长。环境对个人的职业生涯有着直接或间接的影响，它左右着人所从事的行业，改变着人生的发展轨迹。有时，这些因素会有利于职业的发展，有时这些因素会成为职业发展的障碍。作为社会生活中的个体，只有顺应职业环境的需要，趋利避害，最大程度地发挥个人优势，才有可能实现个人目标。

【学习目标】

1. 掌握社会环境对职业生涯发展的影响。
2. 掌握组织内部环境对职业生涯发展的影响。
3. 掌握女性和男性职业生涯发展的影响因素。
4. 了解我国主要的用工形式。

【小故事】

C老师凭什么成为上海滩最传奇外教？

在上海双语教育圈，一直流传着这样一个传奇故事：一位美意混血的外教老师，因为在幼儿园教书时表现出了出色的教学能力而被一群海归家长邀请出来"单干"，组建大名鼎鼎的复旦万科C班，如今已成为万科双语学校的学术总监。

C老师，全名叫Lisa Chisholm，美国出生，意大利长大，毕业于卢伯克基督大学(Lubbock Christian University)的历史和西班牙语专业，拥有欧盟教师资格证和得克萨斯理工大学历史系博士学位。C出身教育世家，父母都是拥有丰富办学经验的教育家，可谓家学渊源深厚。不过，在决心扎根教育事业之前，C也曾经走过一段小小的"弯路"。因为从小看着父母投身教育行业，出于孩子的叛逆心，C一直觉得，如果自己也去做教育，"子承父业"一点儿都不酷。于是，C选择去念法律。可是只念了一年，她就觉得法学院的人并非她想要一起共事一辈子的人，他们的自私和刻薄也让她无比失望。于是她又跑去问父母，能否去父母的学校参与夏校的教学，父母一口答应了。再后来仿佛是冥冥之中注定，她发现自己很喜欢教孩子，而这一教就是 25 年。

生性爱冒险的 C 出于对中国这个东方国家的好奇，在十多年前来到了上海。刚到上海的时候，C 先是在一所国际学校任教了一年，可是她并不喜欢那里的氛围，那个阶段她也一度迷茫。这时候，妈妈告诉她一句话，"Go low, go local"（从基础）做起，了解当地实际，她顶着大博士的头衔"深入基层"，到幼儿园任教。慢慢地，她教学的幼儿园逐渐有了名气，更多的家长慕名而来。2006 年，在家长们的群策群力下，在校方的接纳下，当时只有 35 岁的 C 带领着第一批 13 个孩子开始了国际双语课程 C 班的探索，这一尝试使她成为上海双语教育圈的大红人。当年的 C 班的孩子几乎成为之后迅速开枝散叶的沪上双语教育的雏形和导师，而最初的这批孩子如今也已走上了各自不同的人生轨道。

(资料来源：根据"外滩教育"微信公众号《在中国执教十多年，这位美国女教师凭什么成为上海滩最传奇外教？》，2017-6-13. 改写。)

点评：随着全球化经济的发展，越来越多的人有机会到国外任职，C 自己拥有欧盟教师资格证和得克萨斯理工大学历史系博士学位，她的教学理念和教学方法也适合中国国情，而上海双语教学正处在起步阶段，C 班的家长找到她的那一年她才 35 岁，年轻有闯劲，人才和机遇相逢，不成功也难。

一、经济全球化对职业生涯规划有什么影响？

1983 年，西奥多·莱维特(Theodore Levitt)在哈佛商业评论的发表的文章《全球化的市场》引起了商业界轰动，"全球化"震动了学术界。经济全球化是贸易、投资、金融、生产等活动的全球化，即生存要素在全球范围内的最佳配置。经济全球化的内容主要包括：生产全球化、贸易全球化、金融全球化、投资全球化及区域性经济合作全球化。自 20 世纪 90 年代以来，经济全球化得到了迅速发展，现已发展成为以科技革命和信息技术发展为先导，涵盖生产、贸易、金融和投资各个领域，囊括世界经济和与世界经济相联系的各个方面及全部过程。经济全球化对我国的发展产生了极大的影响，不仅加快了我国经济开放、参与全球竞争的进程，同时也加快了我国融入世界经济体系的步伐。随着我国经济实力不断增强、科学技术不断发展，走出国门的企业越来越多。越来越多的企业与世界经济的波动密切相关，使得全球劳动力的流动性越来越大，因此职业、就业和工作场所也会受到世界经济持续波动的影响。一般来说，经济的增长意味着工作机会的增多，就业增长水平及就业机会的类型都会随着产业的此起彼伏而发生变化。因此，关注世界经济的发展趋势有利于职业生涯的规划，同时经济全球化、信息全球化，也对个人职业的素质提出了更高的要求，具备国际意识、国际交往能力、国际竞争能力的人才将成为企业追求的目标。

二、新技术对职业生涯发展有什么影响？

移动互联网、大数据、云计算、人工智能等新技术的不断创新和突破，让世界发生了巨变。新技术的产生对个人的职业生涯发展同样产生了巨大的影响。

首先，多重职业将成为全球职业发展的新趋势。2007 年《纽约时报》专栏作家麦瑞克·阿尔伯(Marci Alboher)在她的《一个人，多重职业》一书中描述了一种现象：越来越多的年轻人不再满足"单一职业"这种生活方式，他们开始选择一种能够拥有多重职业和身份的多元化生活，在自我介绍时他们会用"斜杠"来区分从事的不同职业，例如，某某，律师/演员/制片人。于是，"斜杠(Slash)"便成了他们职业的代名词。互联网条件下的经济是共享经济，共享经济的本质是人尽其才、物尽其用。人才不仅是在一个组织中有多种职业通道、职业路径可以选择，而且可以不再只属于一个特定的组织，不再只被捆绑在一个岗位上扮演一个固定的角色。一个人可以不再追求在组织中沿着金字塔的结构向上攀升的传统职业路径，而是可以在不同的职业之间平行转换，扮演多重角色、拥有多重职业身份。比如，现在有人除了朝九晚五固定上班外，还自己做自媒体内容发布在抖音等视频网站，作为自己的一项副业。

其次，虽然技术时代在技术领域创造了许多新的工作，也在许多领域实现了许多工作的自动化，但也因此导致某些制造业的工作数量减少。大多数情况下，技术不是要取代工人，而是要重新界定原来的工作内容和方式，熟悉自己工作所在领域的技术并与之保持同步是取得职业成功的关键。

三、自由职业的就业形式对职业生涯发展有什么影响？

随着社会经济的发展、新技术的不断产生和人们就业观念的不断变化，产生了越来越多的自由职业的就业形式，如通过各类平台注册接单、借助自己的交通工具以平台企业名义提供出行、外卖、即时配送、同城货运、快递的劳动获得报酬或者收入的，如美团骑手、饿了么骑手、货拉拉司机、滴滴司机等。这类自由职业的工作时间可以自行安排，接单也可以根据自己的具体情况及意愿，他们也被称为新就业形态劳动者。

但是，这类自由职业受外界影响较大，自己会承担更多风险。比如，在新型冠状病毒感染肺炎疫情发生前，有人专职做中小旅行社出国旅游团队的外聘领队，利用自己高水平的外语技能，出色的管理能力和相关资格证就可以获得不错的收入。对旅行社来说可以降低企业运营成本，自己则有自主选择权选择所带的团，还可以利用担任领队的机会免费去世界各国旅行，而如果固定在一个旅行社的话就失去了自主选择权，只能接受单位的派单。但是，疫情发生后，出国旅游暂停，这样的自由职业就显露出其弊端，立即就断了所有的收入来源。如果还有房贷、车贷等着还，那就要及时调整职业生涯发展方向，找到新的职业发展方向。比如，有人通过培训，应聘了核酸检测员岗位；有人转向开始做国内旅游导游；有人利用自身资源开始尝试做小区团购团长；等等。自由职业受外界经济、技术、政策的影响非常大，因此在遇到职业发展瓶颈时，就必须及时调整自己的职业发展方向。

四、组织环境对职业生涯发展有什么影响？

组织的内部环境对个人的职业生涯有直接影响，所有人都处于组织的小环境之中，个体的发展与组织的发展息息相关。对组织环境进行分析，可以使个人及时了解组织的发展状况和前景，从而把个人的职业生涯发展与组织的发展联系在一起，有利于个人作出合适的职业生涯规划。组织环境对个人职业生涯发展的影响主要体现在三个方面：一是组织的文化；二是组织的管理制度；三是组织领导者素质和价值观。

(一)组织文化对个人职业生涯发展的影响

组织文化是全体员工在长期生产经营活动中形成并共同遵守的最高价值标准的基本信念和行为规范总和，组织文化是影响组织经营效益的重要因素。根据麻省理工学院管理学教授埃德加·肖恩(Edgar Schein, 1985)的观点，组织文化可以通过很多方法观察到，如一些常规行为：员工间互相问候的方法，员工的衣着，代表组织的象征物；还有组织的一些规范：是否愿意在晚上和周末加班，组织的主导价值观、哲学观、组织制定的规则，以及员工对待客户的态度、组织的氛围等。如果个人的价值观与组织文化有冲突，难以适应组织文化，个人的职业生涯发展就会受到阻碍。

(二)组织管理制度对个人职业生涯发展的影响

组织管理制度涉及的范围比较广，员工的职业发展归根结底要靠组织管理制度来保障，没有制度或者制度不合理、不到位的组织，员工的职业发展就难以实现。比如，组织用人制度，能否提供教育培训机会，提供培训机会的条件是什么，员工将来有没有可能承担更高级的职务或担负更大的责任，个人待遇提升的空间等，都与员工的职业发展息息相关。

(三)领导者素质和价值观对个人职业生涯发展的影响

领导者的价值观就是组织的负责人对自己的事业和周围的社会环境等其他因素的态度和看法，因此领导者价值观对组织发展有非常重要的作用。从中外成功组织的经验来看，领导者的价值观应该符合客观规律，是科学的；同时又应走在时代前列，具有高格调、高境界。组织领导者的价值观和素质对组织的发展具有决定性作用，在某种程度上决定了员工在组织中能否有足够的发展空间，是衡量员工的职业生涯目标能否实现的重要指标。

五、家庭会影响职业生涯发展吗？

家庭对个人素质、价值观都会产生影响，因此家庭也是影响职业生涯的主要因素之一。父母所从事的职业是孩子观察社会职业的开始，父母对自己所从事的职业认同与否，对孩子将来是否愿意从事同样的职业有很大影响。父母乐于从事的职业或行为，孩子易于接受并熟悉，这会影响孩子职业理想的确立和职业选择的方向、种类。一般情况下，家庭经济条件好，孩子所受的教育程度会更高，职业选择过程中对职业兴趣会占主导地位，职业选择方面空间更大；家庭经济条件差，会使孩子所受教育培训的机会减少，而且会使孩子感到肩上沉重的家庭责任，在是否读书深造、对工作单位效益好坏、对职业所带来的收入等方面考虑会更多。

对于大多数中国家庭来说，基本上是男女双方都参加工作，因此家庭状况也会影响职业生涯的发展。由于我国实行了很长一段时间的独生子女政策，大部分情况下小孩都是由爷爷奶奶或者外公外婆等长辈帮忙带，因此绝大部分职业女性会较少感受到来自家庭的压力。但是随着二孩政策的实施，如何平衡工作时间和家庭时间，减少压力，特别是在职业生涯发展的中后期照顾老人也成为家庭中很重要的一项工作，照顾家庭意味着同时要照顾四个老人和两个小孩，其家庭压力不言而喻，在家庭的关键性事件中保持和谐是一项挑战。

作为双职工家庭，尤其要平衡好职业生涯角色的关系，对于家庭生活男女双方要有共同的计划，一个人不可能在同一时间里进入所有的角色，同时应对事业和家庭生活是很不容易的事情。

家庭和职业发展是我们现实生活中密切关联的两个方面，职业发展中的问题可能源自家庭生活，家庭生活也往往受到职业的影响。因此，家庭、事业不应该对立，如果把事业当作一个家庭去享受，把家庭当作一个事业去创立，那么就会在事业与家庭之间找到幸福的平衡点。

六、影响男性职业生涯发展的因素有哪些？

男性被期望要有男子气概，要有诸如积极、进取、独立和勇敢等行为特质。但这些特质并不总是与工作和家庭中新的社会状况相适合，因为新的社会状况涉及团队工作、协商、分享权利和妥协。正在改变的这些社会因素都会对男性的职业生涯规划产生影响。影响男性职业生涯规划的因素有：性别差异；平衡职业与婚姻家庭关系；家庭妇男角色和倾向传统的男性职业。

(一)性别差异

性别差异是对男性职业生涯规划的影响因素之一，社会对性别角色的期望和刻板印象会影响男性在职业领域的选择和发展。某些职业被认为更适合男性，而另一些则被认为更适合女性，这种社会期望影响了男性在职业选择上的自由度，使男性在职业选择时受到传统性别角色的约束，从而忽略了其他可能的领域。性别角色和社会期望也会影响男性对自己职业的满意度。如果男性感到自己在职业上无法符合某些期望，他们也会面临职业满意度的下降。

性别角色社会化的过程导致攻击、权利和控制，在男性生活的各个方面都表现得十分显著，其中也包括工作领域。男人们知道，要想获得尊重和重视，就需要表现出这些特性。显然，对这些特征的某些度量是功能性的；然而僵化地遵照男性特征模式，完全依靠竞争和好斗的方式来解决问题很容易引起压力。性别因素直接影响男性的职业生涯年限。

(二)平衡职业与婚姻家庭关系

在工业社会，男性到工厂做工以供养家庭。男性被期望外出并获得维持家庭所需的东西，他们根据工作中的成就、地位、权利来体会职业生涯的成功。这些传统观念统治着男人的职业生涯。但由于社会经济逐步转型，从产品生产转向服务，许多与男性有关的传统工作逐渐消失。因而女性在家庭的经济中发挥的作用越来越大，男性也因此被要求承担更多的家务，并且要投入养育的角色。

同时，男性需要考虑到自己的另一半将可能比自己挣得多，在家庭中拥有更多的经济实力地位，在公司甚至还有可能成为某集团的首席执行官，或创业做老板，而自己如何与配偶相适应，如何平衡职业与婚姻家庭的关系，成了男性职业生涯规划中需重点考虑的内容。

(三)家庭妇男角色

当妻子在职业上表现出绝对的优势时，男人们不得不开始分担家务和照看儿童的工作。家庭妇男，对于许多男人来说还是个新角色。成为家庭妇男有很多因素，如对社区或工作单位中提供的儿童照看工作不满意；妻子比丈夫挣钱多；能与孩子亲密相处并有机会看他们长大；儿童可能发生无法预料的疾病和事故等。成为家庭妇男这个角色是男性职业生涯规划中的新角色。

(四)倾向传统的男性职业

男性倾向于在传统的职位中工作，这意味着至少有30%或更多的工作者是相同性别的。男性倾向于在实用型、研究型和企业型领域的工作。而由女性主宰的职业，如社会工作、护理、基础学校教育和办公室等工作，大多数男性并不愿意进入这些非传统的职业领域，这种倾向限制了他们的职业选择，也影响了他们的职业生涯规划。

七、影响女性职业生涯发展的因素有哪些？

有人说，男女搭配，干活不累。女性人力资源在企业中具备独特的优势，如细心、认真和富有责任感。同时在与同事相处的过程中女性也有善解人意的特征，因此女性成为企业"柔性管理"的成功要素。但现代女性在职业生涯发展过程中经常会遇到各种各样的问题，面临各种各样的障碍性因素。

(一)性别观念

当代中国社会仍广泛存在明显的职业性别差异。所谓性别意识，是指一种从性别的角度，去观察和认识社会政治、文化、经济和环境，并对其进行性别分析和性别规划，以实现社会性别公平的观念和方法。当人们以性别为框架，赋予男女以不同的特征框架时，就产生了性别偏见。在传统角色定型化教育里，男性是经济收入的主要来源，是养家糊口的人和创业者，而女性最重要的生活内容是成家和生孩子。因此，女性对自己的职业定位往往偏向稳定，如在中小学教师、护士等职业里，女性占据的比例特别高，这也是影响职业女性成就动机和潜能发挥的因素之一。

(二)晚育趋势

越来越多的女性开始晚育，因为随着女性教育水平的提高，对时间和生活水准有了更多的要求，这改变了女性对婚姻的态度。同时随着我国二孩政策的实施，女性用在家庭的时间和精力也会发生变化，这些都会对女性的职业生涯规划产生影响。

对于企业用工成本来说，使用女性职工的成本要高于男性职工，女性职工的时间灵活性也不如男性职工。

(三)"玻璃天花板"效应

"玻璃天花板"效应是指女性的职业选择和职务晋升被一层玻璃挡着，可望而不可即。玻璃天花板是对性别歧视的隐蔽现象，由于观念或组织上存在的偏见而导致的障碍，它限制了有能力的女性晋升到高层位置。玻璃天花板一词描述对职业女性的无形壁垒。1995 年，美国政府特别任命的玻璃天花板委员会表示，阻止女性到达公司高层职位的壁垒"剥夺了私有部门许多合格人员竞争并保持高管职位的机会"。因为该委员会发现，女性占美国整个劳动大军人数的 45.7%，在拥有硕士学位的人群中占一半以上。然而，95%的高级管理人员是男性，女性管理人员的平均收入仅是同级别男性的 68%。以世界公认的科学界最高奖项之一诺贝尔奖为例，根据诺贝尔奖官网的数据，1901 年到 2021 年，共有 974 名诺贝尔奖获奖者，其中只有 58 名女性，女性获奖者的人数要远远低于男性获奖者。细分到每一个领域，得奖的性别比例都很悬殊。截至 2021 年的统计数据，在物理学奖 219 名获奖者中女性只有 4 名，188 名化学奖获奖者中女性仅 7 名。

女性要想冲破"玻璃天花板"，坐上更高的位置，其面临的挑战是她们要处理好多种生活角色带来的多项任务要求，平衡工作和生活中的问题，使工作、生活的安排上有清晰的思维，并得到家人的理解和支持。

八、如何在经济衰退中保住工作？

在经济不景气或者行业转型的时候，许多公司都会面临是否裁员的问题。如果员工准备充分就可以轻松转换工作；如果要保住工作岗位不被裁员，起决定性作用的有以下几点：你对于公司而言是否有价值？你是不是一个很容易相处的人且善于变通？你是不是一个善于学习的人？你是否具有可迁移的技能？

很多时候，企业可能愿意帮助你在企业内部或外部找到其他职位，但在此过程中会有很多不确定性，因为无法预知转型过程中你是否能够适应，也不知道你将来的结局如何，更不能预知转型期有多长。但是只要你在工作中学会变通，不断学习新技能，适应环境的变化，还是能找到适合的岗位的。比如，大家熟知的新东方教育集团，由于受国家政策影响，新东方教育集团创始人对于"三农"的情怀使其转型做东方甄选直播，主要做农产品直播带货，原来新东方旗下的老师也转行做了主播。从老师的角色转到主播的角色并不那么容易，虽然主播行业进入门槛低，但是想要在众多主播中脱颖而出，需要有鲜明的个性人设、直播风格。而东方甄选的转行主播老师，在直播间带货时不仅介绍货品，还讲述产地的人文、历史知识，将直播带货带进了一个新境界，同时主播老师在直播过程中金句频出，加上流畅的双语带货能力，让新东方直播间的双语带货直播特色频频登上热搜，新东方打造的"以产品故事结合带货，将美食与精神食粮融合在一起"的直播风格人气也越来越高。新东方能出网红老师，也能出网红主播，新东方的老师成功地从优秀的英语老师转型为现象级的网红主播。

九、我国用人单位有哪些主要用工形式？

(1) 从签订劳动合同的期限来分，我国用人单位的用工形式有固定期限用工、无固定期限用工和以完成一定工作任务为期限的用工 3 种方式。

固定期限用工是指用人单位与劳动者签订的劳动合同，约定有合同的终止时间。

无固定期限用工是指用人单位与劳动者签订的劳动合同，约定有合同无确定的终止时间。

以完成一定工作任务为期限的用工是指用人单位与劳动者签订的劳动合同，约定以某项工作的完成为合同的期限。

(2) 从聘用劳动者的身份来分，我国用人单位的用工形式有全日制用工、非全日制用工和劳务派遣用工 3 种方式。

全日制用工手续完备，签订劳动合同，享有全部工资、福利、社会保险等待遇。

非全日制用工称为小时工，在用人单位从事非全日制工作，即在同一用人单位平均每日工作时间不超过 5 小时或者累计每周工作时间不超过 30 小时。工资按小时计发，一般不签劳动合同，没有社会保险。

劳务派遣方式用工，是指派遣单位是用人单位，劳动者与用人单位签订劳动合同，其工资福利、社会保险关系在用人单位。

(3) 从工作制度来分，我国用人单位的用工形式有标准工时工作制用工、不定时工作制用工、综合计算工时工作制用工 3 种方式。

标准工时工作制用工：适用于工作时间固定，即每周工作 5 天，每天工作 8 小时。

不定时工作制用工：适用于因工作无法按标准工作时间衡量，需要机动作业或工作，执行弹性工作时间的人员，如推销人员等。

综合计算工时工作制用工：适用于以周、月、季、年等为周期，综合计算工作时间，需要连续作业或工作的人员，如铁路、航空、旅游等行业的人员。

十、我国的公共就业服务机构可以提供哪些服务？

我国已基本形成覆盖城乡的公共就业服务体系，并基本建成统一规范的公共就业服务制度。人力资源和社会保障部于 2018 年 12 月 5 日公布人社部发〔2018〕77 号文件《关于推进全方位公共就业服务的指导意见》(以下简称《意见》)，开头就确定了就业的重要性，提出："党的十九大明确提出，就业是最大的民生，要坚持就业优先战略和积极就业政策，提供全方位公共就业服务。推进全方位公共就业服务是做好就业创业工作的重要举措，有利于保障和改善民生，推动经济高质量发展，促进社会和谐稳定。为更好服务稳就业工作，推动实现更高质量和更充分就业。"《意见》要求：明确覆盖全民的公共就业服务范围；健全贯穿全程的公共就业服务功能；构建辐射全域的公共就业服务体系；完善便捷高效的公共就业服务方式。同时给出了基本公共就业服务事项清单，依据现行法律法规和相关政策，公共就业服务机构免费提供下列十项服务：就业创业和劳动用工政策法规咨询、相关扶持政策受理；人力资源供求、市场工资指导价位、职业培训、见习岗位等信息发布；职业介绍、职业指导和创业开业指导；公共就业服务专项活动；对就业困难人员实施就业援助；办理就业登记(劳动用工备案)、失业登记等事务；办理高等学校、中等职业学校、技工学校毕业生接收手续；流动人员人事档案管理服务；劳动关系协调和劳动权益保护；县级以上人民政府确定的其他服务。

全国县(区)以上普遍设立就业公共服务机构，超过 98%的街道、乡镇建立服务窗口。但公共就业服务机构的名称可能会略有不同，比如在上海，承担就业公共服务的机构是各区下属街道社区事务受理服务中心，而在北京是由各区人力资源公共服务中心承担，在天津则是各区公共就业服务中心，而在广州则是区劳动就业服务管理中心。具体可在国家人力资源和社会保障部的保障政务服务平台：全国一体化在线政务服务平台(http://www.12333.gov.cn/)上查到。

十一、如何把握政府中的工作机会？

在政府中工作就要参加国家公务员考试。公务员是国家负责统筹管理经济社会秩序和国家公共资源，维护国家法律规定贯彻执行的公职人员。在我国，公务员是指依法履行公职、纳入国家行政编制、由国家财政负担工资福利的工作人员。我国还有很多事业单位和非政府组织也是参照公务员管理办法进行管理。因此，这部分人员的工作相对来说比较稳定，在目前就业越来越艰难的情况下，公务员和事业单位工作者自然成为人们向往的职业。

公务员享受国民收入初次分配权，工资收入会随着整个国家 GDP(国民生产总值)一起上涨，与社会经济的发展相一致。但是一般国家公务员和事业单位工作人员的工资待遇在当地只能算是略高于当地收入平均水平。

国家公务员局及各部属机关的事业单位及各省市的公务员局网站每年都会进行公务员和事业单位的招收录用考试报名通知。

【案例】

56 岁的宝钢干部何黄斌转型之路

2016 年，宝钢 2500 立方米不锈钢高炉停产。几十年来，铁花绽放的火红，记录下一次次铁水出炉的时刻。随着这座高炉停产，宝钢碳钢的生产全部停止，不锈钢生产也大幅减产。在钢铁产能过剩的大背景下，宝钢的产业转型不可避免。这也意味着，规模化的人员转型分流势在必行。这些为宝钢工作了大半辈子的人，猝不及防地走到了人生的十字路口。

命运对于 56 岁的何黄斌来说，时常有些"意想不到"。

1982 年，冶金机械专业毕业的他，进入了当时的上钢一厂。"那时候上钢一厂的效益很好，进去当工人很光荣。" 1998 年，上钢一厂被并入宝钢集团，成为宝钢集团一钢公司。2000 年，开始建设不锈钢公司，不锈钢生产线引进德国西马克，碳钢生产线引进日本川崎制铁。已是技术骨干的何黄斌全程参与了技术谈判、设备引进与制造、设备安装与调试。2004年企业投产，并更名为宝钢不锈钢公司。

"那时候都是引进最好的设备，目标是取得世界领先地位。谁能想到，10年后反而产生亏损，最终停产？"说完这个疑问，已是宝钢不锈钢公司设备部主任工程师的何黄斌沉默了。

2016年6月，宝钢不锈钢高炉停产后，包括何黄斌在内的一群宝钢不锈钢及配套公司员工开始再就业。市委办公厅牵头组织徐汇、杨浦、静安、宝山、虹口、普陀、浦东等区组织部、民政局，就宝钢转型员工进入社区工作进行专题协调，为上海宝钢不锈钢公司员工转型发展为居民小区书记、社区工作者搭建了工作平台，初步建立了对接机制。

"既然命运时常不可预知，不如换个环境，挑战一下自己。"曾经的宝钢"老法师"、如今的徐汇斜土路街道尚海湾居民小区书记何黄斌说。何黄斌觉得，社区和企业最大的不同是，企业以结果为导向，社区做事过程很重要。"从以前死板讲规矩，变为学会沟通，要学会与男女老少交流的本事。"身处徐汇高档社区的他，通过带动党员骨干、积极分子进行耐心细致的沟通，一点点消解居民对陌生人的本能排斥。同时还将企业原先规范的管理方式用在了居委工作上，如企业里以"清洁、清理、整理、整顿、安全"为代表的"5S"系统，促使"何黄斌"们从"居委会办公室清理、不准吸烟"开始严格管理起来。

(资料来源：根据《解放日报》(2017-06-20)《上海社区居委会来了一群"宝钢干部"》改写)

分析： 根据党中央国务院关于推进供给侧结构性改革、化解钢铁过剩产能的重大决策，按国务院国资委提出的要求，全面落实化解钢铁过剩产能的目标任务。宝钢完成了2016年化解过剩产能的计划任务。但是人员分流能否平稳有序，是确保企业稳定和社会稳定的重要因素。在此特殊背景下，宝钢转型员工加入了上海市社会治理工作，成为社区工作者，是机遇，也是挑战。从工程师转型成为居委干部也不是一件容易的事，只有在工作中不断学习，适应居委干部的工作节奏，将原有的技能应用到新的工作中，才能成功转型。

【小资料】

1. 公务员招考简章查询网站如下：

人力资源和社会保障部门户网站(http://www.mohrss.gov.cn)；

国家公务员局门户网站(http://www.scs.gov.cn)；

中国政府网(http://www.gov.cn)；

人民网(http://www.people.com.cn)；

新华网(http://www.xinhuanet.com)；

中国网(http://www.china.com.cn)。

2. 国家公务员考生报名流程示意图如图5-1所示。

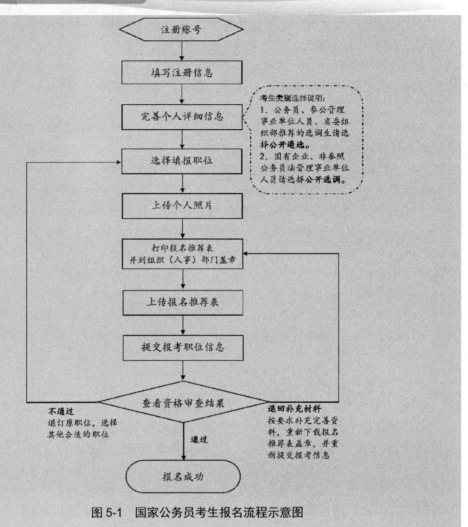

图 5-1　国家公务员考生报名流程示意图

(资料来源：国家公务员网站 http://bm.scs.gov.cn/pp/gkweb/ui/business/auth/login.html。)

【练习】

1. 哪种组织文化最适合你？

阅读以下问题，根据个人感觉圈出适合表达你感觉的答案，1 代表坚决同意，2 代表同意，3 代表不确定，4 代表不同意，5 代表坚决不同意。

(1) 我愿意成为工作团队中的一员，希望组织以我对团队的贡献来衡量我的绩效。	1	2	3	4	5
(2) 为了实现组织目标，任何个人的利益都可以牺牲。	1	2	3	4	5
(3) 我喜欢从冒险中找到刺激和乐趣。	1	2	3	4	5
(4) 如果一个人工作绩效不符合标准，他做了多大努力都白费。	1	2	3	4	5
(5) 我喜欢稳定和可以预见的事情。	1	2	3	4	5
(6) 我喜欢能对决策提供详细合理解释的管理人员。	1	2	3	4	5
(7) 我希望工作压力不大，同事易于相处的环境。	1	2	3	4	5

评分标准如下：

第(5)(6)项得分标准如下：

很同意为+2，同意为+1，不确定为0，不同意为-1，很不同意为-2。

第(1)(2)(3)(4)(7)项得分标准如下：

很同意为-2，同意为-1，不确定为0，不同意为+1，很不同意为+2。

结果说明：

得分越高，则表明你在一种正式的、机械的、有规则导向的、有结构的组织文化中很适应，这通常与大型公司及政府机构相联系。负数则表示你喜欢非正式的、人本主义的、灵活的、创新的组织文化，这种文化在研究机构、广告公司、高科技公司以及一些小型企业中更常见。

2. 请列出三个有政府机构招聘信息的渠道。

第六章　确定职业生涯目标

职业选择是个人对自己就业方向和工作岗位类别的比较、挑选和确定，是一种人生的决策，关乎个人幸福和成就感。职业选择是人们职业生活的开始，是人生道路的关键环节，也是人成为社会活动主体、实现其人生价值的开始。

对职业作出选择最困难的地方在于，不知道有哪些职业存在。只有及时把握最新职业动态，列出各种可以利用的信息来源，根据自身的信念、兴趣、个性和技能去选择，才能选择出适合自己的职业。

【学习目标】

1. 掌握职业生涯决策的影响因素。
2. 掌握职业选择的决策过程和方法。
3. 了解职业选择的研究策略。
4. 掌握职业选择的原则。

【小故事】

一生最大的遗憾是选错了职业

美国著名人力资源顾问罗杰·安德生(Roger Anderson)曾经对 100 位退休人进行问卷调查，其中一个问题是："回顾您的一生，您最大的遗憾是什么？"调查结果令人吃惊的是 90%的老人认为："一生最大的遗憾是选错了职业！"

这些风烛残年的老人在生命即将走到尽头时没有抱怨自己挣钱太少，没有抱怨婚姻家庭不幸，但对自己的职业选择却始终耿耿于怀。

(资料来源：[美]罗杰·安德生. 如果找对职业——每一种性格都能成功. 刘登阁，编译. 长春：吉林文史出版社，2004.)

点评：其实对个人来说最需要的是确定自己的个人发展战略，找出自己应该做的工作和事业，这样才不会迷失方向，才能到达成功的彼岸。从自己内心真正渴望做什么事、自己的特质是否适合、自己是否具备做这件事的能力这三个方面深入分析，找出这三个方面的交集，就是你的人生战略——一生应该做的事的所在领域。

一、如何确定职业生涯目标？

职业生涯目标的设定，是职业生涯规划的核心。没有目标如同驶入大海的孤舟，四顾茫茫，没有方向，只有树立了目标，才能明确奋斗方向。方向犹如黑暗中的灯塔，引导你避开险礁暗石，走向成功。

目标的设定要以自己的最佳才能、最优性格、最大兴趣、最有利的环境等信息为依据。通常目标分短期目标、中期目标、长期目标和人生目标。短期目标一般为一到二年，短期目标又分日目标、周目标、月目标、年目标；中期目标一般为三到五年；长期目标一般为五到十年。一个人的目标是随着时间的变化而变化的，人在每一个重要阶段的目标可能不一样。而且，目标不能定得太高，太高再努力也完不成，还会使自己失去信心；目标也不能定得太低，轻易达到的目标不能使自己真正进步与成长。因此设置目标的标准是：跳一跳，够得着。也就是说，要经过分析评估，才能设立符合实际、对自己有强大促进作用的目标。在确定自己的职业生涯目标时要注意以下几个方面。

(一)把握自己的职业意向

在选择职业的过程中，人们一般具有一定的意愿与志向。所谓职业意向，是指个人对社会职业的评价和选择偏好。个人可能对社会上各种各样的职业作出自己的判断，哪个喜欢，哪个不喜欢，哪个适合自己，哪个自己不愿意从事，哪个自己无法胜任，这些都体现了个人的职业意向。

在人们的思想观念中，职业可以按照一定的"好""坏"标准进行排列。决定"好"或"坏"的标准包括职业的社会地位、薪酬待遇、满足个人喜好的程度、个人才能的发挥、职业劳动强度与工作环境、职业的社会价值等因素。把握自己的职业意向是确定职业生涯目标合理化的途径。

(二)衡量自身的职业能力

从目前大部分单位招聘情况来看，学历、资质、资历是衡量一个人职业能力的基本要素。在职业生涯决策过程中，自身所拥有的职业能力是就业的基本条件。职业能力主要包括以下两个方面。

(1) 教育水平。教育水平是从事某职业所需要的最低受教育程度，它反映了从事这个职业所必需的基础文化素质。一般层级低的职业，需要的教育水平也相对较低，专业人员一般需要大学专科及以上的教育水平。

(2) 职业资格。职业资格是对从事某一职业的劳动者所必备的学识、技术和能力的基本要求。职业资格包括从业资格和执业资格。职业资格的获取须通过国家相关管理部门或行业管理机构考核认证，通过相应的考核才能取得相应的职业资格证书。教育水平、职业资格反映了职业能力的要素。

(三)考虑社会因素对职业生涯目标的影响

社会因素会对职业生涯目标产生根本性影响,一个国家政治上安定、经济上发展,科技上不断进步,就能促进个人职业生涯的发展,并能为个人的职业生涯发展提供多方面的条件,而如果社会动乱、经济衰退、科技发展停滞,则会阻碍个人职业生涯的发展,影响个人职业生涯目标的实现。社会发展的不同阶段,对人才的需求是不一样的,个人的职业目标要与社会需求相结合,才更容易实现个人的自身价值,实现自己的职业生涯目标。

二、什么是职业生涯决策?

职业生涯决策又称职业决策,从广义的角度来说,整个职业生涯规划的过程就是一个重要的职业决策。它包括了解自己,搜集职业信息,研究自己所处的环境,找出备选职业及它们的前景,进行职业决策,制定执行目标和计划方案并反馈评估。

狭义的职业决策是指个人根据自身的各种条件,并经过一系列活动以后,在职业规划中确定目标的阶段,即对所有职业规划相关资料和信息进行整合,对目标进行判断和选择的阶段以及为实现目标而制定优选的个人行动方案。

我国《教育大辞典》中将职业决策定义为:人们根据自身特点和社会需要作出合理的职业方向抉择过程,内容包括个人价值的探讨和澄清,关于自我和环境资料的使用、谋划、决定过程。

从以上定义可以看出,职业决策是一个过程,而不单单是一种结果。我们认为职业决策是一个依据决策者自身的特性,并根据外部社会环境的现状与发展趋势,通过一系列的工具分析,最终确定未来适当的职业生涯的目标的过程。

职业决策是一个复杂的认知过程。通过这个过程,决策者分析并组织相关自我信息和外部职业环境的信息,仔细考虑各种可供选择的职业生涯发展的前景,决定今后自身职业发展的方向。

三、职业生涯决策涉及哪些因素?

职业生涯决策所涉及的因素很多,根据安妮·罗伊(Anne Roe)博士提出的理论,可用12个因素来解释一个人的职业选择。这12个因素又可归为四个不同的类别,安妮·罗伊将这些因素整合为一个代数公式,见表6-1。

这12个因素分别为总体经济状况、家庭背景、种族、机遇、朋友、婚姻状况、一般的学习和教育,后天学习到的特定技能,生理特点、认知能力或特殊天赋,气质与个性,兴趣和价值观,性别。这12个因素用大写字母表示,小写字母表示该因素的调节系数,其中总体经济状况、家庭背景和机遇分为一组;朋友和婚姻状况分为一组;一般的学习和教育以及后天学习到的特定技能分为一组;生理特点、认知能力或特殊天赋、个人的气质及个性,兴趣和价值观和性别分为一组。这12个因素构成了安妮·罗伊的职业选择公式,第一组包含的是人们无法控制的因素,后面三组包含的是那些遗传和后天经验的因素。一个人在某种程度上能选择自己的经历和兴趣,职业生涯的决策是一项复杂的任务,但要学会掌控自己的职业生涯也并非一件做不到的事。

表 6-1　安妮·罗伊职业选择公式

职业选择公式=S((eE＋bB＋cC)＋(fF，mM)＋(lL＋aA)＋(pP×gG×tT×iI))	
E=总体经济状况	A=后天学习到的特定技能
B=家庭背景、种族	P=生理特点
C=机遇	G=认知能力或特殊天赋
F=朋友，同伴群体	T=气质与个性
M=婚姻状况	I=兴趣和价值观
L=一般的学习和教育	S=性别

注：公式中的小写字母是对应因素的调节系数。

(资料来源：罗伯特·里尔登，珍尼特·伦兹，加里·彼得森，等. 职业生涯发展与规划[M]. 4版. 侯志谨，等译. 北京：中国人民大学出版社，2016.)

四、如何运用 CASVE 模型进行职业生涯决策？

职业生涯规划决策是一种问题解决活动，CASVE 循环模型是有助于生涯决策的一项技术。CASVE 循环包括五个阶段：沟通、分析、综合、评估和执行，CASVE 就是这五个词的英文单词首字母。CASVE 模型见图 6-1。

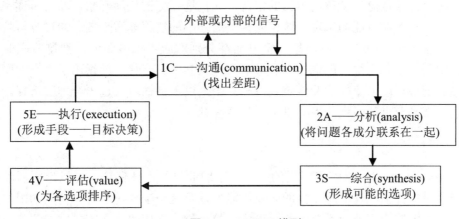

图 6-1　CASVE 模型

(资料来源：姚裕群，曹大友，石永昌，等. 职业生涯管理[M]. 3版. 大连：东北财经大学出版社，2015.)

(一)沟通

沟通(communication)，包括内部和外部的信息交流，通过交流使个体意识到理想和现实之间存在巨大的差距。内部的信息交流，是指个体自身的身心状态，如在情绪上会感受到焦虑、抑郁、受挫等情绪，在躯体上会有疲倦、头痛、消化不良等反应，这些情绪和身体状态都是提示需要内部交流沟通的信号。外部的信息交流，是指外界因素对职业生涯决策产生的影响，如同事的跳槽、转行，父母、老师、朋友提供的各种建议。这是意识到自己需要作出选择的阶段。在这个阶段,通过自身感受和思考,发觉存在的差距已不容忽视,需要作出选择。沟通阶段需要回答的最基本的问题是:此刻自己正在思考并感觉到的自己的职业选择是什么?

(二)分析

分析(analysis)是通过思考、观察和研究,对自身的兴趣、能力、价值观和人格等自我知识以及各种环境知识进行分析,从而更好地理解现存状态和理想状态之间的差距。在分析阶段需要对两方面内容进行了解,首先是认识自我,包含兴趣、能力、价值观、人格等。其次是对环境分析,要对社会环境、组织环境、家庭环境等进行分析:每一个选择处于什么样的环境?会带来什么样的生活?

在此阶段,把各种因素和相关知识联系起来,通过思考、观察、研究,从而更充分地了解差距,了解自己有效地作出反应的能力。这是了解自我的各种选择的阶段。在这一阶段,生涯问题解决者通常会改善自我知识,不断地了解职业世界和家庭需要。简单来说,在分析阶段,生涯决策者应尽可能地了解造成第一阶段差距的原因,把自我知识和职业选择联系起来;把家庭和个人生活的需要融入职业选择中。

(三)综合

综合(synthesis)阶段主要是综合和加工上一阶段提供的信息,从而制订消除差距的行动方案。综合是根据分析阶段所得出的信息,先把选择范围扩展开来,然后再逐步缩小,最终确定 3~5 个最可能的选项。这个先扩大后缩小的过程非常重要。通过分析阶段,对自我的各方面都有了很多了解,每一个方面都分别对应着很多职业,把这些职业都列出来,就会得到一个范围很广的选择列表;然后选取其中的交集,就得出了缩小的职业选择范围;最后把最可能从事的职业限定到 3~5 个,进入评估阶段选出合理的选择。如果还是不满意,就需要重新回到分析阶段了解更多信息。

(四)评估

评估(valuing)是对综合阶段得出的 3~5 个职业进行具体评价,可以运用后面提到的职业选择表进行评估。评估所选择的职业可能性以及这个选择对自身、他人的影响,从而进行排序,将能够最好地消除差距的选项排在第一位,次好的排在第二位,依次类推,以供选择,职业规划决策者会选出一个最佳选项,并且作出承诺去实施这一选择。

(五)执行

执行(execution)是整个 CASVE 的最后一部分,前面的步骤只是为了确定最适合的职业,还不能带来职业选择的成功,需要在执行阶段将所有的想法付诸实践,这是实施选择的阶段,是把思考转换为行动的阶段。在执行阶段,需要制订计划,进行实践尝试和具体行动。

(六)再循环

如果在执行过程中,问题没有解决,可以再次回到沟通阶段,重新开始一次 CASVE 循环,直到职业生涯问题被解决为止。

计划是用来实施的,在实施过程中可以发现计划的漏洞,一边实施一边完善,找到理想与现实之间的差距,最终才能和理想越来越近。在此过程中,需要反复思考沟通、分析、综合、评估和执行这一过程。这个过程是一个循环螺旋式上升的过程,在这个过程获得的职业选择是最佳决策。

五、如何运用 SWOT 分析工具进行职业生涯决策?

SWOT 分析法又称态势分析法,它由旧金山大学的管理学教授于 20 世纪 80 年代初提出来,最初是应用于企业的战略规划的分析工具,是一种能够较客观而准确地分析和研究一个单位现实情况的方法。SWOT 所代表的含义是 Strengths(优势)、Weaknesses(劣势)、Opportunities(机会)、Threats(威胁)。SWOT 分析法最初是应用于企业战略规划的分析工具,就是将企业面临的外部机会、威胁以及自身的优劣势等各方面因素相结合而进行的综合分析和概括。后来该分析工具被应用在职业生涯规划中,用来对个人职业生涯进行决策。

(一)运用 SWOT 工具评估自己的长处与短处

每个人都有自己独特的技能、天赋和能力。在当今细分的市场经济里,每个人只会越来越擅长某一领域,而不可能样样精通。比如,有些人不喜欢整天坐在办公桌旁,而有些人则一想到不得不与陌生人打交道心里就发麻,惴惴不安。通过应用 SWOT 分析工具,列出自己喜欢做的事情和自己的长处所在以及自己不是很喜欢做的事情和劣势,这样便可以基于自己的长处和短处作两种选择:一是努力去改正自己常犯的错误,提高自己的技能;二是放弃自己不擅长的且技能要求很高的职业。

(二)运用 SWOT 工具分析职业机会与威胁

不同的行业(包括这些行业里不同的公司)都面临不同的外部机会和威胁,所以,找出这些外界因素对自己职业生涯的发展而言是非常重要的。如果公司处在一个经常受到外界不利因素影响的行业,很自然,这个公司能提供的职业机会将是很少的,而且没有职业升迁的机会。相反,充满了许多积极的外界因素的行业会给职场人士提供广阔的职业前景。

(三)构造 SWOT 分析矩阵

将上面第一点和第二点的内容进行归纳,总结后有条理地填写在如表 6-2 所示的 SWOT 矩阵中。

(四)根据 SWOT 分析结果制定成职业生涯发展的策略

根据 SWOT 分析结果组合成职业生涯发展四种策略组合,分别为:优势—机会(SO)

组合、弱点—机会(WO)组合、优势—威胁(ST)组合和弱点—威胁(WT)组合。

表 6-2 SWOT 矩阵

	优势	劣势
内部个人因素		
	机会	威胁
外部环境因素		

(1) 优势—机会(SO)是一种发展自身内部优势与利用外部机会的策略，是一种理想的模式。当自身具有某些特定的优势，而外部环境又为发挥这种优势提供有利机会时，可以采取该策略。

(2) 弱点—机会(WO)是利用外部机会来弥补内部弱点，是改变自身劣势而获取优势的策略。存在外部机会，但由于自身存在一些内部弱点而妨碍其利用机会，可采取措施先克服这些弱点。

(3) 优势—威胁(ST)是指利用自身优势，回避或减轻外部威胁所造成的影响。

(4) 弱点—威胁(WT)是一种旨在减少内部弱点，回避外部环境威胁的防御性技术。当自身面临生存危机，降低期望可成为改变劣势的主要措施。

SWOT 分析是一种充分认识自我，分析错综复杂、相互交错的竞争因素的系统方法，旨在对职场人士的优势、劣势、机会、威胁等问题进行结构性分析，为竞争策略和竞争方式的制定提供基础性的分析资料。

六、如何制定职业选择研究策略？

对职业的研究首先要制定出研究策略，不要把时间浪费在没有结果的研究上。因此，在制定职业选择研究策略时要注意以下几点。

(1) 决定对哪些职业进行研究。你可以根据自己的喜好列出自己想从事的职业，然后把它们按行业或功能分成小组。如你有 5 个与市场有关的选择，你可以将它们命名为"市场营销类职业"，然后逐步把准备进行研究的职业或职业领域数量压缩到一个可直接选择的范围。

(2) 研究行业范围。在确定研究目标后，通过国家或地方的统计局网站，或行业分析研究机构的网站对感兴趣的职业所处的行业进行研究，了解该行业的发展前景及该行业在国民经济中的地位。

(3) 网上搜索信息。网上查询是最简单有效地了解行业或职业信息的方法，网络提供了大量的行业和职业的最新信息，通过百度、谷歌等搜索引擎可以迅速了解行业信息。

(4) 找到关键雇主。开列一份雇主清单，注明雇主类型，如非营利机构、事业单位、政府或企业。

七、职业选择有哪些原则？

在职业选择过程中应遵循以下五项原则。

(1) 客观原则。从实际出发是个人进行职业选择的首要原则。首先根据自身的素质条件把个人的职业意愿和自身素质联系起来，正确估计自身的职业能力，选择合适的职业目标与职业发展路径。其次要考虑社会需求，选择职业要考虑当前社会上实际存在的职业岗位，有社会需求才会有职业岗位。最后基于现实的选择，当一个人的就业意愿不能得到满足时，要根据社会需要作出选择，或者接受相应的教育培训，积累就业条件；或者先就业，有了机会再进行职业流动。

(2) 主动原则。对于想就业的人来说，不应消极地待业，应积极准备就业条件，主动寻求就业之路。

(3) 匹配原则。每个职业岗位都有特定的工作内容、岗位规范和对从业者的素质要求，每个求职者也都有自己的从业条件和个人意愿。但是个人的从业条件与职业岗位要求是否相适应是决定个人能否成功就业的关键。

(4) 比较原则。职业选择是岗位和人双方的相互选择，因此在职业选择中必须把人和岗位结合起来进行比较，只有两者相一致，才能保证个人作出最优的职业选择。同时，在职业比较过程中，要有自己的职业生涯规划，不能只看重眼前的利益，要有自己的人生目标，实现自身价值的最大化。

(5) 主次原则。就业选择过程中，一般有多种标准和条件，如单位性质、工作地点、工作条件、生活待遇、使用意图、发展方向等，不可能每项都满足心愿，重要的是在择业过程中怎样权衡利弊，分清主次，作出抉择。如果在选择职业时一味求全、好高骛远，那就可能丧失良机而难以实现就业，甚至错过真正的好职业。

八、如何应用职业选择表进行择业？

当求职者有多个感兴趣的职业目标，而且每个目标的好处和弊端都不尽相同时，求职者需要根据自己的特点仔细权衡不同目标的利弊得失，从自己的现实条件出发进行选择，确定最终的职业发展方向。那么，在择业过程中如何在几个比较满意的职业岗位中进行比较和选择呢？将可选择的职业岗位进行量化计分能更直观地进行分析决策，由于分值及标准的确定会受到很多主观因素的影响，因此统计结果并不一定与你自己内心希望的职业相符，仅作为决策时参考。下面对职业选择表的操作进行介绍。

(一)对择业标准排序

首先，根据个人的择业价值观和意愿，对下面给出的 12 个项目按重视程度排序，在各个项目之前标明一、二、三等的顺序。若有不在考虑范围内的项目，就不选择，不参加排序。

个人职业选择标准的常见项目如下。

第____：发挥个人才能。　　　　第____：为社会作贡献。
第____：体现和实现个人价值。　第____：有权力、能获得资源。
第____：收入高、待遇好。　　　第____：职业的名声好。
第____：工作有自主权。　　　　第____：合乎自己的兴趣爱好。
第____：工作轻松、条件好。　　第____：工作有挑战性、创造性。
第____：职业稳定、不失业。　　第____：有培训的机会。
第____：其他(自填)_____。　第____：其他(自填)_____。

注：如果所给的项目未能包括个人的选择意愿，例如，"外资企业""有发展前途的单位与工作"等，此时可在最后的两个空白栏目中自行填写内容，然后对自行填写的项目进行排序。

(二)挑选前六位项目

从上面 12 个给出的项目以及自己增加的项目中，挑选出排在前六位的项目，然后把它们分别填入表 6-3 的"择业标准"栏中。例如，求职者小明的前六项择业标准，顺序分别为"职业稳定，不失业""收入高，待遇好""有培训机会"等，把它们分别填入表 6-3 的第一栏。

由于人们对择业标准的重视程度不同，按照其排列顺序在表 6-3 的第二栏给出六项择业标准的系数值，分别为 6 分、5 分、4 分、3 分、2 分、1 分。这一择业标准的"系数值"将用于后面步骤的计算。

表 6-3　职业选择表

择业标准	系数值	A:		B:		C:	
		基本分	职系分	基本分	职系分	基本分	职系分
1	6 分						
2	5 分						
3	4 分						
4	3 分						
5	2 分						
6	1 分						
某职业总分	—						

(三)确定备选职业

首先，根据自己的判断，把最倾向选择的三种职业 A、B、C 填入表 6-3 的第一行中。这里假定小明考虑准备选择的三项职业为专业技术人员、公务员和记者。

(四)计算基本分

分别对自己准备考虑的职业与个人的择业标准六个项目的符合程度打分，填入"基本分"栏中。当一个人所考虑的某种职业的具体情况与自己的择业标准非常符合时，得3分；当某职业的情况与择业标准完全不符合时得1分；当某职业的情况与择业标准有些符合或者自己判断不准符合与否时，得2分。例如，小明选择记者职业时，择业标准4的基本分为2分，择业标准5的基本分为3分；选择公务员时，择业标准4的基本分为3分，择业标准5的基本分为1分；选择专业技术人员职业时，择业标准4的基本分为1分，择业标准5的基本分为2分，择业标准6的基本分为3分。

(五)计算各职业职系分

按照表6-4中择业标准第1项至第6项对应的系数，对"职系分"分别进行计算。例如，第2项标准的系数值为5分，A职业(专业技术人员)的第2项择业标准基本分为1分，则其"职系分"为5分(5分乘以1)。将这一计算结果填入该项择业标准对应的"职系分"栏中。

表6-4 小明职业选择表

择业标准	系数值	A：专业技术人员		B：公务员		C：记者	
		基本分	职系分	基本分	职系分	基本分	职系分
1. 职业稳定，不失业	6分	2	12	3	18	1	6
2. 收入高，待遇好	5分	1	5	2	10	2	10
3. 有培训机会	4分	3	12	2	8	1	4
4. 有权力、能获得资源	3分	1	3	3	9	2	6
5. 工作有自主权	2分	2	4	1	3	3	6
6. 发挥个人才能	1分	3	3	2	2	3	3
某职业总分	—		39		50		35

(六)得出选择结果

依据A、B、C每一种职业的各项择业标准所计算的"职系分"分别汇总，填入各职业的"总分"栏中。通过比较，就得到最优选择的职业。

在上例中，专业技术人员、公务员和记者的分数，分别为39分、50分和35分，显然，选择公务员职业对于小明来说比选择专业技术人员或记者更合适。

【案例】

准确定位选择合适职业岗位

薛莉，32岁，名牌大学广告策划专业，广告公司职员，在同事们的眼中，学历、资历、能力样样出众，不仅策划案做得好，又精通财务知识，平时一些重要的公关活动，老板也经常找她去助阵。本以为空下已久的部门经理职位非她莫属，结果老板却派了个"空降兵"。在老板看来，薛莉既可做策划，也可当财务，还能做大项目公关，因而对于策划部经理一职，并不是最佳人选。

其实，薛莉最大的失误就在于缺乏一个明确的职业定位和目标，她认为的能者多劳，在领导眼中却成了没有定位、缺乏核心竞争力。薛莉进一步发现了自己擅长与人沟通的巨大潜力，职业规划专家也在面谈中发现，薛莉的沟通和表达能力很强，亲和力好，思维反应敏捷，她自己也表示非常喜欢做与人交流和沟通的工作。薛莉虽然是广告策划专业出身，但她始终对其不太喜欢，因而又学了财务和营销。究其内心的职业向往，她最终确定自己的职业方向为大客户营销。

半年时间过去了，确立了方向的薛莉从策划部调到了营销部，专门维护公司的大客户渠道，目前她已被提升为营销经理，她说接下来的目标是营销总监。

分析：职业选择一般从"最喜欢做的是什么工作""最擅长的是什么工作""你认为最有价值的工作是什么"这三个方面进行考虑，找到了这三个问题的答案，那么你的职业选择就会有个大方向。一个人的职业发展就像一棵大树，过多的旁枝很可能阻碍大树主干的生长，从而使大树失去足够的向上生长的能量。职业生涯也是如此，如果一个人有各种各样的兴趣、知识、证书，反而削弱了本来的核心竞争力，容易导致个人职业目标的模糊。

(资料来源：根据"学习啦"网《如何准确职业定位的案例分析》http://www.xuexila.com/zhichang/gonglue/200259.html 改写)

【小资料】

职业生涯规划的 SMART 原则：目标管理

SMART 原则是管理学大师彼得·德鲁克(Peter Drucker)在 1954 年出版的《管理实践》一书中首次提出。它是针对企业目标管理提出的管理原则，后来被运用到职业生涯规划中。企业目标管理五个原则其实也是职业规划的五原则，只不过将企业目标改为个人的职业生涯目标。针对职业生涯的目标，SMART 这五个字母的含义如下。

(一) S——明确性

S(specific)是指职业生涯目标要明确而不能笼统。所谓明确，就是能用语言清楚、具体地说明要达成的行为标准。职业规划必须明确、清晰、具体才具有可行性。如"我要找份好工作""我要成功晋升"之类的话，这只是愿景，不是具体的规划，所以没有办法去具体执行。而"我的目标是成为××公司的超级销售员""我要在今年把工资提升到 5000 元"——这才是明确的目标。

当我们开始进行职业规划时，应该更加注重细节的具体化，只有细节问题处理好了，才不会只有大方向，而没有脚踏实地的前进步伐。

(二) M——衡量性

M(measurable)是指职业生涯目标是可量化的，或者行为化的。可量化指的是可衡量、可测量、有一定的评定标准，尤其针对结果而言。目标的衡量标准遵循"能量化的量化，不能量化的质化"。拒绝使用"大概""差不多""快了"之类的模糊修饰语。

(三) A——可实现性

A(attainable)是指目标必须是可以达到、实现的。职业规划设定的目标要高，有挑战性，但是，一定要是可达成的，即强调"职业规划中所设定的目标一定是能够通过最大的努力行动实现的"。如何设定的职业目标过低，那么就失去了目标的意义，制定职业目标应是跳起来能"摘桃"的目标，而不能制定出跳起来"摘星星"的目标。

当然，可达成目标会随着能力水平的进步而不断增加。但是无论什么目标，都要根据自己的现实水平和能力合理设定，这样才会获得成就感，实现个人的自我价值。

（四）R——相关性的

R(relevant)是指实现此目标与其他目标的关联情况。如果实现了这个目标，但对其他的目标完全不相关，或者相关度很低，那么这个目标即使达到了，意义也不是很大。相关性，就是解决所设定的目标"对不对"的问题。职业生涯目标的设定，要和自己的其他人生目标相关联。如在规划职业目标时，自己所学的专业最好能与自己的工作相关，这样有利于目标的达成，那么职业生涯成功的可能性就会大大增加。

（五）T——时限性

T(time-based)是指解决所设定的目标"有没有"完成的问题。没有时间限制的目标没有办法考核。在职业生涯规划中任何目标的实施都要有时间限制，以克服人的惰性，最大限度地激发人的潜能。如果目标需要较长时间，为了在较长时间内能保持始终如一的进取状态，可为目标设立多个"子期限"，这样人的潜能就会更好地被激发出来。

充分运用SMART原则，努力找准属于自己的"北斗星"，职业生涯目标就容易实现。

【练习】

职业评估测验

完成下列问卷。根据表 6-5 职业评估测验表中的问题，在对应的栏目中圈出自己的意见：1 代表很不赞同，2 代表不赞同，3 代表赞同，4 代表很赞同。

表 6-5　职业评估测验表

序号	问　　题	很不赞同	不赞同	赞同	很赞同
1	我宁愿离开公司，也不愿在我的专业领域之外获得晋升	1	2	3	4
2	在某个专业技术领域成为一名杰出的专业人员，对我来说很重要	1	2	3	4
3	对我来说，不受组织限制的职业很重要	1	2	3	4
4	我总是在寻找那种能够给我提供为别人服务机会的职业	1	2	3	4
5	对我来说，能提供各种各样的工作任务和工作项目的职业很重要	1	2	3	4
6	晋升到总经理的位置上对我来说很重要	1	2	3	4
7	我愿意认同一个组织和这个组织所拥有的尊严	1	2	3	4
8	我宁愿待在现在的地方，也不愿因为调动而搬到别的地方去	1	2	3	4
9	在创立新的企业时能运用自己的技能对我而言非常重要	1	2	3	4
10	我希望能晋升到组织的一定层次，那样我的决策就可以发挥作用了	1	2	3	4
11	我认为自己更像一个全才，而不是献身于某个领域的专才	1	2	3	4

续表

序号	问题	很不赞同	不赞同	赞同	很赞同
12	我认为职业生涯中永无止境的挑战很重要	1	2	3	4
13	认同一个有权威的或有尊严的雇主对我来说很重要	1	2	3	4
14	参与各种领域的工作活动很刺激,这是我的职业生涯的基本动机	1	2	3	4
15	不管处于哪个层次,监督、影响、领导、控制别人对我来说都很重要	1	2	3	4
16	为了使我的整体生活环境很稳定,我宁愿牺牲一些自主性	1	2	3	4
17	组织是否能通过有保障的工作、福利和良好的退休待遇来提供安全的工作对我来说很重要	1	2	3	4
18	在我的职业生涯中,我主要关心自由和自主性	1	2	3	4
19	只要我直接参与创造的产品很多,我的事业积极性就很高	1	2	3	4
20	我希望别人通过了解我所在的组织和我的工作,来认同我的价值	1	2	3	4
21	在重要的活动中是否能利用我的能力和才智,这对我而言很重要	1	2	3	4
22	被别人认出头衔和地位对我来说很重要	1	2	3	4
23	允许我有最大的自由度来选择工作内容和工作时间的职业对我来说很重要	1	2	3	4
24	能够给我提供大量灵活性的职业,对我来说很重要	1	2	3	4
25	我愿意处于总经理的位置	1	2	3	4
26	我希望别人通过我的职业认可我	1	2	3	4
27	只有当管理职位在我的专长领域之内时,我才接受它	1	2	3	4
28	我现在宁愿待在这个地方,也不愿因为晋升或新工作任务而搬家	1	2	3	4
29	我想赚取大笔钱财,从而向自己和别人证明我很有能力	1	2	3	4
30	我希望能处于这样一个职位,它可以让我发挥自己的分析才能,同时又可以监督别人	1	2	3	4
31	在我的职业生涯中,我一直因在各种不同的工作领域施展我的才华而激励	1	2	3	4
32	我在自己的职业中所真正需要的是永无止境的挑战	1	2	3	4
33	能够给我提供长期稳定工作的组织,对我来说很重要	1	2	3	4
34	能够创造和建立一些东西,它们完全是我的产品或主意,对我来说太重要了	1	2	3	4
35	保持在自己的专业领域中,而不是升迁到一个自己不熟悉的领域中,这对我很重要	1	2	3	4
36	我不想限制在一个组织里或者商业世界里	1	2	3	4
37	看到别人由于我的努力而有了变化,对我来说很重要	1	2	3	4
38	我生活中最大的愿望莫过于胜任我的专业工作	1	2	3	4

续表

序号	问题	很不赞同	不赞同	赞同	很赞同
39	有机会追求我自己的生活方式,而不是被组织制度所限制,对我很重要	1	2	3	4
40	我发现大多数组织是限制性的和强制性的	1	2	3	4
41	保持在自己的专长领域内,而不是升迁到总经理的位置,对我来说很重要	1	2	3	4
42	我渴望一种职业能够通过帮助别人来满足我自己的基本需要	1	2	3	4
43	在为别人服务的过程中,运用我的人际技能和助人技巧,这对我很重要	1	2	3	4
44	我乐意看到别人因为我的努力而有所变化	1	2	3	4

把下列项目中你的得分加起来,获得分量表的分数。再用分量表分数除以项目数,如下所示。

技术能力　　第1、2、27、35、38、41项　　÷6=
自主性　　　第3、18、23、36、39、40项　　÷6=
服务性　　　第4、21、37、42、43、44项　　÷6=
身份性　　　第7、13、20、22、26项　　　　÷6=
多样性　　　第5、12、14、24、31、32项　　÷6=
管理能力　　第6、10、11、15、25、30项　　÷6=
安全感　　　第8、16、17、28、33项　　　　÷6=
创造力　　　第9、19、29、34项　　　　　　÷6=

以上八个职业定位的含义如下。

技术能力,你是围绕着你正从事的工作的挑战而组织你的职业的。

自主性,你看重自由和独立。

服务性,你乐于助人或者是为了重要的原因而工作。

身份性,你在工作中关心地位、声誉和头衔。

多样性,你寻求不断有新的和不同的挑战。

管理能力,你喜欢解决问题,希望能够领导和控制别人。

安全感,你希望稳定和职业安全。

创造力,你具有创造一些你自己的东西的强烈需求。

提示:在每一项给定的定位中,得分越高,你越看重它,当你的工作最适合你的职业定位时,你能发挥得最好。如果定位和实际工作不匹配,则会迫使你离开组织或者承受巨大的压力。

专题三 求职准备

第七章 制订求职策略

面对陌生而复杂的社会环境和强大的就业压力,求职者的心理反应会有很大差异,有的跃跃欲试,有的懵懂茫然,有的忧心忡忡……由于能否得到一份满意的工作是检验自己能否被社会接受的试金石,所以大多数求职者会出现不同程度的心理波动,特别是初次求职者。因此,求职者要适时地调整心态,在掌握大量就业信息的基础上,筛选出有用的信息,准确定位自身的职业,从容应对求职的挑战,从而选择适合自己的职业。

【学习目标】

1. 了解求职心理的调适。
2. 掌握求职目标确立的方法。
3. 掌握求职过程中遇到困难的解决方法。
4. 了解常见的几种就业信息来源渠道。

【小故事】

寻找最大的麦穗

大哲学家柏拉图曾带着七个徒弟来到一块麦田前,对他的徒弟们说:"你们现在从这块田地里走过去,捡一穗最大的麦穗。你们只能捡一次且谁也不准回头,如果谁捡到的最大,这块田地就归谁。""这还不简单!"徒弟们听了,很高兴地说。"好,我就在对面等你们。"柏拉图说。于是,那七个徒弟从田地走到对面。可最后他们都失败了。原因很简单,他们以为最大的麦穗在前头,所以一路上总是匆匆向前,结果到了尽头,却发现最大的麦穗已经被自己错过,追求最大却失去了最大。

(资料来源:根据腾讯网 https://new.qq.com/rain/a/20210420A00OW400 内容改写)

点评:这个故事给我们的启示是,我们常常胸怀大志,理想就是那穗最大的麦穗。可很多时候,由于对自我的定位不够准确,导致目标过高,理想有可能变成空想,有可能成为麦地终点那株瘦小的麦穗。在求职的过程中,我们要保持头脑清醒,对自我的评价要接近实际,切忌过分高估或低估自我,避免出现焦虑、紧张不安或者狂妄自大等不良心理状态。

一、如何确立可行的就业目标？

正确的、切实可行的就业目标是保持良好求职就业心理的关键一步。确立切实可行的就业目标要注意以下两个方面。

一是正确认识自我，即认真客观地分析自己的兴趣爱好、性格气质、能力水平等，认真评估自己想干什么、能干什么、适合干什么。如果对于这些问题不是非常清楚，可以通过专业的职业能力测评机构或职业规划指导机构寻求帮助。

二是正确认识就业形势，即考虑自己所学专业和理想职业在职场中的需求情况如何，竞争状况如何，自己的理想职业与自己所具备的能力是否相符，如果不符合，该如何进行弥补；目标求职的单位对应聘者有何具体要求，自己是否达到了要求，是否需要调整求职意向等。综合考虑以上因素，确立就业目标，进行合理的职业定位，这样才能符合实际情况，便于找到适合自己的职业和工作岗位。

二、如何调整求职心理预期？

不可否认，就业问题是我国在经济社会发展进程中的热点和难点。据统计，2015年至2022年，高校毕业人数呈逐年上升的趋势。2022年，高校毕业生规模达到1076万人，如图7-1所示，毕业生总量压力进一步增大，社会就业压力大，加之受新冠肺炎疫情的影响，就业环境不容乐观。拥有一份心仪的工作，是很多求职者的梦想。大多数求职者心目中的理想工作往往是大公司的白领，拥有优厚的薪酬待遇和优越的办公环境，这种想法是无可厚非的，但往往未必能够如愿，甚至是有可能事与愿违。

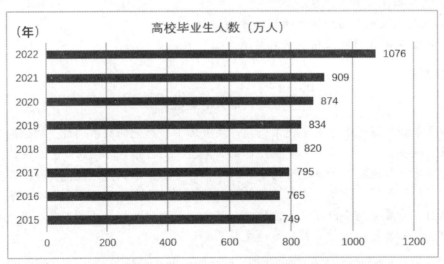

图7-1　2015—2022年高校毕业生人数

(资料来源：猎学网 www.liexue.cn)

求职者应该清晰地认识到，求职不是一件轻而易举的事情，社会现实与人的主观愿望往往是有差距的，甚至是背道而驰的，这不是怨天尤人可以解决的。必须在对自己合理定位的基础上静下心来，面对现实，通过努力寻求对策来实现理想。同时，实现职业理想也不是一朝一夕的事情，很难"一口吃成一个胖子"，有可能需要分步实施。求职者可以先适当地降低自己对职业的心理预期，以保证就业。在工作过程中不断学习，逐步积累，充实自己。而且随社会实际需求和自身条件的不断变化，动态地调整自己的择业目标，才有可能实现自己的职业理想。

三、如何正视求职中遇到的挫折？

在求职过程中遭遇挫折，这是司空见惯的事情。面对挫折，每个人表现出的态度是不同的。有的人在经历一次次的挫折后，会变得情绪低落、沮丧、不自信，甚至抑郁；有的人在经历一次次的挫折后，会不断总结经验教训重新站起来，甚至越挫越勇。

一次挫折就是一次挑战，同时也蕴含着下一次机会。挫折也时刻提醒我们，对于种种可能出现的状况，事先必须有充分的思想准备和应对策略，要打有准备之战。即使遭遇挫折，我们也要能够正确对待，通过不断总结经验教训，并以锲而不舍的态度积极进取，直到求职成功。这一点极其重要，因为一次求职成功的概率本身就很小。要努力上进，慢慢摸索出适合自己的职业规划，珍惜工作机会，主动适应社会、适应企业、适应他人，在工作中实现人生价值。不能只看光明不看曲折，也不能只看曲折不看光明。要做好这样的思想准备和心理准备，才能更好地采取措施提高自己适应社会的水平，增强自己适应社会需求的能力。

四、如何树立求职的自信心？

有时感觉状态不佳，可能是对自己的要求过高，或者太在乎他人的看法或想法。应该相信，其他人的看法或想法往往存在片面性，会引起你不必要的自卑感。因此，不要过多地在意别人对你的评价，要正确认识自己，全面地看待自己和他人。只要将自己做不好的事反复多做几次，就会慢慢熟悉，把事情完成得更好。

多给自己一些鼓励，相信自己有这个能力。有时候生命的价值不在于你挣了多少钱，也不在于你有多大的名望，而是在于你有多大的能力就付出多大的努力！不管结果是否成功，只要你尽力了，你的努力都会得到人们的认可和敬重。

五、调适心理的方法有哪些？

求职过程中难免会遇到挫折，遇到挫折是正常现象。但有些人遇到挫折后会出现情绪低落、焦虑、悲伤等现象，长期处于这种情绪状态的话，对个人的身体健康会产生消极影响，反过来也会影响求职的状态。因此，求职者需要及时调适心理，正确看待自己遇到的挫折。常用的调适心理方法有以下几种。

(1) 合理地宣泄。合理地宣泄，可以减轻精神疲劳，使人变得轻松愉快。当求职受挫、心情不好时，需要将烦恼表达出来。一是倾诉，可以找同学、朋友、心理咨询师、长辈诉说自己的烦恼和委屈，一吐为快；二是写日记，把自己心中的郁闷写在日记中以此来宣泄；三是通过运动、流汗方式来宣泄，如击沙袋、跑步、打球等。宣泄时，要把握分寸，不能伤害自己，更不能伤害他人或公私财物。

(2) 放松练习。情绪不好的时候，可以采用深呼吸，或者做瑜伽的方法，让紧张的心情放松下来，调整不良的情绪。

(3) 转移注意力。当求职者遇到挫折时，可以做点其他事情，转移一下注意力，这有助于摆脱心理困扰。如可以把注意力转到自己感兴趣的爬山、打球、看电影、上网聊天等事情上，可防止不良情绪泛化、蔓延，体验积极情绪。

(4) 积极的心理暗示，树立信心。进行积极的心理暗示，鼓励自己、相信自己，能使我们保持好的心情、乐观情绪、自信心，从而调动内在因素，发挥主观能动性，帮助自己渡过难关。

六、先就业还是先择业？

先就业还是先择业是一个老生常谈的话题，就业就是找一份工作，择业则是找到一份适合自己并有利于长期发展的工作。先就业再择业就是先找一份工作满足基本的现实需要，然后在合适的时机寻找自己喜欢的或者适合自己的工作。先择业再就业就是根据自己的爱好、未来规划等寻找自己满意的工作。如何进行选择？由于每个人所处的位置不同、立场不同，给出的答案自然也不同，很难进行评判。

两种选择代表两条道路，意味着两种不同的结果，两者到底有什么区别？

首先是心态不同。在很多人的观念里，只要放低要求，随便找个工作就业还是很容易的。其实择业也是一种就业，是难度更高的就业，选择合适的职业可以使今后的职业道路走得更稳、更高、更快，这就导致双方心态不同。

其次是行为不同。就业和择业的心态不同，就会使行为产生差异，所做的准备自然也不同。因为先择业的难度更高，抱着先择业想法的人当然会做更多的准备，会付出更多的努力，会承受更多的失败和压力。

最后是发展不同。好的选择不代表好的结果，先择业的难度更高，很多人在择业之前对自身的发展未必想得那么清楚，得到的结果未必是自己想要的，结果只能退而求其次。但是如果真的能找到适合自己的路，那今后的发展自然不同，看到的风景也大不相同。

无论是先就业还是先择业，两者其实并不矛盾。比较理想的状态是先择业后就业，是根据自己的实际情况和社会的实际需求，选择一个适合自己的企业和职位。如果一时找不到心仪的工作，那该怎么办呢？这时就需要调整自己的定位，先找一份工作就业，但此处所讲的先就业是有条件的，而不是盲目地随便找一份工作。也就是说，现在所找的工作应当立足于将来目标岗位的相关素质要求，选择适合自己的相关岗位来锻炼自己，在现在的工作中慢慢积累相关的经验和能力，从而为今后的择业做好准备。

七、取得就业信息有哪些渠道？

就业信息发布渠道十分广泛，网络、各类新闻媒体、人才市场等中介机构都是重要的信息来源，还可以通过社会关系寻求就业信息和机会。

(一)从专业招聘网站获取就业信息

专业发布招聘信息的网站一般有以下三类。

第一类是政府运营网站，可以是各地的人力资源和社会保障网下属专业网站。如中国就业网(http://www.chinajob.gov.cn)，所属中华人民共和国人力资源和社会保障部，为高校毕业生、农民工、就业困难人员、社区就业、外国人及台港澳人员、妇女、残疾人等各类人员提供就业服务和指导；上海公共招聘网(http://jobs.12333sh.gov.cn)是上海市依托上海市人力资源和社会保障局的政府资源和区县公共就业服务机构、街镇社区劳动保障事务所的服务力量，为广大求职者提供职业介绍、职业指导、职业见习、职业培训等公益的、免费的公共就业服务。

第二类是商业运营的网站，这类网站可以提供不同级别的岗位需求信息，需要对发布招聘信息的企业进行审核，信息更新速度较快，发布的岗位招聘信息相对比较真实，如上海第一招聘网、51job、中华英才网、21世纪人才网、智联招聘、猎聘网、上海兼职网等。

第三类是开放性的综合服务类网站，如 58 同城、百姓网、赶集网等，也会发布大量的招聘信息。由于是开放性的网站，对招聘企业资质的审核相对较少，因此其发布的招聘信息需要求职者进行甄别。

随着智能手机的普及，手机招聘 App 也应运而生，许多专业性的招聘网站也推出了相应的手机招聘的 App，在各大手机应用市场都可下载。

(二)通过社会中介机构获取就业信息

中介机构的类型很多，如劳务中介、人才中介及猎头公司，这些公司可以向求职者提供不同类型的就业信息，求职者可以根据目标岗位的类型到相应的中介公司寻找信息。

(三)通过人际关系获取就业信息

从家人、亲戚、朋友、同学以及他们的社会关系中也可以获得求职信息。这种信息针对性更强，通常符合求职者所希望的行业或地区，对用人单位可以进行更具体的了解，易于双向沟通，因而就业成功率较高。

八、如何鉴别就业信息的真伪？

从报纸、网络或者其他渠道得到的就业信息不一定是完全真实的、没有问题的，因为用人单位在发布招聘信息时，有时会对一些内容加以粉饰，产生虚假信息，或者信息在多次传递过程中产生很大偏差，因此需要对所获得的就业信息进行鉴别。可以直接给招聘单位拨打电话，通过交谈沟通的方法对招聘信息进行鉴别和确认，或者发送电子邮件，通过招聘单位邮件回复的及时性及回复的内容来判别其招聘的诚意。

九、如何对就业信息作出取舍？

在鉴别招聘信息的基础上，要确定重点信息。所谓重点信息，就是满足你的求职定位，最符合你自身条件的求职信息，其余的信息则可视为一般信息。可以将就业信息的岗位招聘条件与自身条件相比较，看看自己满足哪些招聘岗位条件的要求，并做重点标记或记录。同时，对用人单位的招聘信息，可从用人单位的用人要求、具体岗位、工作条件、工资待遇及单位经营、发展情况等进行深入细致的分析，然后再对这些信息作出取舍。

【案例】

把握时机

曾经有个毕业生，毕业后第一份工作的月薪是 4000 元，可是好景不长，他所在的公司半年后就倒闭了。在后来的求职中，他始终认定要找一份月薪不低于 4000 元的工作，多次求职未果。

他的父亲是一位菜农，一天他跟着父亲去卖菜，早市时父亲对儿子说："我们的菜是全市最好的，不能比别家价格低。"直到中午，菜都没有卖出去多少，因为菜价太高，顾客问的多买的少。儿子急了，要父亲降价，父亲始终不答应。天快黑了，他们的菜经过一天的风吹日晒已毫无优势，最后不得不降价出售。儿子埋怨父亲为什么不早点儿出手，父亲笑着说："是啊，那时候出手该多好，可早上总以为自己的菜应该值那个价，就像你现在总以为自己月薪必须达到 4000 元一样。"父亲的话让儿子深感震动。

分析：人生其实就像卖菜一样，要想卖个好价钱是不容易的，有时候越想卖高价，就越卖不出去。做人也一样，不能自视太高，要善于把握时机。每个人的一生都是对自我的不断调整。在求职过程中，要有"生存危机"，首先要考虑解决"吃饭"问题，树立"先生存、后发展"的就业观，即在保证生存的基础上考虑所选择的岗位是否符合自己的兴趣、自己能否得到提高、将来发展潜力如何等问题。

(资料来源：摘自《就业指导专刊》2012 年第 9 期)

【小资料】

常用的手机招聘 App 应用及特点如表 7-1 所示。

表 7-1　常用的手机招聘 App 应用及特点

手机招聘 App 名称	App 图标	特　点
BOSS 直聘	BOSS直聘	这款求职招聘类软件的特点是可以像微信聊天一样，与"BOSS"进行"直聊"，使人才和老板去掉简历筛选环节，能够直接对接，提高了那些想招人和想要找工作的求职者之间的对接效率

续表

手机招聘App名称	App图标	特　点
兼职猫		这是一款兼职服务软件，可以发布兼职信息，或者投放简历寻找兼职工作。对于现在很多刚步入社会的年轻人来说，兼职猫App中的一些兼职是不错的选择
智联招聘		这是一款求职、招聘类的App，拥有视频求职、职位推荐、附近职位、求职管家、求职统计等许多实用功能，为企业和个人提供最优质的服务
唯聘		这是一款专注个人成长和职业价值提升的招聘求职应用App，求职者无须进行搜索，系统会自动推送符合求职者就业意向的精选职位，同时提供多种附加功能，如专业的资讯和职场交流空间，鼓励用户在职场不断提升和成长
猎聘		这是一款高端、专业的社交招聘App，每天为求职者智能推荐高薪职位，为职场精英提供社交平台，扩展职场人脉，发现更多职场机会，提供与职场好友实时沟通的平台，实现与专业猎头的实时沟通
脉脉		这是一款人脉求职应用，作为管理者，你可以找到你需要的人才。作为求职者，你可以了解自己所从事行业的情况，认识更多志同道合的朋友。在这个社交求职平台上，可以一键挖掘真实可信的人脉，认识好客户、好老板、合作伙伴、职场导师，打通职场人脉
应届生求职		这款App是一个致力于为高校毕业生和在校学生提供就业信息的平台。App中有丰富的校园招聘、名企实习、推介会、招聘会等求职信息，有职业评估、就业指导、面试经验、实习经历、求职过程的经验分享，应届毕业生可以寻求校园招聘及兼职实习等相关信息和指导

【练习】

1. 请列出2~3种你在求职过程中的不良情绪。

2. 请写出你克服上述不良情绪的方法。

3. 请按照要求完成以下任务。

(1) 请回忆尽可能多的动词,并一一罗列,然后按"喜欢"与"不喜欢"将所列的动词分为两类。

喜欢:

不喜欢:

(2) 按照喜欢的程度给予 1~5 分评分,其中十分讨厌 1 分;不喜欢 2 分;无所谓 3 分;喜欢 4 分;十分喜欢 5 分,并列出得 4 分和 5 分的动词。

(3) 根据第二步中所列的动词,写出你可能喜欢的职业类型。

4. 就自己所学专业及自己定位的职业岗位,尽可能地从不同的途径搜集本地区最近一个星期内的就业信息,然后填写表 7-2。

表 7-2 就业信息

序 号	招聘单位	岗位名称	招聘人数	招聘要求	信息来源

就你所搜集的就业信息,筛选出一个有效的、你最感兴趣的招聘岗位及单位,利用网络或实地考察的方法,写出一份考察报告。

第八章 准备一份必胜的简历

简历是获得面试的敲门砖。简历撰写的关键是简明扼要,在有限的篇幅内向用人单位说明求职者是谁,具备哪些知识和技能,曾经做过什么,能做什么,希望做什么工作等,以便用人单位对求职者的资质进行评估。在撰写简历的过程中,除了基本内容完整外,关键要突出自己的优势,以吸引用人单位的注意,引起其兴趣,从而获得面试的机会。

【学习目标】

1. 了解简历包含的基本内容。
2. 掌握简历撰写的关键问题。
3. 了解简历撰写时要注意的细节问题。

【小故事】

李卫为何求职受挫?

毕业前夕,李卫和同学们一起开始忙于找工作。好朋友叮嘱李卫一定要把简历做得漂亮些,哪怕数量少点也没关系,见到合适的公司一定要递上去,绝对不能错过任何机会。没有求职经验的李卫点头称是,拿出1000元钱做了10套装饰精美的简历,每一套都是厚厚一叠。招聘会热火朝天,要人的单位多,等着找工作的学生更多。李卫把简历一份份递上,可得到的回答不是专业不对口,就是需要有两年以上工作经验。

转悠了很久,李卫终于看中一家大型企业集团的海外贸易部。负责招聘的工作人员快速地翻着李卫的简历,皱着眉头说:"你学什么专业的,到底要应聘什么部门,有什么特长啊,简历写这么多干什么!等电话吧!"说完"啪"的一声把李卫的简历扔进一大摞简历堆里,高声叫道:"下一个!"

一个星期过去了,李卫没接到任何面试的电话。打电话到公司询问,李卫耐心地报了姓名、学校和专业,可电话那头却冷淡地说:"我们已经开始面试了,没收到通知说明你的简历不符合我们的条件!"

而和李卫同一个专业的某男生却成功地应聘到了这家公司海外贸易岗位。他告诉李卫,他的简历只做了两页,一页介绍自己的基本情况(包括各科成绩),一页是在校期间的社会活动简介。听了同学的话,李卫顿时傻眼了。

(资料来源:根据尊才网 http://www.zuncai.com/News/1219.html 素材改写)

点评:一般而言,用人单位在招聘时,会收到很多份简历。如何让自己的简历有吸引力,在众多的求职者当中脱颖而出,从而获得宝贵的面试机会,这对于求职者而言是至关重要的。

一、简历包括哪些基本内容?

(1) 个人资料:个人资料中有些信息是必须列出的,如姓名、性别、出生年月、联系地址(包括邮编)、电话(区号)、E-mail,而且应尽可能占最少的篇幅。籍贯、户籍、民族、身高、视力、政治面貌等则不是必要的,是否要列出,可根据公司要求而定。

(2) 求职目标:说明你想做什么,你能给公司带来什么价值,或者可直接写你能胜任的公司职位。要求简洁,一般不超过两行。

(3) 教育背景:一般采用倒叙,先写现在,再写以前的。

(4) 实践活动:用人单位比较看重你参加过哪些实践活动,从中可以判断你的实际工作能力、社会阅历、社会经验等信息,包括实习、社会实践、志愿者工作、社团工作等。要写明实践单位、工作职责或具体职务、运用的主要技能、所取得的业绩和收获(如成果、成就和贡献等)。要求简明扼要,但要突出重点,重点是你在实践活动中取得的业绩和收获,要根据自己目标岗位设置的要求,甚至招聘单位的偏好来突出自己的特点。如果是工作经历,每项工作都应列出工作时间、公司名称、职位名称、主要工作职责、曾经承担的项目、取得的工作业绩等。

(5) 技能特长:根据你所申请的岗位列出你获得的技能证书,如外语、计算机资格证书等。

(6) 奖励和荣誉:若获得的奖励少于3项时,可归入教育背景或实践活动中。

(7) 兴趣爱好或自我评价:展示你的品德、修养、社交能力、与人合作能力等,但要与应聘岗位有关,否则会弄巧成拙。

二、如何在简历中展现个人优势?

在简历中,需要展现哪些个人优势并非是盲目的,要针对你所申请和应聘的岗位,具体而言,需要做到以下两个方面。

(1) 求职目标要明确。在求职应聘时,简历首先要给招聘者传达明确的求职意向,因此一定要在简历的醒目处注明应聘岗位,或者明确表述清楚自己希望从事的和最适合的目标岗位职位。有的求职者可能认为,不在简历上写应聘职位会更保险一些,招聘单位会根据求职者的特点来分配岗位,还可以服从调剂。一般来说,招聘者不会帮你挑选合适的职位,往往还认为你缺乏职业追求,没有做好准备。对于应聘职位没有明确目标的求职者,也是最容易被淘汰的对象。

(2) 简历的内容要有针对性。所谓简历的针对性，是指每份简历都要根据所申请的岗位来设计，从专业、技能、经验、兴趣等方面充分展示个人优势，证明你是该职位的最佳人选。即在明确求职目标的基础上，列出求职的目标岗位对任职者的各项任职能力的要求，特别要列出 2~3 项关键任职能力，然后收集和梳理个人的专业、技能、经验、兴趣等方面的素材，根据工作性质有侧重地表现自己，突出你能胜任该岗位的特长和优点。所有的内容都应针对你应聘的职位，与应聘岗位无关的内容尽量不要描述，针对性越强的简历越容易受到招聘单位的青睐。千万不能把自己说成是一个全才，任何职位你都适合。不要用一份相同的简历申请不同企业的不同岗位，而应根据你应聘的不同岗位撰写有不同侧重点的简历，这样你获得面试的概率会大大增加。

三、如何在简历中突出你的亮点？

一份合格的简历一定要使招聘人员眼前为之一亮。研究表明，招聘者阅读一份简历的平均时间仅为 1~2 分钟，有时甚至更短，有可能招聘者只会花几十秒的时间进行浏览。只有突出重点，把自己的优点巧妙地推销给招聘者，引起他的兴趣，打动人心，才能使你的简历发挥效用，在众多的求职者中脱颖而出，获得宝贵的面试机会。因此，求职者切记要重点介绍与所应聘职位相关的知识、技能与经验，特别是与应聘岗位相关的实习经历或工作经历，这方面的内容如能凸显，你的简历才会有亮点。应该时刻牢记，你所写的重点内容一定要与用人单位的职位需要相符。

对于应届毕业生而言，由于工作经验相对较少，简历的重点应放在学业成绩以及参与过的课外活动、实习经历、社会实践上，说明你在社团和活动中做了哪些工作，取得了什么样的成绩。用人单位可以通过求职者的这些经历考察其团队精神、组织协调能力等。而对于工作经验丰富的求职者，则应加强工作实绩和工作经验的描述。不能只是简单地列出你所从事过的每个职务名称，而是要描述你在曾经任职的岗位上完成了哪些重要工作，取得了哪些工作业绩，为企业作出了哪些贡献，这些工作成绩应尽可能具体化、量化。因为企业的招聘人员最看重的是你所从事过的工作是否是公司所需要的，所以你必须拿出证据来证明你的实力，要善于写出那些能表现自己与应聘岗位要求相一致的工作能力、品质魅力的经历，方能显示你比其他竞争者更有优势。

四、撰写简历时应注意哪些细节问题？

(1) 内容要真实。简历首先要真实可靠，不管是简历的哪个环节，哪怕是一个细小的部分，在编写这些内容时都必须遵循真实的原则。内容必须是客观而实在的，千万不要"注水"，招聘单位都喜欢说老实话、做老实事的人。一定要按照实际情况填写，任何虚假的内容都不要写。不要虚构职务名称或社会实践经历，一旦用人单位去做背景调查或通过与你的面谈发现你在弄虚作假，那么即使你才华再出众也不会被录用。

(2) 应尽可能简洁明了。一般而言，企业在招聘时会收到很多份简历，工作人员没有太多时间和耐心仔细研读每一份简历。如前所述，浏览一份简历通常只用 1~2 分钟时间，甚至更短，因此简历内容不要太长，一般 1~2 页 A4 纸即可，而且内容过多会淹没你简历中一些有价值的闪光点。

(3) 注意简历的修饰。除非有特殊要求，简历一般可用计算机排版打印。纸张一般用白色或米色，纸型建议采用 A4。不要出现语法和文字错误，特别注意不要有错别字，可以使用拼写检查项，或者请你的家人和朋友来帮你检查可能忽略的错误。排版格式要美观，使简历的内容一目了然。有的求职者的简历制作很精致，甚至很华丽，除了应聘美术设计、装潢、广告等特殊职位外，其他职位的应聘简历不必做得太花哨，过分标新立异有时会带来不好的效果。

五、简历中不应该出现哪些问题？

(1) 薪酬问题。薪酬可以在面试时谈，在简历中提这个问题是冒失的，而且要冒很大风险，最好不写。如果薪酬要求太高，会让招聘者感觉雇不起你；如果要求太低，会让招聘者觉得你无足轻重。

(2) 不要透露过多的个人信息。如婚姻状况、身体情况、宗教信仰等，这些内容除非与所求职位有关或用人单位有要求，否则不必列出。

(3) 不要出现明显的问题。简历完成后要仔细阅读和检查，不要出现错别字和病句，也不要出现语焉不详的句子。打印时不要使用劣质纸张，纸张表面不能出现污迹。

【案例】

个人简历示例：

个人简历

基本信息

姓名：×× 性别：女 户籍所在地：上海
联系电话：×××××××× E-mail：XXXX@126.com
求职意向：对外贸易类岗位

照片

教育背景

2015/9——现在 ××大学 企业管理专业 管理学学士学位

主修课程：International Economics & Trade (国际经贸)；Marketing Principles (市场营销原理)；Economics (西方经济学)；Consumer Behaviour (消费者行为学)；Introduction to Business Law (商法导论)；Global Marketing (全球营销)；International Finance (国际金融)；Business Finance (商务金融)

个人辅修：自学国际商务单证课程及会计职称

兼职经历

2018/9——思悦智美公关顾问有限公司、史云逊等公司发放 DM 兼职
2018/7——××热线亲子频道负责开拓市场及沟通客户关系工作
● 查询有关幼儿产品的厂商，与之取得联系并拜访
● 吸引各大品牌赞助公司活动或在公司网站上为其宣传

- 2018 年的国际婴幼儿用品展览活动中，以媒体身份参与，并与大量的婴幼儿品牌的经销商和主管沟通，初步取得合作意向。

2016/8——汇鑫人力资源有限公司客户的文件翻译兼职

校内工作

2007/9—至今　××大学××学院团委学生会学习部长
- 配合完成多次校艺术节、英语节工作，定期组织学院内的英语沙龙活动
- 作为学生代表，配合澳大利亚审查委员会来上海的交流
- 2018 年××国际论坛会议期间担任志愿者，获校领导一致好评

2015/9—2017/6　××大学××专业 BBA15 级学习委员
- 负责配合老师完成班内的学习工作

获奖情况

成就类：2017 学年优秀学员奖(学院最高奖项)

学习类：2016 年获××大学××学院二等奖学金及英语优胜奖
　　　　　2018 年获××大学××学院优秀作业奖及英语优胜奖

实践类：2018 年××大学××学院社会活动奖

获奖情况

语言能力：全国大学英语 6 级，英语中级口译，英语高级口译(笔)，日语能力考试 2 级

电脑技能：熟练操作 Word、PowerPoint、Excel 等 office 办公软件

自我评价

因为长期负责班内及学校工作，培养了良好的组织能力，也结交了许多朋友。能够按时完成校领导和老师安排的工作。在学习生活中，我会面临一些挫折，但它们让我具有坚强的品质，也让我明白世间没有空中楼阁，只能一步一个脚印，不断丰富自己，提升自己各方面的能力。当然我也有一些缺点，我时常引以为戒，通过实践来完善自我。"突破自我，迎接挑战"是我的座右铭，它敦促我朝着自己的目标努力。

分析：这是一份不错的简历。

1. 求职意向明确，申请的是对外贸易类岗位。

　　针对这一岗位，说明个人辅修课程：国际商务单证课程及会计职称相关课程，因为从事国际贸易的岗位，需要了解国际商务单证处理和会计方面的一些知识。

　　另外，校内外的工作经历都是针对外贸岗位的要求写的，突出了对市场的接触、与客户的沟通和公关能力、外语能力等，这些都是应聘岗位所必需的。

2. 兼职经历和校内工作放在获奖情况前面，因为这两部分是招聘单位比较关注的问题，所以要先写。

3. 措辞恰当，比如，"与大量婴幼儿品牌的经销商和主管沟通，并初步达成了合作意向"。这种措辞更符合一个实习生的身份。

4. 简历的长度为一页整，符合招聘人员浏览简历的习惯。

简历撰写的关键要求：求职目标明确，突出与目标岗位相关的经历，内容具有针对性，且内容齐全、格式美观、语言简洁、用词恰当。

【小资料】

用邮件发送简历的注意事项

1. 邮箱命名不当。比如，有的简历中的邮箱名叫作"差不多""无所谓"等。最好将邮箱命名为"自己的姓名"。

2. 邮件标题不妥。如：邮件的标题为"求职""应聘""应聘简历""××大学××个人简历""××专业××"等。一个较好的标题应该是"××大学××专业应聘××岗位""应聘××岗位——××大学××专业""随时可到岗的××专业×××——应聘××岗位"等。

3. 邮件正文毫无内容。比如，邮件正文的位置除了一些广告外，正文中没有任何一个求职者的语句。建议要用邮件的正规格式，包括开头、正文、敬语、落款等。

4. 邮件的抬头不合适。比如，"您好""您好：""尊敬的校领导""尊敬的领导"。建议开头写上招聘信息中的人，如果招聘信息中没有写任何人，那么就可以用"尊敬的女士/先生"这样的词句来代替。

5. 邮件正文太随意。比如，"本人简历在附件中，劳烦查收！""祝老师工作顺利！""请您查收我的简历，祝工作快乐！""简历已附上，请查收"等。邮件正文内容要有针对性，可以把应聘要求作为问题，用"1、2、3"的方式在邮件正文中作答；同时邮件正文不宜过长，也不宜过短，最好不要用屏幕上的滚动条。

6. 邮件正文没有落款。比如，有许多简历会附上求职信之类的，但往往会漏写落款，忘记标注上自己的大名和写邮件的时间。

7. 附件命名不恰当。比如，许多简历的命名是"个人简历""求职简历""个人简介""新建 Microsoft word"等。建议邮件的附件采用一些规范的命名方式，如"××专业——××""应聘××岗位——×××"等。

8. 不要将简历封面、简历、证书等内容作为几个附件或者压缩包发送。建议将所有的材料形成一个 Word 文档后进行发送。

【练习】

请按提示完成以下任务。

1. 请写出你的目标岗位。

2. 该目标岗位的关键能力有哪些？

3. 请列出以往工作经历中能够体现这些能力的关键工作或关键实践。

4. 请列出你所获得的与上述能力相关的证书。

5. 请列出你所获得的与上述能力相关的奖励。

6. 请根据上述资料，模仿本章案例中简历的模板，制作一份能够体现自身优势的、有针对性的求职简历。

第九章 成功面试

　　面试是招聘单位为了更好地了解应聘者的职业素质,以交流和观察为主要手段,与应聘者进行面对面沟通和测试的方式,主要目的就是甄选人员。作为应聘者,在接到面试通知后,必须做充分的准备工作,如收集招聘单位和目标岗位的相关资料,精心设计自我介绍,面试前还要适当地修饰自己的仪表。在面试过程中,不仅要注意倾听,而且要注意与考官的沟通技巧,还要恰当地运用肢体语言传递信息,从而顺利地通过面试,获得心仪的工作。

【学习目标】

1. 了解面试准备的主要环节。
2. 掌握倾听的技巧。
3. 掌握回答问题的技巧。
4. 了解肢体语言的运用。

【小故事】

王烨该如何回答面试官的提问?

　　王烨毕业后打算从事文秘工作,便向几家企业投了简历,一周后收到了一家企业的面试通知。

　　在面试时,考官首先提问:"你会不会五笔字型打字?"王烨不会五笔字型打字,所以一下子就被问住了。但她却忘了告诉考官:"虽然我不会五笔字型打字,但是我用全拼输入的速度相当快,效率不比五笔差。"结果她支支吾吾,不知所云。

　　"你有没有办公自动化方面的技能等级证书呢?"考官又问道。"没有。"王烨非常诚实地回答,并且没有了下文。她没有告诉考官:"虽然我没有证书,但是我可以十分熟练地操作常用的办公软件。"

　　接下来考官又提了一个无关紧要的问题,便匆匆结束了面试,其结果可想而知。

(资料来源:根据张帆的《职业指导案例》改编)

第九章　成功面试

> **点评**：在求职过程中，面试是相当关键的步骤。既是应聘者的一次表现机会，也是用人单位对求职者的一次评估。因此要予以足够的重视，了解和掌握一些面试的技巧非常重要，有助于求职者顺利就业。

一、如何收集招聘单位和目标岗位的相关资料？

通过互联网、新闻报道、广告、电话等渠道或者向朋友、同学或熟悉该单位的熟人打听，尽可能了解招聘单位的性质和背景，属于哪一种行业、生产何种产品；同时，还要尽可能了解清楚招聘单位的业务、规模和效益等情况。比如，业绩好不好？业务往来的对象有哪些？该公司的发展前景如何？另外，也应该尽可能了解清楚招聘单位的内部组织结构，员工的薪酬和福利，对应聘人员的专业、能力、个性等方面的要求等信息。结合自身条件，有的放矢地做好准备，面试的成功率就会大大提高。

参加面试前，还要准备好与应聘岗位相关的一些个人资料，如毕业证书、学位证书、专业资格任职证书、获奖证书、身份证、推荐信等材料。去面试时，这些资料应有条不紊地放在公文包里随身携带，以便随时查看。

二、如何精心设计自我介绍？

面试时，考官会很快切入正题："请你简单地介绍一下自己。"这是每个应试者都必须精心准备的问题。不少应试者在回答时，往往过于详尽，从上学到工作娓娓道来，显得啰唆而没有条理，面试考官可能也没有耐心听下去。

那么，应该如何介绍自己呢？可以从参加工作时讲起，不要扯得太远。要针对应聘岗位所要求的条件，重点介绍自己从事过什么工作，取得过哪些工作业绩，有何特长和优势等，凡与应聘岗位无关的都可省略。在介绍自己曾经取得的业绩时，要注意把握好分寸，要以自信谦逊、不卑不亢的方式巧妙地表达出来，千万不能给人留下自我吹嘘的印象。自我介绍的时间不要太长，一般控制在 2 分钟左右即可。

三、面试的仪表应该注意哪些方面？

男士需穿上整洁的服装，但不必过分刻意打扮。注意头发是否干净整齐，如果过长，应修剪一下。面试时以西装衬衫为佳，避免穿着过于老旧的西装，颜色以素净为佳，衬衫和领带的色彩要和谐搭配，不能太过鲜艳，显得花哨，领结要打得坚实、端正，不要松松散散，耷拉在一边。西装和皮鞋的颜色以保守为原则，皮鞋要多上油、刷亮，擦去灰尘和污痕。戴眼镜的求职者，镜框的选择最好能给人稳重、和谐的感觉。

女士在面试时应穿得整洁得体，给面试官留下良好的第一印象，过多的珠宝饰物、过浓的香水、未修剪的指甲或蓬乱的头发等，都会使形象大打折扣。面试服装以裙装套装最合宜，长度应在膝盖左右或以下。服装颜色以淡雅或同色系的搭配为宜，不要过于花哨，更不宜过于暴露，有失庄重。面试时最好穿高跟鞋，略施脂粉，但千万不要浓妆艳抹。

四、如何正确有效地倾听？

首先要耐心。面试的目的在于让对方了解你、信任你、接受你，而不是与考官一比高下，要让面试官把话讲完。如果确实需要插话，应先征得对方同意，用商量的语气问一下："请等一下，让我说一句"或"我提个问题好吗？"这样可以避免面试官对你有不尊重或不耐烦之类的误解。

其次要专心。应试者应全神贯注地倾听，在谈话过程中要时不时地表示听懂或赞同。如果没有听懂对方的话或有疑问，可以在适当的时候礼貌地提出一些富有启发性或针对性的问题，这样不但使你的思路更明确、对问题了解更全面，而且面试官在心理上会觉得你听得很专心，对他的话很重视，会提高面试官对你的评价。

最后要细心。要善于从面试官的提问和双方的交流中理解其真正意图，以便能够有的放矢地回答问题，及时调整自己的谈话内容。

五、如何沉着冷静地回答问题？

在面试中，面试官往往会有意施压或者提出特别尖锐的问题令应试者感到左右为难，要想应付这种局面、应答得体，就一定要掌握应答中的基本要领。应试者应事先有心理准备，面对有意刁难的问题，切记不要表现出不满、怀疑、愤怒，要保持冷静，提示自己这是在面试而不是实际情况，应表现出理智、容忍、大度，保持风度和礼貌，有条理地与面试官讨论问题的核心。此外，要尽可能全面细致地回答问题，也不要自相矛盾，以防面试官穷追不舍。

遇到自己不熟悉或根本不懂的问题时，不要表现得手足无措、抓耳挠腮、面红耳赤，更不必为自己的"无知"而懊恼，甚至感到无地自容。对于不懂的问题或没有把握的问题可以略答，也可以间接回答，甚至坦率承认自己不懂，但绝不能回避问题、置之不理，或者略而不答。这会使面试官觉得你没有礼貌，有一种被轻视的感觉。

六、如何恰当地运用讲话的语气和语调？

面试时要注意语言、语调、语气的正确运用。语气是指说话的口气，语调则是指语音的高低轻重配置。打招呼问候时宜用上升的语调，加强语气并带拖音，以引起对方注意。自我介绍时，最好多用平缓的陈述语气，音量的大小要根据面试现场情况而定。以每个面试官都能听清你的讲话为原则。

七、面试中如何合理地运用肢体语言？

(1) 表情自然，目光与面试官保持接触。走进面试考场，应尽量放松自己，表情自然，面带微笑，给人以真诚、亲切的印象。通常情况下，面试考官大多会对应聘人员说："欢迎你应聘我们公司！"此时，你可以微笑点头致意，也可以说"谢谢"。先不要急着坐下，在面试考官说"请坐"之后，你再坐下，挺直身子，身体最好微微前倾。

面试时，目光最好能自然地注视面试官，表示你很有信心和在乎这份工作。如果因为害羞而没有和对方进行目光接触，面试官会认为你是个不可靠、稳定性差的人。当有两位及以上的面试官时，回答谁的问题，你的目光就应该注视谁，且应不时地与其他面试官进行目光交流，以示对他们的尊重。回答问题时，眼睛不要东张西望，显得漫不经心；也不要低垂眼皮，显得缺乏自信；更不要眼神闪烁或漂移，显得不够真诚。

(2) 尽量克服不良的习惯性动作。肢体语言所传达的信息往往更能反映应聘者的真实内心，因此在面试时要克服一些不良的习惯性动作，以免引起面试官对你的反感或者对你的负面判断。如当众挖耳朵、擦眼屎、擦鼻子、打喷嚏、用力清喉咙都是粗鲁而令人生厌的。还有一类小动作，就是为了掩饰内心的紧张而去抓头皮、拨弄头发、搔痒等。面试中不要晃动腿脚，让人感觉心浮气躁、自以为是或心不在焉。应聘时一定要克服这类毛病，保持良好的行为习惯。

【案例】

"计算机维护和维修岗位"面试自我介绍示例

非常感谢公司给我这次宝贵的面试机会。我叫张××，来自××大学，是"计算机网络技术专业"2016年的应届毕业生。我从小就对计算机有浓厚的兴趣，觉得它非常神奇。这也是我后来报考"计算机网络技术专业"的直接原因和学习动力。我非常渴望在公司从事计算机维护和维修这个职位，因为我已经具备了这个职位所要求的聘任条件。2014年10月，我在××省教育厅高教处组织的全省高校"计算机应用技能大赛"中，荣获"计算机维修工"二等奖，被授予计算机专业优秀学生称号，并获得证书。诚心希望公司领导能够给我这个宝贵的工作机会。谢谢！

点评： 这份自我介绍简洁明确、重点突出，且态度诚恳、不卑不亢。能够紧紧围绕所应聘的岗位——"计算机维护和维修"这一岗位，从自己对计算机的兴趣和爱好开始，到学习该专业，再到所掌握的过硬专业技术，引入自然，让面试官信服应聘者是具备岗位任职的能力和素质的，值得参考和借鉴。

(资料来源：根据李明才《职业指导》改编)

【小资料】

面试后的注意事项

1. 及时退出考场。当面试官宣布面试结束后，求职者应礼貌道谢，迅速退出考场，不要再做任何补充，也不要再提什么问题。如果你认为确有必要的话，可以事后写信说明或者回访，不要在面试后拖泥带水，影响其他人面试。

2. 不要急于打听面试结果。一般情况下，招聘人员每天面试结束后都要进行讨论、汇总，并报主管领导批准，确定最终的录用人选可能要3~6天，甚至更长时间。求职者在这段时间内一定要耐心等候消息，切不可到处打听，急于求成往往会适得其反。

3. 学会感谢。面试结束后，即使对方明确表示不予录用，求职者也可以通过各种途径表示感谢。据调查，在 10 个求职者中往往有 9 个人不会表示感谢。电话感谢、简短热情的感谢信都会使你的谋职善始善终。如果你没有忽略这个环节，则会显得格外突出，说不定会使对方改变初衷。

4. 面试后做好两手准备。在就业市场竞争激烈的情况下，参加招聘面试往往有两种结果，要么被录取，要么被淘汰，对此求职者要有一定的思想准备。"胜败乃兵家常事"，千万不要把求职失败看得过重，要善于总结经验教训，抖擞精神，迎接新的挑战。

【练习】

就业过程检查表

1. 查找工作信息
1.1 你是否了解就业的相关政策？ □是 □否
1.2 你是否可以寻找工作信息？ □是 □否

2. 简历制作及投递
2.1 你是否会制作简历？ □是 □否
2.2 你是否准备好了制作简历用的照片？ □是 □否
2.3 你是否在简历上注明了联系地址、电话等方式？ □是 □否
2.4 简历投递方式是否有效？ □是 □否
2.5 投完简历三天内招聘单位是否联系过你？ □是 □否
2.6 投完简历三天后你是否联系了招聘单位？ □是 □否

3. 面试前信息准备
3.1 收到面试通知后，你是否及时作出回复？ □是 □否
3.2 收到通知后，你是否查阅了招聘单位及应聘职位的相关信息？ □是 □否
3.3 你是否提前考虑好面试时的仪表装束？ □是 □否
3.4 你是否能根据职位要求准备好面试用的各项材料？ □是 □否

4. 常见面试问题准备
4.1 你为什么要选择这个职业？

4.2 你有哪些专业培训或工作经历？

4.3 你的工作目标是什么？

4.4 你了解我们公司吗?

4.5 能描述一下你上一份工作的主要内容吗?

4.6 你愿意为了工作而迁往外地或出差吗?

4.7 你觉得我们为什么要雇用你?

4.8 举一个例子证明你的团队协作能力。

4.9 你对薪酬有什么期望?

4.10 你是否愿意花六个月的时间来实习?

5. 签订协议
5.1 你是否了解招聘单位给你提供的工作岗位及其内容？　□了解□比较了解□不了解
5.2 你是否了解招聘单位所提供的工资待遇、福利等？　□了解□比较了解□不了解
5.3 你是否了解签订协议的流程？　□了解□比较了解□不了解
5.4 你是否了解签订协议时应注意的事项？　□了解□比较了解□不了解
6. 应对就业失败
6.1 面试失败后你是否知道如何总结面试的经验教训？　□知道□不完全知道□不知道
6.2 虽然面试成功，但就业协议签订失败时你是否知道该怎么办？
□知道□不完全知道□不知道
6.3 签订就业协议后，如果你想毁约另找工作，是否知道如何办理毁约手续？
□知道□不完全知道□不知道

6.4 就业协议签订后,如果招聘单位要毁约,你是否知道应该怎么办?
□知道 □不完全知道 □不知道

6.5 就业协议已签订,并向用人单位报到后,你是否知道如何度过见习期?
□知道 □不完全知道 □不知道

6.6 你是否知道试用期满之后应该与用人单位签订劳动合同?
□知道 □不完全知道 □不知道

专题四　职业适应

第十章　初入职场

刚开始工作的那几天会是兴奋的，充满挑战，有压力，有恐慌，这些感觉会持续一段时间。许多企业都会为新入职的员工设定一个目标，而另一些企业则希望员工能立刻有所作为。职业适应是指从业者进入职业角色，履行职业角色义务，享受职业角色权利，遵守职业角色规范的发展过程。每个人进入职场都要度过一段时间长短不一的职业适应期。只有尽快适应工作环境，成功地进行角色转换，得到上司和同事的认可，才能为今后的职业发展打下良好的基础。

【学习目标】

1. 掌握职业人的特点，尽快适应岗位需要。
2. 了解职场礼仪，实现角色转换。

【小故事】

被轻视的"脱口而出"

顾云(化名)是一名广告策划，还在试用期。她对自己"转正"很有信心：一方面自己思维活跃创意很多，另一方面自己文笔不错。而且她也看得出，老板对自己这两方面的才能还是挺满意的。一次老板带她去见客户。听客户说他们想开发一个新的化妆品品牌，顾云马上说，"目前化妆品市场都被做滥了，小打小闹的没啥做头。"见客户面露不悦，她又马上转口说，"当然，如果您有足够的资金实力也可以。"客户没理她，直接对她老板说："如果由她来做这个策划，我看我们没必要谈下去了。"

(资料来源：朵朵女性网 https://www.ddnx.com/zhichang/179654.html)

点评：顾云初入职场，对未来充满憧憬，想充分展示自己的才华，但口才也好，能力也罢，都是比较薄弱的，尤其是不分场合的口不择言，往往会导致祸从口出。何时展现才华、何时谨言慎行，学会藏拙才是处世之道。所谓态度决定一切，言谈举止中，我们可以看清楚他人的为人，也可以被他人看得清清楚楚。

一、第一天上班有哪些注意事项？

第一天上班来到一个完全陌生的环境，很多人会忐忑不安，注意以下事项会有助于我们缓解紧张情绪。

第一，着装要整洁大方，符合职业人的基本形象。如果公司员工上班都是正式的职业装，你却不合时宜地穿着 T 恤衫、牛仔裤去上班，那么马上会被同事们认为比较另类。但也有些 IT 公司对着装没有具体要求，也可以穿 T 恤衫、牛仔裤，事先最好能观察了解一下。如果事先没有办法了解，无论是男士还是女士，穿衬衣、西裤、皮鞋都比较合适。

第二，注意不要迟到，而且要稍微早一点到公司，这样能确认正确的报到地点，在正式开始工作之前可能还需要填写一些表格，早一点到公司，方能够有充足的时间保证。

第三，要去熟悉一下现在的工作环境，并认识周围的同事，一定要记住你经常需要打交道的同事的姓名，这也是对同事的一种尊重。

第四，熟悉一下工作的主要内容及岗位作息时间，可打听一下注意事项，同时也可以大胆地去问你想问的问题。

第一天结束的时候可能会对公司的工作环境和周围的同事有一个整体的感觉。如果感觉第一天未能完全适应是很正常的，一定要努力将你的目标和期望变成现实，并且要集中精力认真学习。

二、职业人具有哪些特点？

所谓职业人，就是参与社会分工，自身具备较强的专业知识、技能和素质等，并能够通过为社会创造物质财富和精神财富，获得合理报酬，在满足自我精神需求和物质需求的同时，实现自我价值最大化的一类群体。

职业人的特点主要体现在：有正确的职业价值观和负责任的态度；过硬的专业技能和较强的工作能力；和谐的人际关系和较强的团队意识；积极的创新精神和较强的学习能力。

三、如何成为一个职业人？

第一，要遵守职业道德，遵守职业道德规范是职业人必备的基本素质。遵守职业道德规范是获得社会接纳与认同的前提。

第二，每个人都是职场中的一员，都要承担相应的责任。如果总是将自己的工作推给他人，那么就意味着你没有存在的价值。承担责任是职业成长的一部分，放弃责任也就意味着放弃成长；但是也别将所有责任背上身：谨记自己不是"超人"，公司并不会要求你解决所有的难题。所以最好集中精力专注地去做一些比较重要和比较紧急的工作，这比每件工作都弄不好要好得多。

第三，要端正工作态度，用心做好每份工作。对待工作态度不端正，没有敬业精神，就无法深入了解工作职责及技巧，那么职业发展也就无从谈起了。

第四，了解公司的文化，每家公司都有不成文的规则，了解并顺从这些"规则"有助于你的发展。若企图打破规则，只会浪费时间。

第五，保持谦虚，努力建立和维系人际关系。随着职业的发展，人际关系的重要性越来越凸显，善于建立和维系人际关系，必将赢得未来。

第六，永远不要放弃努力。没有一个人的职业发展是一帆风顺的，在工作中总会遇到各种各样的挫折，要勇敢面对挫折，不轻易放弃。

四、进入职业生活，会遇到心理问题吗？

一个人进入职业生活，环境改变、角色转换的同时也会带来心理挑战，在职业适应过程中常会出现怀旧、依赖、自傲、自卑、浮躁、孤独等问题。心理问题会影响职业适应期的长短，从职业发展的角度来看，及时调整心理状态，是有利于职业发展的。调整心理状态的关键是要树立自信，保持良好的心态，不断肯定自己一次次的小小努力，看到自己每一次小小的进步。克服心理上的焦虑，尽快摆脱依赖心理，以积极的态度面对挑战、面对挫折，更加理性地看待自己，明确自己在职场中的角色，根据现实环境及时调整自己的期望值和目标，实现职业适应。

五、职业人会遇到哪些岗位适应的问题？

岗位适应即对职业岗位的性质、特点的适应，对岗位要求的适应，包括对劳动制度、岗位规范等的适应。

对岗位的不适应主要是由于缺乏工作经验，不熟悉工作程序，不了解工作方法，对工作没有一个明确的认识造成的。对工作岗位的不适应还表现为不能很好地处理复杂的人际关系。在相对复杂的职场里，有些问题不是靠单纯的方法就可以直接处理的，这里面牵扯着复杂的人际关系。

一个人进入职场，崭新的生活方式、陌生的社会环境、复杂的人际关系，都会使人感到不习惯，如果不能很好地适应，就会难以应对、四处碰壁。

六、如何树立良好的第一印象？

良好的第一印象是在自己的内在品质和相应的技巧共同作用下树立的。尽管它具有暂时性和浅表性的特征，但是它有利于把自己尽快融入集体中，有利于工作的良好起点和顺利发展。入职之初，应当以自身良好的道德品质和文化素养作为树立良好第一印象的基础，但有些实用技巧也要注意。

(1) 仪表端庄。仪表是职业形象的基本外在特征，端庄的仪表会给人良好的第一印象。初到工作单位，要注意穿着打扮，衣服不一定讲究高档、时髦、追求名牌，但要符合自己的经济状况和现实身份。发型要定期修理，注意生活卫生，始终保持积极向上的良好形象。

(2) 言谈举止得体。要注意在同事面前举止文明、落落大方，对自己的介绍要简单明了、实事求是，切忌夸大其词、冒失莽撞。对一些新问题、新情况，要虚心请教，谦虚的品格会给人留下良好的第一印象，会使你在业务和其他各个方面更快地成长。

(3) 诚实守信。自觉遵守单位的作息时间和其他规章制度，讲究信用，是获得同事赞誉的前提。在单位里，同样需要不失约、不失信的诚实守信的美德。

当然，我们不能仅仅满足于良好的第一印象，更不能以极力伪装的所谓"良好的第一印象"来骗取别人的好感。路遥知马力，日久见人心。

七、什么是职业形象？

职业形象是指在职场中公众面前树立的印象，包括内在的和外在的两种主要因素，具体包括外在形象、品德修养、专业能力和知识结构这四大方面。它通过衣着打扮、言谈举止反映出一个人的专业态度、技术和技能等。每一个职场人都要有树立塑造并维护自我职业形象的意识。

职业形象需要严格恪守一些原则性尺度。其中最关键的就是职业形象要尊重区域文化的要求。不同文化背景的公司肯定对个人的职业形象有不同的要求，绝对不能我行我素破坏文化的制约，否则受损的永远是自己。其次，不同的行业、不同的企业，因为集体倾向性的存在，只有在职业形象符合该企业主流趋势时，才能促进自己职业价值的提升。

职业形象要达到以下几个标准：与个人职业气质相契合、与个人年龄相契合、与办公室风格相契合、与工作特点相契合、与行业要求相契合。个人的举止更要在标准的基础上，在不同的场合采用不同的表现方式，在个人的装扮上也要做到，在展现自我的同时尊重他人。一个人的种种职业形象特点，就像标点符号一样写在每个职场人的脸上、身上，对职业成功有着重大意义。

八、职场中有哪些职场礼仪？

职场礼仪是指人们在职业场所中应当遵循的一系列礼仪规范。了解、掌握并恰当地运用职场礼仪将会大大地提高一个人的职业形象。在职场中有一些细节小礼仪如果不注意，可能会引发种种尴尬事件。职场中的礼仪不仅包括仪容、仪态、服饰等个人行为方面的礼仪，在与他人的交往过程中也要注意介绍、洽谈、握手等拜访接待的礼仪，在商务联系的电子邮件、书面沟通中也有职场中约定成俗的礼仪。职场礼仪主要有以下几个方面内容。

(一)着装礼仪

职场礼仪首先要注重着装礼仪，着装得体有一种职业的自豪感、责任感，是敬业、乐业在服饰上的具体表现。着装的基本原则为：整齐、清洁、挺括、大方。男性的基本着装为西装、衬衣、领带、裤子、皮鞋等。职业女士的着装仪表须符合本人的个性、体态特征、职位、企业文化、办公环境、志趣等。最重要的是穿着要符合公司的文化，如著名的"脸书"(Facebook)公司的总裁扎克伯格的着装就是非常休闲，永远是一件圆领灰色 T 恤衫。哪怕是公司发布会也是同样的圆领灰色 T 恤衫，他认为把时间花在选择穿衣服上是一种浪费。

(二)办公桌礼仪

保持办公桌的清洁是一种礼貌。如果看到的是一张凌乱的办公桌，就会对这张桌子主人的印象打折扣。

办公室里用餐，使用一次性餐具最好吃完立刻扔掉，不要长时间摆在桌子或茶几上。如果突然有事情，也记得礼貌地请同事代劳扔掉。容易被忽略的是饮料瓶，只要是开了口的，长时间摆在桌上总有损办公室雅观。如茶水想等会儿再喝，最好把它藏在不被人注意的地方。

吃起来乱溅以及声音很响的食物最好不吃，会影响他人。食物掉在地上，最好马上捡起来扔掉，餐后将桌面和地面打扫一下，是必须做的事情。

有强烈味道的食品，尽量不要带到办公室。即使你喜欢，也会有人不习惯。而且其气味会弥散在办公室里，会损害办公环境和公司的形象。

在办公室吃饭，时间不要太长。他人可能按时进入工作，也可能有性急的客人来访，到时候双方都不好意思。在一个注重效率的公司，员工会自然形成一种良好的午餐习惯。

不要用手擦拭油腻的嘴，应该准备好餐巾纸，及时擦拭。嘴里含有食物时，不要贸然讲话。他人嘴含食物时，最好等他咽完再跟他讲话。

(三)电梯间礼仪

电梯间很小，但学问不浅。伴随客人或长辈来到电梯厅门前时，先按电梯按钮，电梯到达门打开时，可先行进入电梯，一手按"开门"按钮，另一手按住电梯侧门，请客人们先进，进入电梯后，按下客人要去的楼层按钮，行进中有其他人员进入，可主动询问要去几楼，帮忙按下楼层按钮。

电梯间内尽量不要寒暄。电梯间内尽量侧身面对客人。

到达目的楼层，一手按住"开门"按钮，另一手做出请出的动作，可以说："到了，您先请！"待客人走出电梯后，自己立刻步出电梯，并可引导行进的方向。

(四)洗手间礼仪

在洗手间遇到同事不要刻意回避，尽量先和对方搭话。千万不要装作没看见把头低下，给人不爱搭理人的印象。也不要与上司在同一时间上洗手间，特别是在洗手间小的情况下。

有的洗手间采用封闭的门扉，有人敲门时，应回答："我在里面!"

(五)借还物品礼仪

假如同事顺道替你买外卖，请先付所需费用，或在他回来后及时把钱交给对方。若刚好钱不够，也要在次日还清，因为没有人喜欢厚着脸皮向人追债。同样的，虽然公司内的用具并非私人物品，但亦须有借有还，否则可能会妨碍别人的工作。

严守条规，无论你的公司环境如何宽松，也别过分从中牟利。可能没有人会因为你早下班 15 分钟而斥责你，但是，大模大样地离开只会令人觉得你对这份工作不投入、不专一。此外，千万别滥用公司的电话长时间聊天，或打私人长途电话。

(六)拜访客户礼仪

出门拜访客户,要注意以下几点。

(1) 要准时。如果有紧急的事情,或者遇到了交通阻塞,立刻通知你要见的人。如果打不了电话,请别人替你通知一下。如果是对方要晚点儿到,你要充分利用剩余的时间。如坐在一个离约会地点不远的地方,整理一下文件,或问一问接待员是否可以利用接待室休息一下。

(2) 到达时要通知对方。当你到达时,告诉接待员或助理你的名字和约见的时间,递上你的名片以便助理能通知对方。如果助理没有主动帮你脱下外套,你可以问一下外套放在哪里。

(3) 不干扰别人。在等待时要安静,不要通过谈话来消磨时间,这样会打扰别人工作。尽管你已经等了 20 分钟,也不要不耐烦地总看手表,可以问助理他的上司什么时候有时间。如果等不及,可以向助理解释一下并另约时间。不管你对助理的上司有多么不满,也一定要对助理有礼貌。

(4) 尽快进入正题。当你被引到经理的办公室时,如果是第一次见面应作自我介绍,如果已经认识了,只需互相问候并握手。

一般情况下双方都很忙,要尽可能快地将谈话引入正题,清楚直接地表达你要说的事情。说完后,让对方发表意见,并要认真听,不要辩解或不停地打断对方讲话。你有其他意见的话,可以在他讲完之后再说。

(七)握手礼仪

握手是人与人的身体接触,能够给人留下深刻印象。当与某人握手感觉不舒服时,我们常常会联想到那个人消极的性格特征。强有力的握手、眼睛直视对方将会搭起积极交流的舞台。

(八)介绍礼仪

首先,要弄清职场礼仪与社交礼仪的差别。职场礼仪没有性别之分。比如,为女士开门这样的绅士风度在工作场合是不必要的,这样做甚至有可能冒犯对方。请记住:工作场所,男女平等。其次,将体谅和尊重别人当作自己的指导原则。进行介绍的正确做法是将级别低的人介绍给级别高的人。

(九)道歉礼仪

即使在社交职场礼仪上做得完美无缺,也不可避免地会在职场中冒犯别人。如果发生这样的事情,真诚地道歉就可以了。表达出你想表达的歉意,然后继续工作。将你所犯的错误当成一件大事只会扩大它的破坏作用,使接受道歉的人更加不舒服。

(十)电子礼仪

电子邮件、传真和移动电话带来了职场礼仪方面的新问题。在现在的许多公司里,电子邮件充斥着笑话、垃圾邮件和私人便条,与工作相关的内容反而不多。电子邮件是职业信件的一种,应保持内容严肃。传真应当包括自己的联系信息、日期和页数。未经别人允许不要发传真,那样会浪费别人的纸张、占用别人的线路。

(十一)商务餐礼仪

白领阶层的商务性工作餐是避免不了的。一些大公司、大客户,甚至通过工作餐很容易地对某人的教育程度和社会地位迅速作出判断。在某些餐厅必须遵守一些严格的规定,因此在这方面应该具备基本的知识,有得体的举止和正确饮食方式,以免出丑或使客人尴尬。

职场礼仪总体来说就是要尊重别人,保持微笑。尊重别人就是尊重自己,只要学会尊重身边的每一个人,那么你也会赢得每个人对你的尊重。保持微笑不仅能展示自己的自信,也反映了你积极的工作心态。

九、初入职场公开发言要注意哪些方面?

初入职场,在一个陌生的新环境,由于受企业文化、社会环境的影响,在企业内部公开"发言"时要注意以下几个方面。

(1) 事先准备。在做工作报告或面对客户时,要求思维清晰、逻辑严谨、简明扼要。因此在汇报前一定要做准备,最好能面对自己的同事或家人试讲一下,可以发现自己的不足之处,及时改正,这一点尤其重要。

(2) 学会倾听。如果是一个临时发言,若你还没有完全想好,不妨先听别人怎么说,有时候沉默总比说一堆废话或者说错话要好。

(3) 不要参与背后议论。俗话说:"恶语伤人六月寒,良言一句三冬暖。"物以类聚、人以群分,不要参与别人在背后的议论,如果不得不在场的话,可以沉默不语。

(4) 少发牢骚少抱怨。别怀疑,你的每一句牢骚都会被及时地传到你上司的耳朵里,以积极的心态对待工作,有时候工作比别人多承担,年轻有机会学习总比没有机会学习好,因此,不要在职场中轻易地对别人发牢骚或抱怨。

(5) 时刻记得"我是谁"。知道你自己是谁,就知道什么话该说什么话不该说了。

十、什么是职业素养?

不同的学者从不同的研究角度,给出的职业素养具体包含的内容并不完全相同,但一般认为职业素养是指职业内在的规范和要求,即在职业中表现出来的综合品质。根据麦克利兰(David McClelland)的"素质冰山"理论,将职业素养分为职业道德、职业意识、职业行为和职业技能四大要素。露在水面上的属于显性素养,包括职业技能等,而藏在水面以下的大部分"冰山"属于隐性素养,由职业道德、职业意识和职业行为构成,其短时期内不易被鉴别,而需要在长期工作过程中才能表现出来。隐性职业素养决定着显性职业素养,又通过显性职业素养表现出来,对于人的职业行为起决定性作用。①职业道德、职业意识和职业行为三项内容是职业素养中最基本的部分,而职业技能是职业素养的表象内容。

对于学生来说,其显性职业素养可以通过教学、培训予以提升,以学历证书、职业资格证书的获得作为评判依据,是素质冰山水面上的部分,能够被清晰量化及区分。对于职场中人来说,在工作中体现为可提升的专业技能与可累积的经验水平、对环境的适应能力、从业者令共事者满意的技艺等。

隐性职业素养是素质冰山水面以下的部分,不易被量化及评判。在工作中体现为爱岗敬业、严格标准、行为规范、尊重他人等。

十一、什么是职业道德？

职业道德是每一个员工都必须具备的基本品质,是每一个员工所承担的工作责任和社会责任的素质。广义的职业道德是指从业人员在职业活动中应该遵循的行为准则,涵盖了从业人员与服务对象、职业与职工、职业与职业之间的关系。狭义的职业道德是指在一定职业活动中应遵循的、体现一定职业特征的、调整一定职业关系的职业行为准则和规范。②

2019年10月中共中央 国务院印发《新时代公民道德建设实施纲要》中明确指出:"推动践行以爱岗敬业,诚实守信,办事公道,热情服务,奉献社会为主要内容的职业道德,鼓励人们在工作中做一个好的建设者。"从职业道德的含义来看,职业道德是长期以来自然形成的,是一种职业规范,受到社会普遍的认可,通常体现为观念、习惯、信念等,通过员工的自律实现。

【案例】

勇于负责

一家装潢公司的老板,吩咐三个员工去做同一件事情,去供货商那里调查一下材料的数量、价格和品质。第一个员工五分钟后就回来了,他并没有亲自去调查,而是向别人打听了一下供货商的情况,就回来做了汇报。30分钟后,第二个员工回来汇报,他亲自到供货商那里去了解了材料的数量、价格和品质。第三个员工90分钟后才回来汇报。原来他不但亲自到供货商那里了解了材料的数量、价格和品质,而且根据公司的采购需求,将供货商那里最有价值的商品做了详细记录,并且和供货商的销售经理取得了联系。在返回途中,他还去了另外两家供货商那里了解材料的商业信息,将三家供货商的情况做了详细的比较,并制定出了最佳购买方案。

(资料来源:根据李明耀等主编的《职业生涯规划与就业指导案例解析》中的资料编写)

---

① 贾娜娜. 高职院校学生职业素养的培养路径研究[D]. 金华:浙江师范大学,2021.
② 黄双蓉. 财经法规与会计职业道德[M]. 北京:经济科学出版社,2014.

分析： 毫无疑问，如果你是老板的话，肯定会用第三个员工，第一个员工只是在敷衍了事、草率应付，而第二个员工充其量只能算被动听命，真正尽职尽责、认真负责地行事的只有第三个员工。尽职尽责，是培养敬业精神的土壤，认认真真、兢兢业业地对待自己的工作，是成功者的必备品质。

【小资料】

常用礼貌用语七字诀

与人相见说"您好"，问人姓氏说"贵姓"，问人住址说"府上"。
仰慕已久说"久仰"，长期未见说"久违"，求人帮忙说"劳驾"。
向人询问说"请问"，请人协助说"费心"，请人解答说"请教"。
求人办事说"拜托"，麻烦别人说"打扰"，求人方便说"借光"。
请改文章说"斧正"，接受好意说"领情"，求人指点说"赐教"。
得人帮助说"谢谢"，祝人健康说"保重"，向人祝贺说"恭喜"。
老人年龄说"高寿"，身体不适说"欠安"，看望别人说"拜访"。
请人接受说"笑纳"，送人照片说"惠存"，欢迎购买说"惠顾"。
希望照顾说"关照"，赞人见解说"高见"，归还物品说"奉还"。
请人赴约说"赏光"，对方来信说"惠书"，自己的家说"寒舍"。
需要考虑说"斟酌"，无法满足说"抱歉"，请人谅解说"包涵"。
言行不妥说"对不起"，慰问他人说"辛苦"，迎接客人说"欢迎"。
宾客来到说"光临"，等候别人说"恭候"，没能迎接说"失迎"。
客人入座说"请坐"，陪伴朋友说"奉陪"，临分别时说"再见"。
中途先走说"失陪"，请人勿送说"留步"，送人远行说"平安"。

（资料来源：百度文库 https://wenku.baidu.com/view/29699ca7a417866fb94a8e12.html）

【练习】

评估自己的表现

用下面评分表，对每个项目从 1~5 进行打分，并圈出右侧相应的数字。
1 为需要较大改进；2 为需要某些改进；3 为基本满意；4 为良好；5 为优秀。

第一部分：工作态度和习惯

 A. 出勤率、准时性及职业表现 1 2 3 4 5
 B. 工作完成的及时性 1 2 3 4 5
 C. 与他人合作 1 2 3 4 5
 D. 接受建议和批评 1 2 3 4 5
 E. 管理工作时间表 1 2 3 4 5
 F. 准确使用设备 1 2 3 4 5

分析：

第二部分：工作表现

 A. 工作质量 1 2 3 4 5

B. 解决问题的能力	1	2	3	4	5
C. 有创新思想	1	2	3	4	5
D. 有良好沟通技能	1	2	3	4	5
E. 有时间管理能力	1	2	3	4	5
F. 技能、专业知识	1	2	3	4	5
G. 人际交往技巧	1	2	3	4	5
H. 有学习能力	1	2	3	4	5
I. 应用工作知识能力	1	2	3	4	5

分析：

你最大的优点和缺点是什么？

除了完成职位要求的正常工作任务之外，你还为公司或部门作了哪些贡献？

(资料来源：[美]唐娜 J. 叶纳《职业生涯规划自测、技能与路径》)

第十一章 提升职场情商

职场情商，是一个人掌控自己和他人情绪的能力在职场和工作中的具体表现，如何处理好职场中的人际关系，是职业化的情绪能力表现。身在职场，无论从事哪种职业，身居何种职位，"智商决定是否录用，情商决定是否升迁"已成为决定职业发展的重要信条。一个人的知识、经验和技能等智力因素固然重要，但是，进入一个单位之后，影响和决定一个人职业发展的关键因素却是情商。一个人事业成功与否，通常认为20%取决于智商，80%取决于情商。

【学习目标】

1. 掌握提升职场情商的方法。
2. 了解职场人际关系的处理方法。
3. 了解职场挫折、时间管理及压力管理。

【小故事】

人脉，你生命中的贵人

一个风雨交加的夜晚，一对老夫妇走进一间旅馆的大厅，想要住宿一晚。饭店的夜班服务生说："十分抱歉，今天的房间已经被早上来开会的团体订满了。若是平常，我会送二位去我们合作的旅馆，可是我无法想象你们要再一次地置身风雨中，你们何不待在我的房间呢？它虽然不是豪华的套房，但还是蛮干净的，因为我要值班，我可以待在办公室休息。"这位年轻人很诚恳地提出了这个建议。

老夫妇大方地接受了他的建议，并对给他造成的不便致歉。隔天，雨过天晴，老先生前去结账时，柜台仍是昨晚的这位服务生，这位服务生依然亲切地说："昨天您住的房间并不是饭店的客房，所以我们不会收您的钱，也希望您与夫人昨晚睡得安稳！"老先生点头称赞："你是每个旅馆老板梦寐以求的员工，或许改天我可以帮你盖栋旅馆。"

几年后，这位服务生收到一位先生寄来的挂号信，信中说了那个夜晚所发生的事，另外还附一张邀请函和一张去纽约的来回机票，邀请他到纽约一游。

> 在抵达曼哈顿几天后，这位服务生在第 5 街与第 34 街的路口遇到了当年的那位老先生。这个路口矗立着一栋华丽的新大楼，老先生说："这是我为你盖的旅馆，希望你来为我经营，记得吗？"
>
> 这位老人就是威廉·华尔道夫·阿斯特(William Waldorf Astor)，这位服务生就是乔治·博尔特(George Boldt)，这栋旅馆就是 Waldorf(华尔道夫)饭店。这家饭店在 1931 年启用，是纽约尊荣地位的象征，也是各国高层政要造访纽约下榻的首选。
>
> （资料来源：百度百科 http://baike.baidu.com/item/华尔道夫酒店/19832207? fr=aladdin）
>
> **点评：** 我们经常说某人有贵人相助，其实贵人无处不在，人间充满机缘巧合。不要疏忽任何一个人，也不要放弃任何一个可以助人的机会，要对每一个机会都充满感激，其实很多时候我们就是自己最重要的贵人。人脉虽然不是金钱，但却是一种无形的资产、潜在的财富，缺少丰富的人脉关系，你将举步维艰。

一、什么是职场情商？

职场情商是就职领域中，个人的信心、毅力、责任感、合作精神等一系列与人的素质有关的反映程度，包括协同力、沟通力、抗挫力、应变力、自我管理力、持久力等一系列职场的提升力。

职场情商是一个职业人士不可或缺的素质，是职场能否取得成功的关键。一个智商高而职场情商不高的人，注定不会成功；一个智商不高而职场情商高的人，必定会重写一个人的命运；而一个智商高且职场情商也高的人，一定会创造职业生涯的辉煌。

2017 年湖南卫视有一个综艺真人秀节目——《中餐厅》，讲述的是他们在泰国开了一家中餐厅的故事。节目中主厨的高情商得到了众多网友的称赞。我们来看一下主厨的高情商是如何体现的。在节目中，当有一个外国小哥尝了厨师做的咕咾肉后，要求店长一定要转达他对主厨的感谢，因为他认为主厨的手艺真的很好，而主厨听说之后，不仅没有沾沾自喜，反而回答说这是中华美食的功劳。第二天，店长自告奋勇地说想要做一份糖醋排骨，做好之后店长找主厨品尝，主厨尝了一口后，犹豫了一下回答："这个口感我还是第一次吃，跟我平时吃的糖醋排骨不太一样。"结果店长自己尝了之后，才发现原来很难吃。而当另外一位演员给大家泡茶时，没想到该演员直接把茶叶倒进了烧水壶里，店长生气了，就在大家都看着的时候，这时候主厨赶紧接了一句话说："没事，第一次正好可以去一去新水壶的味儿呢。"帮该演员解了围。上述种种细节都体现着主厨替他人着想、顾及他人感受的高情商，当然高情商也要有高智商的说话技能。

二、提升职场情商的说话技巧有哪些？

与同事、工作团队、客户交流的过程特别要注意说话的技能，以下是一些工作中的常用语。

(1) 应答上司交代的工作："我立刻去办。"

冷静、迅速地回应领导交代的任务，会让领导直观地感觉到你是一个工作讲效率、处理问题果断，并且服从领导的好下属。如果犹豫不决，只会让领导不舒服，会给领导留下优柔寡断的印象，下次如果有重要项目或者机会可能就错失了。

(2) 传递坏消息时："我们似乎碰到一些情况……"

一笔业务出现麻烦，或市场出现危机，如果你立刻冲到上司的办公室报告这个坏消息，就算不关你的事，也会让上司怀疑你对待危机的能力，弄不好还会惹来上司的责骂，成为出气筒。

正确的方式是你可以从容不迫地说："我们似乎碰到一些情况……"千万不要乱了阵脚，要让上司觉得事情并没有到不可收拾的地步，并且感到你会与他并肩作战，解决问题。

(3) 体现团队精神："××的主意真不错！"

同事小马的创意或设计得到了上司的欣赏，虽然你心里为自己不成功的设计而难过，甚至有些妒忌，但你还是要在上司的面前夸夸小马："小马的主意真不错。"在明争暗斗的职场，善于欣赏别人，会让上司认为你本性善良，并富有团队精神，从而对你产生更多的信任感。

(4) 如果你不知道某件事："让我再认真地想一想，×点前答复您好吗？"

上司问了你某个与业务有关的问题，你不知道如何作答，千万不要说"不知道"。而要说："让我再认真地想一想，×点前答复您好吗？"不仅暂时让你解围，也能够让上司认为你不轻率行事，而是个三思而后行的人。当然，要记得按时给出答复。

(5) 请同事帮忙："这个策划没有你真不行啊！"

有个策划，你一个人搞不定，得找个比较内行的人帮忙，怎么开口呢？你可以诚恳地说："这个策划没有你真不行啊！"同事为了不负自己内行的形象，通常是不会拒绝的。当然，事后要记得感谢人家。

(6) 减轻工作量："我知道这件事很重要，我们不妨先排一排手头的工作，按重要性排出先后顺序。"

首先，强调你了解这项工作的重要性，然后请求上司指示，将这项工作与其他工作一起排出先后顺序，不露痕迹地让上司知道你的工作量其实很大。如果不是非你不可，有些事就可以交给其他人或延期处理。

(7) 承认过失："是我一时疏忽，不过幸好……"

犯错误在所难免，所以勇于承认自己的过失很重要，推卸责任只会使你错上加错。不过，承认过失也有诀窍，就是不要让所有的错误都自己扛，这句话可以转移别人的注意力，淡化你的过失。同时，将目前事情的优劣条理清晰地列出来，不只可以体现你对事认真的态度，也体现出你对事情的思考。

(8) 打破冷场的话题："您对这件事怎么看呢？"

当你与上司相处时，有时不得不找点话题，以打破冷场。不过，这正是你赢得上司青睐的好机会，最恰当的话题就是谈一些与公司有关、上司很关心又熟悉的话题。当上司滔滔不绝地发表看法时，也会对你这样一个谦虚的听众欣赏有加。

(9) 面对批评："谢谢您告诉我，我会仔细考虑您的建议。"

面对批评或责难，不管自己有没有不当之处，都不要将不满写在脸上，但要让对方知道，你已接收到他的信息，不卑不亢让你看起来既自信又稳重，更值得敬重。对方愿意对你的事情进行批评，如果不是刻意为难，那么就意味着对方愿意提拔你。提前表达感谢并且尊重对方的意见，会让对方更愿意提供帮助。

三、如何修炼职场情商？

职场情商直接决定和影响着其他职业素质的发展，提高职业情商是个人职业发展的关键。职场情商的修炼一般包括四个方面：心态、思维方式、习惯和行为。

(一)心态修炼

职场情商对职业情绪的要求就是保持积极的工作心态。积极的工作心态表现在以下几个方面。

(1) 工作状态要积极。每天要精神饱满地来上班，与同事见面主动打招呼并且展现出愉快的心情。愉悦的心情可让同事产生好感。

(2) 工作表现要积极。主动发现工作中的问题；主动思考问题；主动解决问题；主动承担责任；主动承担分外之事。

(3) 工作态度要积极。积极的工作态度意味着面对工作中遇到的问题会积极想办法解决，而不是千方百计找借口。

(4) 工作信念要积极。对工作要有强烈的自信心，相信自己的能力和价值，肯定自己。只有抱着积极的信念工作的人，才会充分挖掘自己的潜能，为自己赢得更多的发展机遇。

(二)思维方式修炼

对工作中消极的情绪要学会掌控。掌控情绪是掌握情绪和控制情绪两个层次的含义，而不是单纯的自我控制。因为控制情绪说起来容易，做起来往往很难，甚至遇到对自己情绪反应激烈的问题时，根本就忘了控制自己。要想驾驭自己的情绪，必须从改变思维方式入手去改变对事物的看法，以积极的思维方式看待问题，使消极的情绪自动转化为积极的情绪，从而实现自我控制自己的情绪。

在工作方式上要培养积极的思维方式。积极的思维方式就是以开放的心态去处理工作中的人际关系和事情，包括多向思维、反向思维、横向思维、超前思维等。了解他人的情绪需要反向思维，也就是逆向思维，逆向思维的情商表现就是同理心思考或换位思考，要站在对方的角度看问题，理解对方的内心感受。

(三)习惯修炼

培养良好的职业习惯是提升职场情商和实现职业突破发展的唯一途径。改变不良习惯的关键，是突破自己的舒适区。一个人形成的习惯就是他的舒适区，要改变不好的习惯就要突破自己的舒适区，要有意识地为自己找点别扭，要敢于为自己主动施加压力，努力突破自己以往的心理舒适区，培养出积极的职业化习惯。

培养积极的职业习惯，必须突破以下心理舒适区。

(1) 突破情绪舒适区。职场中应该避免的消极情绪是：抱怨和牢骚、不满和愤怒、怨恨或仇恨、嫉妒、恐惧失败、居功自傲等，这些都是影响个人职业发展的致命伤害。

调节自己的情绪有很多方式方法，其中最重要的是，要给自己强化一个意识：在工作场合我的情绪不完全属于我，在工作中必须控制自己的情绪！

(2) 突破沟通舒适区。每个人的性格脾气决定了人与人沟通的方式各不相同，要学会积极倾听对方。良好的工作沟通不一定是说服对方，而是真正理解对方的想法。即使是争辩，也必须是对事不对人的良性争论，不能进行人身攻击和恶语相向，这是职场人际沟通中最应该避免的现象。

(3) 突破交往舒适区。人们都习惯和自己脾气相投的人交往，所以无论在哪个单位组织，都存在非正式的组织和团体，这是正常的现象。但是人在职场，必须和所有组织内部的人以及外部的客户打交道，就要学会适应不同性格的人。突破交往舒适区，就是要有意识地和不同性格的人打交道，如要主动找与自己不同性格的人聊聊天。虽然这是一件看起来很简单的事情，其实职场中大部分人都难以做到。一旦你去尝试和另一种不同性格的人交往，看来是一个小小的突破，却对提升你的职场情商大有帮助。

(四)行为修炼

良好的工作心态和思维方式都要体现在工作行为上。同时，对于自己的工作行为，必须把握以下两条基本的行动准则。

(1) 工作行为要以目标为导向。要制定明确清晰的个人目标，并且使公司目标和个人目标相结合，才能形成职业发展的合力，相互推进，这是在职场实现个人职业发展的有效途径。

(2) 工作行为要以结果为导向。以结果为导向既是一种思维方法，又是一种行为习惯。以结果为导向就是要追求积极的结果，积极想办法去实现。面对一项工作，如果你还没有去做就认为自己"办不成"，那么你的思维就妨碍了能力的发挥，你就有可能真的办不成。

四、什么是同事关系？

同事关系可以称为办公室关系，是在工作过程中结成的关系，具有人际关系的共性，也有侧重于"工作性质"的独特性。同事关系是一个大概念，即人们在同一职业群体中从事共同的职业，以这种职业活动为媒介相互交往而结成的人际关系。如上下级关系、同级关系、同性关系、异性关系等。凡是因为工作而产生的社会关系，都可以看作同事关系。但我们平时经常谈论的同事关系常常是指担负非领导职务的人员之间正式的关系。

五、如何与上级建立好关系？

当你开始一份新工作的时候，最糟糕的就是让你的主管因为雇用了你而脸色难看。毕竟，你的上司是让你目前工作获得满足感以及在组织内获得未来成功的关键。不同的人有不同的工作作风，要积极地收集有关上级的目标、问题及压力的信息，协调好与上级领导之间工作风格上的差异。有时，下级可以有效地调整自己的作风，以适应上级所喜欢的获取信息的方式。著名管理学家彼得·德鲁克(Peter F. Drucker)将上级区分为"聆听者"和"阅读者"。他指出，有些上级喜欢以书面报告的方式获取信息，便于研究；有些上级则喜欢口头报告，便于随时提出问题。如果你的上级是一位"聆听者"，你应先亲自向他汇报，然后再送书面报告；如果你的上级是一位"阅读者"，你就应先提交书面报告，说明要点和提议，然后再讨论。

但每一个上级都不是完美的。所以在工作中，唯上级之命是听并无必要，但也应记住，给上级提意见只是本职工作中的一小部分，尽力完善、改进、迈向新的台阶才是最终目的。要让上级心悦诚服地接纳你的观点，应在尊重的氛围里，有礼有节有分寸地磨合。不过，在提出质疑和意见前，一定要拿出详细的足以说服对方的资料。

六、如何向领导汇报工作？

向领导汇报工作是职场中的重要技能之一，能够让领导了解自己的业绩和工作能力。汇报工作主要有两种形式：口头汇报和书面汇报。口头汇报工作时要注意逻辑性、及时性和说话的分寸。书面汇报工作时要注意报告观点清晰、内容精练、结构合理、数据准确、图文并茂、格式规范。无论是口头汇报还是书面汇报，都要掌握以下原则。

(1) 先讲结论再展开。要让领导首先知道汇报的结论，因为这是汇报工作的重点，让领导知道重点后，然后带着结论或问题去了解细节和进一步的阐述。汇报工作要简明扼要、说清重点。

(2) 汇报时间要短。一般口头汇报的工作不超过 10 分钟，书面汇报的内容不超过一页纸。如果口头汇报时配有 PPT，可以通过 PPT 展示精练的内容和翔实的数据以缩短汇报时间。

(3) 汇报内容要准备充分。在向领导汇报工作时，要对汇报的内容驾轻就熟，提前准备好简洁和详细两个汇报版本，根据情况应变。如果是口头汇报，最好打好腹稿，事前演练一遍。如果汇报内容涉及问题，要在事前做好多套解决方案或建议以供选择，不能仅抛出问题而没有解决的方案。

(4) 汇报的时机要选择好。向领导汇报工作时要注意汇报的时间和场合，有些工作需要及时汇报，比如工程项目等，在做计划前、项目进行中和项目完成后要及时汇报，让领导及时掌握工作进度。汇报的方式也要注意，可以通过会议形式正式汇报的，尽量不要搞临时汇报。需要临时汇报的，也要看领导的时间是否允许，通常情况下，应选择领导乐意听取汇报的时机进行汇报。

七、如何与同事之间建立好关系？

在办公室里上班，与同事相处久了，对彼此之间的兴趣爱好、生活状态都有了一定的了解，你若想获取他人的好感和尊重，必须首先尊重他人。

大家在同一个公司里工作，个人的交情肯定大不相同，远近亲疏自然是存在的，问题的关键就在于正确处理相互之间的关系。在发生误解和争执的时候，一定要换个角度，站在对方的立场上理解其处境，千万别情绪化，把对方的隐私抖出来。任何背后议论和指桑骂槐，最终都会在贬低对方的过程中破坏自己的大度形象，而受到旁人的抵触。

同时，对工作要有高度的热情，对同事则必须慎重支持。支持意味着接纳别人的观点和思想，而一味地支持只能导致盲从，也会有拉帮结派之嫌，影响公司决策层的信任。

认真完成自己的工作，不站边、不讨论。遇到同事发生矛盾时，千万不要站边，也不要私底下讨论同事的是非，免得给自己招惹一些不必要的麻烦。

要学会与各种类型的同事打交道，每一个人都有自己独特的生活方式与性格。在公司里，总有些人是不易打交道的，如傲慢的人、死板的人、自尊心过强的人等。所以，必须因人而异，采取不同的交际策略。

八、如何对待同事间的竞争？

在职场中，大家同在一家公司，同处一个部门，追求工作业绩，赢得职位升迁，同事间竞争其实是件很寻常的事情。然而这种竞争与外部环境的竞争相比较又有很大的不同。同事间的"竞争"不是单纯的竞争，存在共同的利益、共同的目标，又掺杂有个人感情，或是部门间、上下级间的复杂关系。

同事之间的关系，本来就是既存在合作又存在竞争，过分放大竞争心态，合作必然不会愉快。同事竞争中"共赢"意识很重要。共赢的目标不是赢，而是在追求共同利益的过程中，强调能够与竞争对手合作，共同促进目标更快更好地实现。所以这种竞争是在目标一致的前提下相互配合，取得的双赢结果。

其实，在一个整体里，每个人的工作都很重要，任何人都有闪光之处。当你超越对手时，没必要蔑视人家，别人也在寻求上进；当对手在你前面时，你也不必存心添乱找茬，因为工作是大家团结一致努力的结果。无论对手如何使你难堪，千万别跟他较劲，说不定他仍在原地发怨气，而你已出色地完成了任务。

九、如何处理办公室同事间的冲突？

办公室人际关系的处理确实是一门不小的学问，职场人在办公室一天的活动时间往往比在家里的时间还多，不少人与同事在一起的时间比与家人在一起的时间多。所以，一个愉快和谐的办公室氛围的重要性不言自明，与同事的关系没能处理好，原因有很多，可能是工作时的挫败感和性格上的某些偏执，同事间工作上的竞争等。但是这样很容易产生恶性循环，人与人之间若不再坦诚相待，纷争便一触即发。那么如何处理这种突发状况呢？

(一) 请领导协调解决

请示领导帮助协调解决是首选方法。若作为冲突的一方，在自己解决已经不可能的情况下，为避免矛盾的进一步升级，可以请领导出面缓和矛盾；若作为第三方同事，可能话语权不够，哪怕劝说双方也起不了多大作用。这时候你可以请示领导，由领导出面协调解决是最好的方法。

不同个体对组织文化、组织管理等持有不同观点是很正常的。工作中有不同观点意见，不要直接否定，思想的碰撞不仅可以拓宽视野，而且更有利于解决问题。要尊重同事的工作价值，无论何时都不能贬低其他同事的工作价值，要肯定别人对组织的贡献。

(二)主动沟通

和同事发生矛盾冲突以后，往往会有一个冷战期，率先、主动、尽早地与对方沟通，有利于恢复同事间的良好关系。如果是前辈，可以放低姿态，如果是平辈，可以主动沟通。首先要抛开对同事的成见，保持和善、息事宁人的态度。当你主动沟通时，与你有矛盾冲突的同事，也可能会心存警惕，认为你别有所图，这是很正常的，这时，不要放弃你的主动，只要你表现出沟通的诚意，一般人是不会拒绝的。

假如是比较难以化解的矛盾或者比较大的冲突，也要主动找同事沟通，检讨自己的过失，寻求对方的原谅。但一定要注意沟通中的语言，沟通的目的是寻求讲和，不要把沟通过程变成为自己辩护的过程。

(三)真诚道歉

如果事后发现自己是过错的一方，要真诚地向对方道歉，可以约双方关系较好的同事或领导在下班后聚一聚，在比较轻松的氛围里承认错误，及时改正。只要把工作处理好，没必要引起不必要的事端。

十、如何面对工作中遇到的挫折？

工作中遇到挫折是不可避免的，同时挫折还会给人带来一种负面影响。但适度的挫折具有一定的积极意义，它可以帮助人们驱走惰性，促使人奋进。挫折又是一种挑战和考验。英国哲学家培根说过："超越自然的奇迹多是在对逆境的征服中出现的。"关键的问题是如何面对挫折。你可先静下心来把可能产生挫折的原因寻找出来，针对所遭受的不同的职业挫折，寻求不同的解决问题的方法，采取不同的措施。

(1) 找出问题，寻求解决方案。由于个人工作能力或水平因素感觉在工作过程中力不从心，而相同情况下同事却能轻松应对，可根据实际需要参加培训班，充实自己，提高工作能力或水平。

由于工作不熟悉产生的挫折，这是一个人在职业生涯中很正常的挫折，只需要在职业岗位上多锻炼，从实践中学习，多听、多看、多问，不断学习，就可以尽快地进入角色，掌握工作要领。

对于无法适应组织环境，如不适应组织的文化、与同事不能和谐相处，或者有能力而在单位中被压制，特别是存在严重不公平，上级领导对自己有成见，从而影响自身的职业发展时，可以在适当的时候选择跳槽，换一个自己更加喜欢的工作环境。

(2) 调适情绪，适当宣泄。在面对挫折时要适当地调适自己的情绪或者适当宣泄，可以通过自己喜爱的集邮、写作、书法、美术、音乐、舞蹈、体育锻炼等方式，使情绪得到调适，情感得以升华。同时要学会宣泄，向亲人或知心朋友倾诉自己的不快以摆脱压力。学会幽默，自我解嘲。"幽默"和"自嘲"是宣泄积郁、平衡心态、制造快乐的良方。

(3) 求助心理咨询。在必要时求助于心理咨询。当人们遭遇到挫折不知所措时，不妨求助于心理咨询机构。心理医生会对你动之以情、晓之以理、导之以行、循循善诱，使你从"山重水复疑无路"的困境中，步入"柳暗花明又一村"的境界。

十一、如何管理好时间？

在职场中，人们往往觉得时间不够用，有的是因为拖延症，有的是因为优柔寡断迟迟作不了决策，还有的是因为事事苛求完美从而造成时间不够用，那么如何才能有效地管理好时间呢？以下这些方法有助于你的时间管理。

(1) 保持良好的心态，去面对繁忙的工作。
(2) 设立恰当的目标，对提高工作效率很重要。
(3) 不要拖拉，马上行动。
(4) 给自己的工作设定一个完成期限。
(5) 专注于那些重要的事情。
(6) 不要推迟那些不紧急但重要的事情。
(7) 要学会授权。
(8) 要学会拒绝。
(9) 用固定的时间完成固定的工作。
(10) 在精力最充沛的时间做最有挑战性的工作。
(11) 工作效率低下的时候，适当休息。
(12) 学会分析浪费时间的因素。
(13) 定时检查时间的运用情况，寻找发挥更大时间价值的方法。
(14) 养成记录的好习惯。
(15) 磨刀不误砍柴工，把问题弄清楚再着手去做。
(16) 把不重要的事情集中起来处理。
(17) 遵照计划，日清日毕，当天的工作当天完成。
(18) 尽量不要把工作带回家。

十二、如何应对工作中的压力？

压力是由人与环境的相互作用产生的，它使人疲于奔命，不堪承受，无力应付。当人们面对机会、约束或要求时就会产生压力。美国心理学协会(American Psychological Association)职业实践部前执行理事拉斯·纽曼(Russ Newman)表示："人们通常泛泛地感受到压力。压力应该有具体的原因和诱发因素，除非你花时间来审视它们，否则你不会知道你所面临的到底是什么。"

大多数的科学研究显示，当人们有很高的要求，却缺乏对发挥作用的力量的控制(或感知到的控制)时，与工作有关的压力最沉重。例如，一个生产线上的工人可能有一份明确的、重复性的 9 个小时的工作，但他仍然会感到压力重重，这因为他的工作命运远远超出了其掌控范围。

一旦弄清楚什么是你的负担后，就需要将这些压力的诱因分成两类：一类是你能够控制的，另一类是你通常不能控制的。显然，要先击碎你能够控制的压力。对于那些你无法掌控的因素，你可以试着减弱它们的影响。如果压力来源的确无法改变，那么就试着改变自己。

如果压力是来自工作量太大，可能需要考虑工作的重新合理分配和安排，或寻求团队合作；如果压力来自你的某项技能不够，则需要提高那项技能；如果压力来自人际关系或冲突，你则要学会与人相处之道，及时处理好人际冲突；如果压力来自你一味地承诺，让自己满负荷到崩溃的边缘，你则要学会如何婉转拒绝；如果你是一个工作狂，你则要学会适当地休息和放松，预防工作压力导致的崩溃。

十三、什么是职业倦怠？

职业倦怠(Job Burnout)是指个体在工作重压下产生的身心疲劳与耗竭的状态。弗·罗伊登伯格(Herbert Freudenberger)在 1974 年就提出，职业倦怠是一种最容易在助人行业中出现的情绪性耗竭的症状。在大部分情况下，职业倦怠是个体不能顺利应对工作压力时的一种极端反应，是个体伴随长时期工作压力下而产生的情感、态度和行为的衰竭状态。因此，"职业倦怠症"也称为"职业枯竭症"，它是由工作引发的心理枯竭现象。

一个人长期从事某种职业，在日复一日重复机械的作业中，渐渐地会产生一种疲惫、困乏，甚至厌倦的心理，在工作中难以提起兴致，打不起精神，只是依仗着一种惯性来工作。因此，加拿大著名心理学大师克丽丝汀·马斯勒(Christina Maslach)将职业倦怠症患者称为"企业睡人"。职业倦怠一般包括以下三个方面。

情感衰竭：指工作没有活力，没有工作热情，感到自己处于极度疲劳的状态。情感衰竭是职业倦怠的核心纬度，并具有最明显的症状表现。

去人格化：指刻意在自身和工作对象间保持距离，对工作对象和环境采取冷漠、忽视的态度，对工作敷衍了事，个人发展停滞，行为怪异，提出调度申请等。

无力感或低个人成就感：指倾向于消极地评价自己，并伴有工作能力体验和成就体验的下降，认为工作不但不能发挥自身才能，而且是枯燥无味的烦琐事务。

职业倦怠因工作而起，直接影响到工作准备状态，然后又反作用于工作，导致工作状态恶化，职业倦怠进一步加深。它是一种恶性循环的、对工作具有极强破坏力的因素。因此，消除职业倦怠对提高工作绩效有着重要意义。

十四、如何应对职业倦怠？

职业倦怠是个体对工作环境和工作本身状况的主观感受和评价，所以职业倦怠重在自我调节，若能得到组织的帮助则能提高自我调节的有效性。

保持积极的心态。应对职业倦怠的关键是保持积极的工作心态，在职场中，受内外环境的影响，有些事是个人能力范围内无法做到或改变的，个人并不能控制工作中的所有事情，有些工作能够完全胜任，但有些是力所不能及的，要保持良好的心态，正视存在的问题。

正视倦怠。要对职业枯竭有明确的认识和接受的态度。职业倦怠是人人都可能有的正常心理现象。不要过于责备自己，有时适度的压力反而是进步的原动力，正是有了压力，才会使工作充满激情。

控制工作节奏。比如，规定自己用半个小时处理一些特别麻烦、极不情愿做的事情，若超过时间还是处理不好，那就把它放一边去，可能明天会有更好的解决办法。也可以在工作中加入一些闲暇活动：如泡一杯自己喜欢的茶或咖啡，准备一些小零食，也能缓解不间断工作所带来的紧张和厌烦情绪。节奏管理的一种极端方法是干脆停下来，什么也不做。

创新工作。对所做的工作要有所思考，挖掘工作中有意义的方面，如果在工作中不断创新，就能提升工作带来的成就感，使工作变得更有意义，从而提高工作的积极性。

及时倾诉。在产生倦怠情绪时，可向家人或亲友同事倾诉自己心理的症结点，不要闷在心中，需要某些实际的帮助时，可直接求助于平时有良好关系的领导和同事，在他们的帮助下确立更现实的目标，以及重新审视现有的工作状态。

锻炼和放松。注意劳逸结合，有足够的睡眠，将闲暇和各种娱乐活动作为工作的必要补充。进行适度的、有节奏的锻炼，一些松弛方法，如游泳、做操、散步、洗热水澡、听音乐等也十分有效。

十五、职业生涯规划要关注休闲吗？

人们在讨论职业生涯规划时，往往强调个人对事业的规划，而忽视了对个人休闲时光的规划。休闲一词的英文来源于希腊语，是指必要劳动之余的自我发展，这表明休闲是一种有社会价值的娱乐。休闲是个体在闲暇时间里按照自己的意愿与偏好，从事的以获取身心愉悦、自我实现或精神满足的活动。

一般意义上的休闲是指两个方面：一是解除身体上的疲劳，恢复生理的平衡。二是获取精神上的慰藉，成为心灵的驿站。休闲需要占用完成社会必要劳动之后的时间，是人的生命状态的一种形式；对于人的生命意义来说，休闲又是一种精神态度。在人类社会进步的历史进程中，休闲始终扮演着重要角色。

适度休息很重要，却很容易被人忽视。休闲的重要性主要体现在个人、家庭和社会三个方面。对于个人来说，休闲可以增进身心健康，保持良好的情绪，提高工作效率，培养创造力和毅力，建立良好的人际关系；对于家庭来说，家人共同的休闲活动可以缩短家人之间的距离，建立家庭中的亲情与友爱，增加家人之间交流的机会；对于社会来说，休闲活动可促使人们相互了解，无形中提高社会意识，促进社会和谐。同时在休闲活动中可以学到许多生活准则、价值判断方法和社会规范，能帮助个人社会化。

【案例】

办公室人际交往

小任有行政管理专业大专文凭，又自修了文秘专业的本科学历，找工作相对比较容易。但是毕业两年的她却换了好几个工作单位，最长的八个月，最短的一个月。小任为什么跳槽如此频繁呢？

原来，小任被办公室人际交往所困扰，面对不了同事的议论。"我是个性格外向的人，可是由于职业需要我经常约束自己，有的同事就说我装模作样；我是个做事很认真的人，上司交给的工作都能一丝不苟地完成，但有业务往来的同事就在背后议论我古板。"

她总觉得同事们在背后对她指指点点，认为自己条件优越找工作不难，可不承想每一个单位都有这样的矛盾。

(资料来源：根据百度知道http://zhidao.baidu.com/question/1955/35213401837148.html 资料改写)

分析：太在乎别人的感受说明自己的心智还不够成熟，还没有建立起自己的独立人格，坚定自己追求职业成功的信念，做最好的自己比什么都重要。同时，小任在职场中要结交优秀的同事，与他们一起共事，相互学习和激励。和同事及客户建立积极的人际关系，有助于职业生涯的发展。

【小资料】

时间管理"四象限"法

美国著名管理学家史蒂芬·柯维(Stephen Richards Covey)提出了一个时间管理的理论，把工作按照重要和紧急两个不同的程度进行了划分，基本上可以分为四个象限，见图11-1。

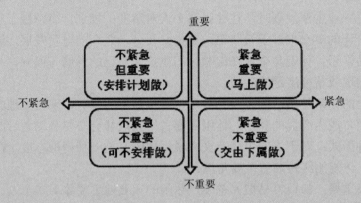

图11-1 时间四象限管理

重要且紧急(如救火、抢险等)——必须立刻做。

紧急但不重要(如有人因为打麻将"三缺一"而紧急约你、有人突然打电话请你吃饭等)——只有在优先考虑了重要的事情后，再来考虑这类事。人们常犯的毛病是把"紧急"当成优先原则。其实，许多看似很紧急的事，拖一拖，甚至不办，也无关大局。

重要但不紧急(如学习、做计划、与人谈心、体检等)——只要是没有前一类事的压力，应该当成紧急的事去做，而不是拖延。

既不紧急也不重要(如娱乐、消遣等事情)——有闲工夫再说。

在职场中要注意哪些小细节？

在职场中，出色地完成自己分内工作的同时，在与人交流及合作过程中还需要注意很多细节。

1. 注意仪表，仪态要端正，古人说要站如松、坐如钟、行如风。
2. 准时守信，尊重公司文化和制度。
3. 乐观开朗，有幽默感。
4. 保持自己工作环境清洁。
5. 表达自己意见要言简意赅、注意分寸。
6. 踏实做事，诚实做人。
7. 对待同事要和蔼，胸襟豁达，注重团队合作。
8. 注重倾听，倾听是拉近距离的绝招。
9. 和同事、领导谈事或者某些重要场合，不要嚼口香糖。
10. 在开会或其他重要场合要关掉手机，或者调成振动模式。
11. 在工作中，犯错了，被发现了，要先承认，然后再讲述理由。
12. 要注意部门分工和个人职责，不要用人情来代替工作原则。

【练习】

在表11-1中列出你喜欢的休闲项目。

表11-1 休闲项目表

类型	举例	你喜欢的内容	计划安排
旅游类	郊游、旅行、露营、远足		
体能类	球类、游泳、健身操、骑马、登山、太极拳、潜水、跳绳		
收藏类	邮票、书签、剪报、钱币、徽章、模型		
思考类	围棋、象棋、跳棋、拼图		
创作类	插花、绘画、书法、摄影、手工艺、弹奏乐器、写作、唱歌		
社会服务类	参加社团、志愿者、义工		
栽培饲养类	种花、饲养宠物		
娱乐类	电视、电影、话剧、舞蹈、音乐会、阅读		

第十二章 应对职业变迁

你的未来取决于你今天所作出的各种选择。我们每个人都处在持续的变化中,一个人一生从事一份工作已不可能,若要持续不断地向上发展,学习是一项重要的技能,当你不断地寻求各种新的运用技能和方法时,你将会在职场中保持竞争力。即使在目前岗位上感到安全和稳定,也必须随时了解职场中的发展趋势以及机会和隐藏的危险信号,做好自己的职业生涯规划。

【学习目标】

1. 掌握职业发展的路径。
2. 掌握跳槽的时机与方法。
3. 了解职场中后期的应对方法。

【小故事】

升职"天花板"

许小姐今年 26 岁,原先做过一段时间营业员,4 年前进入昆山某制衣公司上海办事处工作。她从一名行政文员开始,在工作中兢兢业业,很快就适应了该公司的文化。后来她从行政部门转到了业务操作部门,成为贸易操作的业务骨干。

最近,她在这家公司的发展碰到"玻璃天花板"。家族企业固有的弊端、裙带关系等状况,使其感觉无法再往管理阶梯上移动。经验和技术的积累,使她的职业能力不断增长,而公司相应的激励机制却没有浮动,报酬的递增也明显滞后于贡献的递增,她在岗位上越来越缺乏成就感,工作意志低沉起来。

(资料来源:网易财经 http://money.163.com/13/0723/15/94FR13RG002525CP.html)

点评: 工作一段时间后,职位、薪水都有了一定的提升,但是想谋求新的发展,却遇到了升职"天花板",在这种情况下应确立自己的职业发展目标,认清自己的优势与劣势,找准机会选择合适的职业发展路径。

一、什么是职业变迁？

从广义的角度来说，职业变迁是指由于社会、经济的发展，某些职业的种类或者内涵发生的变化。如在20世纪80年代末90年代初寻呼机在中国广泛使用，催生了寻呼台小姐这一职业，随着科学技术的发展，寻呼机很快消亡了，寻呼台小姐这一职业也消失了。之后，随着服务业的快速发展，又诞生了电话客户服务、网络客服，这种职业形式与寻呼台小姐类似，但职业的内涵发生了变化。

从狭义的角度来说，职业变迁是指人们所从事的职业发生变化转移，因此也称为职业过渡或职业转型。如我国的许多运动员在职业生涯结束后所面临的职业变迁。有些人很成功，我国著名体操运动员李宁转型为商人，开创了自己的体育品牌。著名排球运动员郎平至今仍活跃在排球场上，担任职业教练员，并在世界排球史上写下了浓重的一笔。但也有很多运动员的转型并不成功，再加上在当运动员期间留下的伤病，和对文化学习不重视，缺少对职业生涯的规划，从运动员退役后生活窘迫，甚至卖奖牌来维持生计。

二、如何突破职业发展的低层空间？

(1) 充分认识问题的根源，尽早确立职业发展意识。由于受困在职业发展的低层空间，不少人的抱怨情绪越来越多，总会将自己的困境归咎于外在因素，如用人单位不公正，甚至歧视；政府没有救助，缺乏关怀；自己总是运气太差等。然而，他们忽视了造成这种状况的自我因素，没有看到正是自己忽视自我职业发展，才导致目前状况。所以，只有当认识到问题的根源，才能真正摆脱困境。当真正意识到职业发展的重要性时，就意味着找到了向上突破的大门。

(2) 整合自我优势，定位职业发展方向。定位职业发展方向，30岁的人与20岁的人有着本质不同。30岁的人有着近十年的工作经历，因此在职业定位时不仅要考虑个性因素，还要充分分析以往的工作经历，最大限度地整合、优化各种资源，同时还要结合家庭目前的状况，确定一个合理的最优职业定位和职业发展路径。因此，可以广泛征求经历丰富的亲朋好友的意见，经过自己不断评估，作出决定，必要时可以向专业的职业咨询师求助。

(3) 调整心态，认真地从基础做起。处于职业发展低层时间久的人往往会有一些不良心理状态，如自卑、高不成低不就、总看到事情的负面而忽视其积极因素等。现在，当你已经确定自己未来的职业发展方向时，就意味着你将开始新的征程、新的生活，在此之前务必调整好心态，因为这些不良心态将是你未来发展的主要障碍。

(4) 不断学习，提高职业能力。30岁的人由于有近十年的工作经历，这其中的宝贵经验如果迁移到现在的工作中，可以很快超越刚入职的年轻人。所以在新的职业发展路途上虽然延迟了一些，但只要能发愤努力、不断提升，很快就能适应新的职位。学习则是职业发展的基石。

三、如何选择职业发展路径?

职业路径是组织为内部员工设计的自我认知、成长和晋升的管理方案。职业路径在帮助员工了解自我的同时使组织掌握员工职业需要,以便排除障碍,帮助员工满足需要。另外,职业路径通过帮助员工胜任工作,确立组织内晋升的不同条件和程序对员工职业发展施加影响,使员工的职业目标和计划有利于满足组织的需要。

条条大路通罗马,讲的就是道路多、选择多、办法多的道理。可是那么多道路到底哪条是到罗马最近最好走的路呢?这就是实现目标中的路线选择问题,选择了捷径好路,就容易进入职业发展的快车道,否则,就会耽搁在路上。如果没有一个职业发展的路线蓝图,就会走错路、走弯路、走回头路,导致人们的努力、动力、能力不能直接作用于目标,就会产生资源、时间、精力的浪费。因此,在职业确定之后,必须对职业生涯路线进行选择。

典型的职业生涯路线图是一个"V"形图,见图 12-1。假设一个人 22 岁大学毕业参加工作,即"V"形图的起点是 22 岁。从起点向上发展,"V"形图的左侧是行政管理路线,右侧是专业技术路线。将路线分成若干等份,每等份表示一个年龄段,并将专业技术的等级、行政职务的等级分别标在路线图上,作为自己的职业生涯目标。

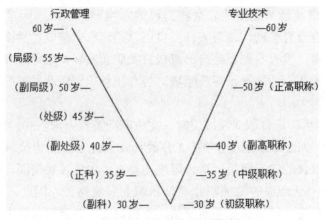

图 12-1 职业生涯发展路径

表 12-1 至表 12-3 提供了三个典型的职业发展路径。

表 12-1 会计岗位的职业发展路径

级 别	职称名称	岗位名称
初级	会计员、助理会计师、审计员	出纳、会计员、审计员
中级	会计师、审计师	会计师、税务会计、成本会计、内部审计师
高级	高级会计师(注册会计师)、高级审计师	总会计师、部门经理、财务经理
高级管理	高级会计师(注册会计师)、高级审计师	首席财务官、副总裁、合伙人

表 12-2　政府机关行政级别的职业发展路径

行政级别	职务	工作经验
初级(管理 9~15 级)	科员、办事员	1~4 年
科级(管理 9~13 级)	科级正职、乡级正职、主任科员、科级副职、乡级副职、副主任科员	4~10 年
处级(管理 7~11 级)	处级正职、县级正职、调研员、处级副职、县级副职、助理调研员	10~20 年
厅局级(管理 5~8 级)	司级正职、厅级正职、巡视员、司级副职、厅级副职、助理巡视员	20~30 年
省部级(管理 3~5 级)	部级正职、省级正职、部级副职、省级副职	25 年以上

表 12-3　市场营销和销售的职业发展路径

级　　别	行政级别	工作经验
初级	销售代表、客户代表	专业培训
中级	销售经理(销售主管)、客户经理(客户主管)	2~4 年
高级	营销与销售总监(区域经理、总监)	5~10 年

随着经济全球化、互联网的发展，职业发展的路径会越来越宽，很多人的职业成就感可能并不来自职位的提升，人们可能会在多个组织中任职。迈克尔·亚瑟(Michael B. Arthur)在 1994 年组织行为杂志(*Journal of Organizational Behavior*)的特刊上首先提出无边界职业生涯(Boundaryless Career)的概念，是指"超越单个就业环境边界的一系列的就业机会"。与传统的职业生涯不同，无边界职业生涯强调以就业能力(employability)的提升替代长期雇佣保证，使员工能够跨越不同组织实现持续就业。

四、为什么要跳槽？

跳槽是能够改变职业现状的一种方法，比起那些连跳槽的勇气都没有的职业人来说，能够跳槽也是力量的标志。只是，跳槽的目标不能太低，如只是为了能够有一份工作，不合适的跳槽会让你的职业发展一败涂地。有策略的跳槽能够让你一步步迈向职业成功。

要想顺利地完成跳槽，首先需要明确跳槽动机。即自己为什么要跳槽，是否需要跳槽。跳槽的动机一般来说有两种。

一是被动的跳槽。即个人对目前的工作不满意，不得不跳槽，包括对人际关系、工作内容、薪资待遇、工作环境或工作条件、发展机会等方面不满意。一般来说，被动跳槽的人，在选择新公司和职位时候，容易抱着一种消极、急躁的情绪，有些人在面试的时候就会说自己以前公司不好，这在面试中是需要避免的。还有些人会由于以前公司的不满意导致对自身能力的不认可，而选择一份收入过低的工作。

二是主动的跳槽。即面对更好的工作条件如薪资待遇、工作环境、发展机会时，自己经不住"诱惑"而选择跳槽。对于主动的跳槽，一般认为，会导致跳槽过于盲目，如有些人自身没有明确的职业规划，同时面临一些"诱惑"，而进入一些自己不喜欢或不适合的领域。

因此，跳槽动机产生后，还需要平衡好心态，不能过于急躁地开始跳槽，不能在新公司面前贬低以前的工作机会，不能没有职业方向盲目地跨入一些新领域。一旦决定跳槽，就要大胆地付诸实施，但你需要选择恰当的跳槽时机，还要做好跳槽准备。

五、跳槽前要做好哪些事情？

跳槽是职业生涯中的大事，在跳槽之前要做好充分的准备，先谋而后定。因此跳槽要做好以下两个步骤。

(1) 做好规划，切忌盲目。跳槽其实是职业规划中的一部分，在制定跳槽目标的时候，应该注意在以后的职业中避免一些不可以改变的问题，本着扬长避短的原则、策略原则，有策略地准备自己的相关求职技能，包括相关的培训、简历、面试技巧等。

(2) 不要急功近利，急于跳槽。有不少人在职业发展上，对自己的期望过高，希望能快速积累经验，耐不住从事基层的工作。工作中感到业绩不好，没有成就感，就寄希望于换一家公司、换一种环境，换了工作后却发现在职位上重复了原有的问题，于是为了改变现状又萌生了换工作的想法，从而陷入频繁跳槽的怪圈。

六、跳槽后要注意哪些事项？

跳槽后要注意以下几点。

(1) 留有余地，不要埋下人际关系的"地雷"。跳槽离开原先工作的单位原因会有很多，如对上司看不惯、人际关系不如意、事业的前景不好或对薪水不满意等。但不论出于什么原因，不管感到多委曲，也没必要为泄一时之愤，在走的时候与原单位的上司或同事之间的关系弄僵，这于己来说是于事无补的，且对以后万一工作中有往来会有害而无益。所以不管出于何种原因跳槽，还是留有余地为好。

(2) 珍惜人脉关系。很多人以为跳槽后，就可以与原单位道声"再见"，可以"挥一挥衣袖不带走一片云彩"，这样做看似潇洒，其实会在无意之中丢失许多今后受益的东西。因为在一个单位工作过一段时间，与大部分同事会有种亲近感，甚至成为好朋友，说不定在以后的工作中会有所帮助，不妨把他们看作自己的人力资源库。所以在跳槽时，要珍惜这些朋友而不要丢弃这份宝贵的财富。拥有丰富的人力资源有助于事业发展，所以跳槽时，要有保护自己人力资源的意识，即使是空着两手走出原单位的大门，也已经带走了一份很有价值的人脉财富。

(3) 跳到一个高起点。跳槽之后，在新的单位里翻开了自己人生中新的一页，与先到的同事相比，无疑是处于零的起点上，这是不是就意味着一切从头做起呢？如果这样，那以往的一切付出都等于白费，损失太大了。其实以往的工作经验也是一笔财富，因为不论过去从事的工作与现在有什么不同，但就如何待人处世、把握自己等许多方面都可以总结出有价值的东西。

跳槽时不要抛弃过去的一切，要好好地总结经验，把过去的经历当作一面镜子自我反省一下，然后校正自己的不妥行为，经营自己的长处，这有助于自己跳到一个新单位后有一个高的起点，跳槽转职就会更容易取得主动和成功。

七、人到中年如何进行职业生涯选择？

超过 45 岁，谋生是否仍然是从事职业工作的主要目的？一般来说，这个年龄段的人将处于职业生涯的顶峰阶段，之后随着年龄增加，职业生涯必然开始逐步走下坡路。如果超过 45 岁职业仍然是你谋生的重要手段，即职业收入是你重要的，甚至是唯一的生活来源，如前所述，你唯一的选择可能就是：极力保住职业岗位，这将成为你未来职业生涯的中心。社会给一个 45 岁以上的人以谋生为目的的职业发展机会将逐步减少，职业发展的空间愈加狭窄，你所面临的问题越来越多，你将面临职业高风险期，内心的压力会加大，并可能对生活的其他方面带来不利影响。

如果此时职业的谋生需求占你职业需求的比重较小，甚至你基本实现了财务自由，那么你未来的生活将更多依赖你的投资理财收入，而非职业收入，你依然可以较好地保持原有的生活质量。同时，你的职业焦虑感明显降低，在职业工作中更多展现的是你豁达、平和的一面，这反而有利于你之后的职业发展，让你未来的职业生涯进入平缓的变化期。

八、如何应对退休生活？

社会的飞速发展影响着我们今天的生活，人类的预期寿命不断延长，要求工作的年限也越来越长，目前我国人力资源和社会保障部正在出台延迟退休的政策。无论如何，我们总会面临退休的生活，但突然停下来的生活让不少人心里空落落的，一下子不知道如何安排生活，容易被失落、孤独、焦虑等不良情绪困扰，甚至憋出病来。其实，退休生活精彩与否，完全取决于自己，退休的好处是显而易见的，可以有更多的自由时间去追求业余爱好和其他兴趣。美国"生活选择学院"(The life Cycle Institute)创始人琼·凯特(Joan Frikson)提出了以下退休生活技巧。

(1) 调整心态，知足常乐。就像衰老是不以人的意志为转移的客观规律，退休不可避免，首先我们应该在心理上认识和接受这个事实。其次，有人会抱怨，为什么我的退休金低而别人的高？这样一比，会加重失落感，因此，我们要过自己的生活，不要跟别人比，知足才能常乐。最后，凡事要看到好的一面，这是很重要的幸福之道。

(2) 制订生活计划。退休后，不少人变得敏感、悲观或多疑，容易抓着小事不放，有些夫妻关系原本不错的，退休后天天相处，矛盾反而多了起来，身体健康状况也开始下降，有人称上述现象为"离退休综合征"。中国科学院心理所研究员、老年心理研究中心主任李娟认为这是一种适应性的心理障碍，男性比女性更难调整退休后的心理落差。应该制订一个生活计划，让生活变得充实起来。国家二级心理咨询师孔令雪建议，退休后的前三个月最难熬，可以按照上班的工作时间，列出生活作息表，尽量详细，最好精确到几点几分，包括：几点起床、吃饭、锻炼身体、休息、读报、会客等。除了基本的日常作息，还可以安排一些轻松的活动，如去公园遛弯儿、交新朋友、带孙子孙女玩、养宠物等，让身体和心理逐步适应退休的节奏。

(3) 重新找到目标，培养兴趣爱好。退休后之所以会出现失落感，主要是因为失去了"工作"这一目标。因此，重新找到目标非常重要。如今很多老年人学钢琴、书画、唱歌、烹饪，都是不错的选择。如果老年人身体健康、精力旺盛，又有一技之长，可以积极寻找机会，做一些力所能及的工作，一方面发挥余热，为社会继续作贡献，实现自我价值；另一方面使自己精神上有所寄托，让生活充实起来，增进身体健康。美国《职业健康心理学》的一份研究报告显示，退休后仍然工作的人，身体和精神健康状态好于完全停止工作的人。其中，患重病的概率低17%；精神健康测试中，前者比后者的分数也高出31%。

如果退休时的经济状况不好，退休就不那么令人愉快。如同职业生涯中所有的阶段一样，退休也需要计划和调整，保持积极的态度，并有意识地融入社会，可以使你的生活同之前一样成功并取得收益。

【案例】

等待还是跳槽

小李大学毕业后，小李舅舅的朋友林叔叔介绍他进了一家动画公司，被安排了一个轻松的职位，试用期月薪2500元，试用期过后月薪2800元。一个月后小李已经学会了动画技术，但是公司不准备安排他参加动画制作，因为他操作比较慢，但小李认为自己可以做好，他认为如果没有机会参加制作，很可能就涨不了工资了。

另外还有家公司，效益比较好，工资在3000元左右。小李去应聘了，但是那里没有合适的岗位，只有一个网页设计与网站维护，但小李不能马上独立操作，因此没有被录用。但公司的领导很热情，让小李把网页网站都完全学好了，再到他们公司应聘。

小李本想赶快把网页和网站学好了去应聘，但后来想法发生了变化，一是小李独立学习有点儿难，自学没有相应的软件和设备；二是小李认为就算应聘上，也是每月拿3000元的死工资，因为网站维护不是一个技术性很强的工作，也不是长久之计；三是小李认为就算学会了，那家公司可能早就有人做这个岗位了。

小李如果留在现在的公司，月薪迟早会涨到2800元，如果有机会参与制作动画，那一个月工资涨到四五千元都很正常。如果离开这家公司，可能还会得罪人。若留下也可能没有那家公司的工资高。但小李家人认为小李不适合打工，准备将来让他开店做生意。让小李困惑的是：现在是否有必要学好网站，跳槽到那家公司，获得高一些的薪水？

(资料来源：根据http://tieba.baidu.com/p/576927079资料改写)

分析： 小李现在这个工作如果没小李舅舅这层关系恐怕不一定能找到，大部分情况下那家公司领导说把网页网站技能学好再去应聘可能只是一句客套话，因为他也不知道小李是否能学好网站维护的技术，且他们公司招到人后也不会马上再重新招聘。即便公司领导是诚心，那在原来动画公司一样有机会学习，而且学习的机会可能会更多。因此，根据目前的状况不建议小李跳槽。

【小资料】

职业锚

职业锚理论产生于在职业生涯规划领域具有"教父"级地位的美国麻省理工学院斯隆管理学院，美国著名的职业指导专家埃德加·H.施恩(Edgar.H.Schein)教授领导的专门研究小组，通过对该学院毕业生的职业生涯研究演绎而成。斯隆管理学院的 44 名 MBA 毕业生，自愿形成一个小组接受施恩教授长达 12 年的职业生涯研究，包括面谈、跟踪调查、公司调查、人才测评、问卷等多种方式，最终分析总结出了职业锚(又称职业定位)理论。

所谓职业锚，又称职业生涯系留点，是指当一个人不得不作出职业选择的时候，他无论如何都不会放弃的职业中的那种至关重要的东西或价值观。个人进入早期工作情境后，由习得的实际工作经验所决定，与在经验中自省的动机、价值观、才干相符合，达到自我满足和补偿的一种稳定的职业定位。

职业锚实际上就是人们选择和发展自己的职业时所围绕的中心。职业锚，也是自我意向的一个习得部分。职业锚强调个人能力、动机和价值观三方面的相互作用与整合。职业锚是个人同工作环境互动作用的产物，在实际工作中是不断调整的。研究表明，职业锚是内心深处对自己的看法，它是自己的才干、价值观、动机经过自省后形成的。职业锚可以指导、约束或稳定个人的职业生涯。

职业锚在职业生涯过程中非常重要，这是因为它是以人们实际的生活工作经历和他人的反馈为基础形成的。即使面临非常困难的状况，职业锚在职业选择过程中也不会被放弃，所以它可以解释人们与公司之间是如何以及为什么相互影响、相互作用。这意味着人们不会放弃目前的工作，而换到一份不能满足职业锚需要的其他工作。

(资料来源：百度百科 https://baike.baidu.com/item/职业锚/1070868? fr=aladdin)

【练习】

给自己制定一份职业生涯规划

请给自己制定一份为期五年的职业生涯规划书。请对自己的职业性格、职业能力及职业兴趣进行评估，分析环境因素对职业发展的影响，采用 SWOT 工具进行分析，根据分析结果确定自己的职业目标，并制定相应的实施方案及评估调整方案。

1. 该五年规划在你的职业发展过程中的地位及作用

2. 自我评估
2.1 就职经历

2.2 职业兴趣

2.3 职业价值观

2.4 职业性格

2.5 职业能力

3. 外部环境评估
3.1 行业环境分析

3.2 公司环境分析

3.3 专业(职业)分析

3.4 家庭分析

4. SWOT 分析
优势：

劣势：

机会：

威胁：

采取的策略：

5. 职业目标

6. 职业发展路径

7. 实施方案
　　___年至___年：

　　___年至___年：

　　___年至___年：

　　___年至___年：

8. 评估调整方案

专题五　职业保障

第十三章　维护劳动者权益

在市场经济中，用人单位和劳动者作为劳动关系的主体，双方具有平等的法律地位。但是，客观上两者不仅实力悬殊，而且存在着管理与被管理的隶属关系，因而属于典型的"形式上平等实质上不平等"的社会关系。我国劳动立法基于承认劳动关系主体之间不平等的现实，以保护劳动者合法权益为第一要义，注重给予处于劣势的劳动者以特别的保护，是劳动权益保障直接且重要的依据。劳动立法通过全面维护劳动者权益，维护社会利益，促进公平正义。

【学习目标】

1. 了解我国立法核心劳动、劳动法基本原则、女职工和未成年工特殊保护、劳动者平等就业权。
2. 掌握劳动者权益的主要内容。
3. 了解劳动者报酬权和休息权的法律保障、劳动者在劳动安全卫生制度中的权利、工会的权利与义务。

【小故事】

发薪日期必须固定

小李与公司签订的劳动合同中写明每月的 10 日为发薪日。由于单身，小李每月工资都有节余，于是在建设银行开设了零存整取的账户。工作的前几个月，公司遵照规定按时发工资，小李每月按时向银行存款。后来公司财务出现了问题，再也没能在 10 日准时向职工发工资，而是每月 20 日后的某一天，具体哪天也不确定。小李与公司交涉，公司声称工资每月支付，只要在一个月内发放工资都是符合法律规定的，小李感到很困惑。

（资料来源：上海市劳动保障电话咨询中心《劳动保障实用案例》）

点评：公司管理者的说法不正确。根据《中华人民共和国劳动法》和《工资支付暂行规定》的规定，用人单位应当每月至少支付一次工资，而且必须在用人单位与劳动者约定的固定日期支付。如遇节假日或休息日，通过银行发放工资的，不得推迟支付工资；直接发放工资的，应提前在最近的工作日支付工资。小故事中，公司无正当理由，未能在约定的每月 10 日支付工资，属于拖欠工资的违约行为，劳动行政部门有权责令用人单位限期支付劳动报酬。

一、我国核心劳动立法有哪些？

(1)《中华人民共和国劳动法》(以下简称《劳动法》)，1995 年 1 月 1 日起实施，作为我国第一部全面系统地保障劳动者利益、调整劳动关系的法律，既是宪法有关劳动规定的明晰化，又是具体劳动立法的制定依据，为建立公平公正符合市场要求的劳动力市场提供了重要的法律保障，标志着中国劳动法法制建设的重大进展。

(2)《中华人民共和国劳动就业促进法》(以下简称《就业促进法》)，2008 年 1 月 1 日起实施，对我国积极就业政策的实施，促进劳动者就业，具有重要意义。

(3)《中华人民共和国劳动合同法》(以下简称《劳动合同法》)，2008 年 1 月 1 日起实施，其尊重劳动，保护劳动者，完善了劳动保障法律体系，是自《劳动法》颁布实施以来我国劳动法法制建设中的又一个里程碑。

(4)《中华人民共和国劳动争议调解仲裁法》(以下简称《劳动争议调整仲裁法》)，2008 年 5 月 1 日起实施，为及时公正地解决劳动争议，保护当事人合法权益，促进劳动关系和谐稳定，提供了重要的法律保障。

(5)《中华人民共和国社会保险法》(以下简称《社会保险法》)，2011 年 7 月 1 日起实施，是我国第一部社会保险制度的综合性法律，奠定了民生领域社会保障的基本框架。

二、核心劳动立法主要规定了什么内容？

(1)《劳动法》共计 13 章 107 条，依次为：总则、促进就业、劳动合同和集体合同、工作时间和休息休假、工资、劳动安全卫生、女职工和未成年工特殊保护、职业培训、社会保险和福利、劳动争议、监督检查、法律责任、附则。

(2)《就业促进法》共计 9 章 69 条，依次为：总则、政策支持、公平就业、就业服务和管理、职业教育和培训、就业援助、监督检查、法律责任、附则。

(3)《劳动合同法》共计 8 章 98 条，依次为：总则、劳动合同的订立、劳动合同的履行和变更、劳动合同的解除和终止、特别规定、监督检查、法律责任和附则。

(4)《劳动争议调解仲裁法》共计 4 章 54 条，依次为：总则、调解、仲裁、附则。

(5)《社会保险法》共计 12 章 98 条，依次为：总则、基本养老保险、基本医疗保险、工伤保险、失业保险、生育保险、社会保险费征缴、社会保险基金、社会保险经办、社会保险监督、法律责任、附则。

三、劳动法的基本原则是什么？

劳动法以劳动关系为主要调整对象，以劳动者和用人单位为特定主体，以促进就业、职业培训、劳动合同和集体合同、工资、社会保险、劳动争议等为独立的内容体系，保护劳动者权益、三方性原则是贯穿劳动立法始终的基本原则。

(1) 保护劳动者权益是体现劳动法宗旨的首要原则，也是劳动法作为独立法律部门的价值所在，为对劳动者弱势地位予以补救，在用人单位与劳动者之间达成新的平衡，国家必须通过劳动立法对劳动者权益给予倾斜保护。我国劳动立法通过基准化与合同化相结合的方法对劳动者权益给予了全面而平等的保护。

(2) 三方性原则是指政府、工会、企业组织代表三方共同参与劳动关系的协调。这一原则由国际劳工组织确立。国际劳工组织通过的《三方协商以促进实施国际劳工标准公约》和《三方协商以促进实施国际劳工标准公约建议书》，在1990年被全国人大常委会批准，这是我国实行"三方性原则"的法律依据。

四、劳动法与民法究竟有哪些不一样？

劳动法与民法是两个独立的法律部门，存在以下三个方面的不同。

(1) 调整对象不同。民法调整的对象是平等主体之间的人身关系和财产关系，劳动法的调整对象是劳动者与用人单位之间的劳动关系以及劳动附随关系。

(2) 法律关系的主体不同。民事法律关系的主体双方均可以是自然人、法人、经济组织，也可以一方是自然人，另一方是法人或者经济组织，还可以一方是经济组织，另一方是法人等；劳动法律关系的主体必须一方是用人单位，另一方是劳动者。

(3) 适用原则不同。民法适用的主要原则是平等自愿、等价有偿，劳动者的首要原则是维护劳动者合法权益。

五、劳动者主要有哪些权益？

(1) 平等就业权。劳动者在就业过程中享有平等的就业权利，不因劳动者的性别、民族、种族、宗教信仰、健康、户籍等因素而受到不公平对待。

(2) 劳动报酬权。即劳动者按约定提供劳务活动后获得用人单位报酬的权利。

(3) 休息休假权。在自然时间中，工作时间与休息时间处于此消彼长的状态，所以限制工作时间和规定法定的休息休假时间以保障劳动者休息休假权，是劳动立法的主要任务。

(4) 劳动安全卫生保护权，是指劳动者在劳动过程中有权获得生命安全和身体健康方面的保障。其具体内容一般包括安全技术规程、劳动卫生规程和劳动安全卫生管理制度。此外，还包括针对女职工和未成年工的特殊保护内容。

(5) 职业培训机会获得权。职业培训是指以提高劳动技能和职业技术知识为目的而对劳动者进行业务知识的教育和操作技能的训练。职业培训机会获得权既是劳动者实现就业权不可或缺的途径，也是劳动者全面提高自身素养、实现自我价值的重要手段。

(6) 社会保险享受权，是指劳动者因伤、病、残、死亡或因年老、失业等原因暂时或永久失去劳动能力或劳动机会的情况下，其本人或家属能从社会获得物质帮助的权利。目前我国有五大保险项目：养老保险、失业保险、医疗保险、工伤保险、生育保险，其中前三项需要用人单位和劳动者个人分别按照一定比例缴纳保险费，后两项则无须劳动者个人缴费。

(7) 提请劳动争议处理权，是指劳动法律关系的当事人之间发生争议时劳动者能够通过一定途径将该争议提交给有关机关处理的权利。其具体形式包括申请调解、仲裁和提起诉讼。

六、女职工和未成年工是要给予特殊保护的劳动者吗？

女职工是指所有以工资收入为主要生活来源的女性劳动者，包括从事体力劳动和脑力劳动的女性职工。

未成年工是指年满 16 周岁未满 18 周岁的青少年劳动者。

我国劳动立法基于社会文明与进步的需要，基于对社会生产力合理开发与保护的需要，给予这两类劳动者以特殊保护。具体而言，女职工特殊保护是指国家为维护女职工的合法权益，根据女职工的生理特点以及养育子女的特殊需要，在劳动安全卫生方面给予其有别于男子的特殊保障措施。未成年工特殊保护是指国家为保护未成年工的身心健康，在劳动安全卫生方面对未成年工采取的特殊保障措施。

七、女职工特殊保护的主要内容是什么？

(1) 女职工禁忌劳动范围。《劳动法》第 59 条规定："禁止安排女职工从事矿山井下、国家规定的第四级体力劳动强度的劳动和其他禁忌从事的劳动。"

(2) 对女职工生理机能变化的保护，一般是指对女职工的经期、孕期、产期、哺乳期的保护。《劳动法》《女职工劳动保护规定》以及《女职工禁忌劳动范围的规定》，规定了具体内容。

(3) 女职工劳动保护设施。根据《女职工劳动保护规定》，女职工较多的单位，应当按照国家有关规定以自办或联办的形式，逐步建立女职工卫生室、孕妇休息室、托儿所、幼儿园等设施，并妥善解决女职工在生理卫生、哺乳、照料婴儿方面的困难。

(4) 女职工权益被侵害的救济途径。女职工劳动保护的权益受到侵害时，除了协商、申请调解、仲裁和提起诉讼等一般的劳动争议解决途径之外，还可以向所在单位的主管部门或当地劳动部门提出申诉、向妇女组织投诉、向人民法院直接提起诉讼。

八、未成年工特殊保护的主要内容是什么？

(1) 最低就业年龄规定。根据有关法律规定，我国最低就业年龄为 16 周岁。任何用人单位均不得使用不满 16 周岁的未成年人。禁止任何单位或个人为不满 16 周岁的未成年人介绍就业，禁止不满 16 周岁的未成年人开业从事个体经营活动。

(2) 未成年工禁忌劳动范围。《劳动法》第 64 条规定："不得安排未成年工从事矿山井下、有毒有害、国家规定的第四级体力劳动强度的劳动和其他禁忌从事的劳动。"此外，法律还规定了未成年工其他禁忌劳动范围以及未成年工患有某种疾病或具有某些生理缺陷(非残疾型)时用人单位不得安排其从事的劳动范围。

(3) 定期健康检查。《劳动法》第 65 条规定："用人单位应当对未成年工定期进行健康检查。"

(4) 未成年工登记制度。国家对未成年工的使用和特殊保护实行登记制度，要求用人单位招收未成年工，除符合一般用工要求外，还须向所在地的县级以上劳动行政部门办理登记。

九、如何保障劳动者的平等就业权？

平等就业又称公平就业或者非歧视就业，是指劳动者的就业权不因劳动能力以外的原因而受到区别对待。《中华人民共和国劳动就业促进法》特别重视劳动者的平等就业权，专设"公平就业"一章，明确规定以下内容。

(1) 各级人民政府创造公平就业的环境，消除就业歧视，制定政策并采取措施对就业困难人员给予扶持和援助。

(2) 用人单位招用人员、职业中介机构从事职业中介活动，应当向劳动者提供平等的就业机会和公平的就业条件，不得实施就业歧视。

(3) 国家保障妇女享有与男子平等的劳动权利。用人单位招用人员，除国家规定的不适合妇女的工种或者岗位外，不得以性别为由拒绝录用妇女或者提高对妇女的录用标准。用人单位录用女职工，不得在劳动合同中规定限制女职工结婚、生育的内容。

(4) 各民族劳动者享有平等的劳动权利。用人单位招用人员，应当依法对少数民族劳动者给予适当照顾。

(5) 国家保障残疾人的劳动权利。各级人民政府应当对残疾人就业统筹规划，为残疾人创造就业条件。用人单位招用人员，不得歧视残疾人。

(6) 用人单位招用人员，不得以是传染病病原携带者为由拒绝录用。但是，经医学鉴定传染病病原携带者在治愈前或者排除传染嫌疑前，不得从事法律、行政法规和国务院卫生行政部门规定禁止从事的易使传染病扩散的工作。

(7) 农村劳动者进城就业享有与城镇劳动者平等的劳动权利，不得对农村劳动者进城就业设置歧视性限制。

十、如何保障劳动者的报酬权？

(1) 用人单位支付工资不得低于当地最低工资标准(延长工作时间工资；中班、夜班、高温、低温、井下、有毒有害等特殊工作环境条件下的津贴；法律、法规和国家规定的社会保险、福利待遇等不得作为最低工资的组成部分)。

(2) 应当以法定货币直接支付给劳动者本人并提供个人工资清单。

(3) 应当定期(约定的日期)、按时(每月至少一次)支付工资。

(4) 劳动者遇有疾病等特殊情况，用人单位应允许在支付工资的日期以前支付应得工资。

(5) 不得克扣或无故拖欠劳动者工资。只有下列费用用人单位可代扣代缴：个人所得税；由劳动者个人负担的各项社会保险费用；法院判决、裁定中要求代扣的抚养费、赡养费；其他费用。

如果用人单位恶意欠薪，达到严重程度，则构成犯罪，适用刑法处置。

十一、近年来惩治用人单位恶意欠薪的实例是怎样的？

2020年12月23日，最高人民检察院召开以"依法惩治恶意欠薪 让劳动者劳有所得"为主题的新闻发布会，发布6起检察机关依法惩治拒不支付劳动报酬犯罪典型案例。本书选取3例。

(一)程某旺拒不支付劳动报酬案

2015年10月，程某旺与湖北某建筑工程有限责任公司签订工程施工合同。按合同约定，程某旺组织人员对工程进行施工建设，某建筑公司支付工程款。截至2019年11月，建筑公司按合同约定支付程某旺11885万元工程款，但程某旺未按约定支付施工人员工资，拖欠213名农民工工资共计人民币688万余元。同年12月24日，黄石市人力资源和社会保障局向程某旺下达期限改正指令书，责令程某旺足额支付拖欠的工资。程某旺在期限届满后仍拒不支付，并将手机关机致使无法联系。2020年1月14日，黄石市公安局黄石港分局以程某旺涉嫌拒不支付劳动报酬罪立案侦查。1月16日，程某旺被抓获。1月23日，黄石市黄石港区人民检察院依法对程某旺批准逮捕。审查起诉期间，检察机关对程某旺释法说理，程某旺及其家属支付了欠薪476万余元，并以两套房屋作为抵押保证还款140万余元，另余70万余元未支付且无抵押保证。黄石港区人民检察院依法对程某旺适用认罪认罚从宽制度，于4月20日对其提起公诉。案件起诉至法院后，黄石港区人民检察院继续开展追缴欠款工作，联系律师反复做程某旺及其家属的思想工作。案件开庭前，程某旺筹款将剩余的70万元欠薪支付完毕。检察机关根据程某旺认罪认罚和退赃退赔情况，提出判处有期徒刑一年，适用缓刑，并处罚金人民币1万元的量刑建议。一审法院采纳检察机关量刑建议。程某旺认罪服判。

(二)顾某保拒不支付劳动报酬案

顾某保系江苏省常熟市某商业设备厂法定代表人。2019年2月至2020年1月，顾某保聘请张某某等多名工人从事电焊、喷塑等工作，期间采用预发部分工资、拖延时间支付工人工资等方式逃避工资支付义务，拖欠张某某等24名工人工资共计人民币42万余元。后顾某保以逃离常熟、切断联系等方式逃避支付劳动报酬，经政府相关部门责令支付仍不支付。2020年1月18日，常熟市公安局对顾某保拒不支付劳动报酬案立案侦查，并于4月26日移送审查起诉。办案过程中检察机关积极督促顾某保履行支付义务，5月25日，在顾某保认罪认罚并支付全部劳动报酬后，及时开展羁押必要性审查，对其变更强制措施。经依法起诉，法院采纳了检察机关的全部指控和量刑建议，判处顾某保有期徒刑一年，缓刑一年，并处罚金人民币8000元。

(三)李某军拒不支付劳动报酬案

李某军系上海某服装有限公司法定代表人。2019 年 5 月 18 日，因经营不善等原因，李某军在未结清工人工资且未告知工人的情况下，清空公司设备，逃离上海，拖欠 18 名员工工资共计人民币 10 万余元。上海市松江区劳动保障局要求李某军配合调查处理欠薪事宜未果，于 6 月 11 日发出责令整改通知书。李某军仍未在规定的时间内支付。6 月 24 日，松江区人民检察院根据"两法衔接"机制收到松江区劳动保障局案件信息通报后，会同劳动保障部门、公安机关研判，针对犯罪金额认定存在的证据问题提出取证意见。6 月 26 日，松江区劳动保障局将该案移送公安机关立案侦查，松江区人民检察院提前介入，与公安机关会商抓捕和追回欠薪的方案。12 月 25 日，案件移送松江区人民检察院审查起诉。在审查起诉期间，松江区人民检察院对李某军释法说理，李某军将拖欠的工人工资结清，取得工人们的谅解。松江区人民检察院经审查认为，李某军以逃匿等方法逃避支付劳动报酬，数额较大，经劳动保障部门责令仍不支付，已构成拒不支付劳动报酬罪。李某军在提起公诉前全部支付了拖欠的劳动报酬，取得了被害人谅解，松江区人民检察院依法对李某军适用认罪认罚从宽制度，于 2020 年 3 月 31 日依法对其作出不起诉决定。

十二、如何保障劳动者的休息权？

(1) 我国法律规定劳动者的标准工作时间为：劳动者每日工作时间不超过 8 小时，每周工作时间不超过 40 小时；每周至少休息一日。与之相辅相成的休息休假种类包括：一个工作日内的休息时间、两个工作日之间的休息时间、公休日、法定节假日、探亲假、年休假、婚丧假和女职工的产假。

(2) 标准工作时间之外，法律允许加班加点，但因为过度的加班加点有可能危害劳动者健康，侵犯劳动者休息权，所以，为保障劳动者休息权，法律对加班加点予以严格的限制，具体规定是：禁止"怀孕 7 个月以上和哺乳未满 1 周岁婴儿的女职工和未成年工"加班加点；用人单位由于生产经营需要，与工会和劳动者协商达成一致，加班加点一般每日不超过 1 小时，因特殊原因需要延长工作时间的，在保障劳动者身体健康的条件下，每日不得超过 3 小时，每月不得超过 36 小时。如果发生自然灾害、事故威胁劳动者生命健康和财产安全需要紧急处理的，生产设备、交通运输线路、公共设施发生故障影响生产和公共利益必须及时抢修的，加班加点则不受上述规定的限制。

(3) 用人单位安排劳动者延长工作时间的，支付不低于工资的 150%的工资报酬；休息日安排劳动者工作又不能安排补休的，支付不低于工资的 200%的工资报酬；法定休假日安排劳动者工作的，支付不低于工资的 300%的工资报酬。

十三、劳动安全卫生制度的含义以及各方当事人是怎样的？

劳动安全卫生制度，是国家以保护劳动者在劳动过程中的生命安全和身体健康为目的，通过立法建立的用人单位和劳动者在劳动过程中必须遵守的行为规范。

劳动安全卫生法律关系中存在着三方当事人，即劳动安全卫生行政管理部门、用人单位、劳动者。三方在劳动安全卫生法律关系中，享有不同的权利，承担不同的义务。

十四、劳动者在劳动安全卫生制度中的权利与义务是什么？

(1) 劳动者的权利。根据《劳动法》和相关法律法规的规定，劳动者在劳动安全卫生法律关系中享有以下权利：获得各项劳动保护条件和保护待遇权；对危险因素和应急措施的知情权；对用人单位管理人员违章指挥、强令冒险作业的拒绝权；对企业及负责人不提供法定的安全卫生条件以及违章指挥、强令冒险作业的监督权；紧急情况下的停止作业和紧急撤离权。

(2) 劳动者的义务。遵守国家有关安全生产的法律、法规和规章，严格遵守单位的安全生产规章制度和操作流程，自觉接受单位有关安全生产的教育培训、掌握相关的安全知识。

十五、工会的权利与义务是什么？

工会是职工自愿结合的工人阶级的群众组织。作为劳动者自己的组织，根据《中华人民共和国工会法》的规定，工会享有以下权利。

(1) 代表权。工会有依法代表职工合法权益的权利。

(2) 维护权。工会具有依法维护职工合法权益的权利，这也是工会的基本职责。

(3) 参与权。工会具有代表职工参与国家和社会事务的管理以及参与企业管理的权利。

(4) 监督权。工会对国家行政机关和用人单位在执行国家劳动法律、法规和相关政策上具有监督的权利。

(5) 协商谈判权。工会有代表职工与企业一方就劳动报酬、工作时间、休息休假、劳动安全卫生和社会保险福利等事项进行协商谈判，签订集体合同的权利。

法律还规定了工会的以下义务。

(1) 维护国家政权，支持协助企事业行政工作。

(2) 动员和组织职工参加社会主义经济建设。

(3) 教育职工，提高职工素质。

【案例】

工资支付不能违法

某厂招收了 10 名女工，在劳动合同中约定 2 个月的试用期，试用期间每月工资 1500 元(当地最低工资标准是 1800 元)。试用期满转正后每月工资 2200 元，其中包括厂方每天提供三餐饭费计 500 元。此外，厂方每月发给每名女工 500 元生活费，并说剩余工资暂由厂方代为保管，视工作表现在年底一次性支付。

请问：

1. 该厂在试用期里向劳动者支付工资的行为是否合法？为什么？

2. 请指出该厂在工资支付方面的违法之处。

(资料来源：百度知道 https://zhidao.baidu.com/question/363723123.html)

分析：

1. 不合法。试用期里劳动者只要在法定时间里提供了正常劳动，厂方应当支付其不低于当地最低工资标准的工资，即应支付每月 1800 元的工资。

2. 厂方在工资支付方面的违法之处：一是试用期里低于当地最低工资标准支付劳动者工资；二是转正后工资发放也不符合最低工资的法律规定：厂方提供的 500 元三餐饭费不应计入最低工资的组成中；除去三餐饭费 500 元，厂方每月发放工资额为 1700 元，低于当地最低工资标准。三是工资至少每月一次足额发放，而不能在年底一次性支付。

【小资料】

立法严厉打击恶意欠薪

为维护劳动者依法取得劳动报酬的权利，加大对用人单位拒不支付劳动报酬行为的惩处力度，2011 年 5 月 1 日实施的《中华人民共和国刑法修正案(八)》第 41 条增设了"拒不支付劳动报酬罪"，规定：

以转移财产、逃匿等方法逃避支付劳动者的劳动报酬或者有能力支付而不支付劳动者的劳动报酬，数额较大，经政府有关部门责令支付仍不支付的，处三年以下有期徒刑或者拘役，并处或者单处罚金；造成严重后果的，处三年以上七年以下有期徒刑，并处罚金。单位犯前款罪的，对单位判处罚金，并对其直接负责的主管人员和其他直接责任人员，依照前款的规定处罚。有前两款行为，尚未造成严重后果，在提起公诉前支付劳动者的劳动报酬，并依法承担相应赔偿责任的，可以减轻或者免除处罚。

最高人民法院于 2013 年 1 月 23 日发布实施了《关于审理拒不支付劳动报酬刑事案件适用法律若干问题的解释》，针对拒不支付劳动报酬罪所涉及的术语界定、定罪量刑标准、单位犯罪等问题，进一步作了明确规定。

近年来依据上述规定，全国各地处理了多起恶意欠薪案件，强化了《刑法》对民生的保护，切实维护了劳动者合法权益和社会公平正义。

【练习】

1. 《劳动合同法》的主要内容和意义是什么？

2. 劳动者主要有哪些权益？

3. 《劳动法》的基本原则是怎样的?

4. 如何保障劳动者的平等就业权?

5. 如何保障劳动者的劳动报酬权?

6. 如何保障劳动者的休息权?

7. 劳动者在劳动安全卫生制度中的权利与义务是什么?

8. 工会的权利有哪些?

第十四章　重视劳动合同

我国劳动法律制度是一个内容丰富的完整体系，以《宪法》为最高准则，以保护劳动者合法权益为主旨，以劳动合同为核心。劳动合同是劳动者获得就业机会、实现劳动权利的主要手段，是确立个别劳动关系的重要法律形式，也是调整劳动关系的基本途径，它集中体现了劳动者与用人单位的权利和义务。《中华人民共和国劳动合同法》是规范劳动合同最直接的重要的法律依据。

【学习目标】

1. 了解劳动合同、劳动合同变更、劳动合同解除、劳动合同终止、服务期条款、竞业限制条款、保密条款、劳务派遣、非全日制用工、集体合同的概念。

2. 掌握劳动合同内容、劳动合同试用期、劳动合同解除的法律规定。

3. 理解未订立书面劳动合同的法律责任、限制劳动合同短期化的法律措施、劳动合同解除的法律后果、集体合同与劳动合同的区别。

【小故事】

试用期不可随便试用

小王2007年大学毕业，2008年2月被一家外资企业录取，签订了一年的劳动合同，期限是2008年2月1日到2009年1月31日，并约定3个月的试用期。2008年4月下旬单位领导找小王谈话，说经过两个半月的考察，认为小王表现欠佳，不能胜任工作。明确表示试用期内单位如果觉得劳动者不符合录用条件，可以随时与劳动者解除合同，不需要支付经济补偿金，也不需要提前告之，小王特别郁闷。

(资料来源：上海市劳动保障电话咨询中心《劳动保障实用案例》)

点评：单位的做法不正确。一是根据《劳动合同法》的规定，劳动合同期限1年以上不满3年的，试用期不得超过2个月。单位与小王约定了3个月的试用期，违反了法律规定。试用期应为2008年2月1日至3月31日共计2个月。二是2008年4月下旬已超过约定试用期，单位不能以试用期内劳动者不符合录用条件为由解除合同。如果单位认为小王不能胜任工作，经培训或调整岗位仍不能胜任而需要解除合同的，要提前30天以书面形式通知小王或额外支付其1个月工资后才能解除劳动合同，同时应支付经济补偿金。小王工作年限不满6个月，应支付其半个月的工资的经济补偿。

一、什么是劳动合同？

劳动合同是劳动者与用人单位确立劳动关系、明确双方权利和义务的协议。这一协议是劳动者实现劳动权利的主要手段，也是确立个别劳动关系的重要法律形式。

二、订立劳动合同的主体和形式有什么要求？

（1）劳动合同的主体。订立劳动合同的主体是劳动者和用人单位。劳动者应当是年满16周岁，具有劳动权利能力和劳动行为能力的自然人。用人单位应是依法成立或者核准登记的企业、个体经济组织、民办非企业单位等组织，国家机关、事业单位、社会团体与劳动者建立劳动合同关系的，也可称为"用人单位"。

（2）订立劳动合同的形式。用人单位与劳动者应当订立书面形式的劳动合同，应如实告知对方自身的相关情况；用人单位不得扣押劳动者的居民身份证和其他证件；不得要求劳动者提供担保或者以其他名义向劳动者收取财物；劳动合同文本由用人单位和劳动者各执一份。

三、没有订立书面劳动合同要承担哪些法律责任？

（1）已建立劳动关系，未同时订立书面劳动合同的，用人单位应当自用工之日起1个月内订立书面劳动合同。

（2）自用工之日起1个月内，经用人单位书面通知后，劳动者不与用人单位订立书面劳动合同的，用人单位应当书面通知劳动者终止劳动关系，无须向劳动者支付经济补偿，但是应当依法向劳动者支付其实际工作时间的劳动报酬。

（3）用人单位自用工之日起超过1个月不满1年未与劳动者订立书面劳动合同的，应当向劳动者每月支付两倍的工资，并与劳动者补订书面劳动合同；劳动者不与用人单位订立书面劳动合同的，用人单位应当书面通知劳动者终止劳动关系，并依照《劳动合同法》第47条支付经济补偿。用人单位自用工之日起已满1年未与劳动者订立书面劳动合同的，除应当向劳动者每月支付两倍的工资外，还视为自用工之日起满1年的当日已经与劳动者订立无固定期限劳动合同，应立即与劳动者补订书面劳动合同。

四、劳动合同的内容有哪些？

劳动合同的内容即劳动合同的条款，可分为法定必备条款和任意约定条款两类。

（1）法定必备条款，是指法律要求劳动合同必须具备的条款。其具体内容包括：用人单位的名称、住所和法定代表人或者主要负责人;劳动者的姓名、住址和居民身份证或者其他有效身份证件号码;劳动合同期限;工作内容和工作地点;工作时间和休息休假;劳动报酬;社会保险;劳动保护、劳动条件和职业危害防护;法律、法规规定应当纳入劳动合同的其他事项。

(2) 任意约定条款,是指在法定必备条款之外,可以由双方当事人自愿协商并约定的合同条款。其具体内容包括:约定试用期、服务期、竞业限制、保守秘密、补充保险和福利待遇等事项。

五、法律采取哪些措施来限制劳动合同短期化问题?

(1) 除用人单位维持或者提高劳动合同约定条件续订劳动合同,劳动者不同意之外,在固定期限劳动合同期满终止时,用人单位应当依法向劳动者支付经济补偿金。

(2) 用人单位裁减人员时,应当优先留用与本单位订立较长期限的固定期限劳动合同和无固定期限劳动合同的劳动者。

(3) 有下列情形之一,除劳动者提出订立固定期限劳动合同之外,用人单位应当与劳动者订立无固定期限的劳动合同:劳动者在该用人单位连续工作满十年的;用人单位初次实行劳动合同制度或者国有企业改制重新订立劳动合同时,劳动者在该用人单位连续工作满十年且距法定退休年龄不足十年的;连续订立二次固定期限劳动合同,且劳动者没有《劳动合同法》第39条和第40条第1、2项规定的情形,续订劳动合同的。

(4) 用人单位自用工之日起满一年不与劳动者订立书面劳动合同的,视为用人单位与劳动者已订立无固定期限劳动合同。

六、当事人约定试用期时应遵循哪些规定?

(1) 试用期必须包含在劳动合同的期限内,因而不能单独签订一个试用期合同。

(2) 劳动合同期限三个月以上不满一年的,试用期不得超过一个月;合同期限一年以上不满三年的,试用期不得超过两个月;三年以上和无固定期限的劳动合同,试用期不得超过六个月;以完成一定工作为期限或者合同期限不满三个月的劳动合同,不得约定试用期。同一用人单位与同一劳动者只能约定一次试用期。

(3) 劳动者试用期的工资不得低于本单位相同岗位最低档工资或者劳动合同约定工资的百分之八十,并不得低于用人单位所在地的最低工资标准。

(4) 试用期中,除劳动者有《劳动合同法》第39条和第40条第1、2项规定的情形外,用人单位不得解除劳动合同。用人单位在试用期解除劳动合同的,应当向劳动者说明理由。

七、服务期条款是怎么回事?

为避免因劳动者提前辞职导致用人单位为提高劳动者的素质而进行的投资遭受损失,法律允许用人单位与劳动者订立服务期条款。服务期条款是指双方当事人约定,由用人单位出资培训或提供其他特殊待遇的劳动者,必须为该单位服务满约定的年限,中途不得辞职的合同条款。

劳动者违反服务期约定的,应当按照约定向用人单位支付违约金。但是,违约金的数额不得超过用人单位提供的培训费用;若中途辞职违约金不得超过服务期尚未履行部分所应分摊的培训费用。服务期的约定,不影响按照正常的工资调整机制提高劳动者在服务期期间的劳动报酬。

八、竞业限制条款是怎么回事?

竞业限制条款是指约定限制或禁止雇员从事或参与与用人单位同业竞争的活动,以保护单位商业利益的合同条款。该条款属于任意约定条款,《劳动合同法》根据规定如下。

(1) 竞业限制的人员限于用人单位的高级管理人员、高级技术人员和其他负有保密义务的人员。

(2) 竞业限制的期限从合同终止后开始,具体时间由双方当事人约定,但最长不得超过 2 年。

(3) 劳动者按合同的约定履行竞业禁止义务的,单位应当给予劳动者一定的经济补偿。

(4) 合理约定违反竞业限制义务的违约金数额。

值得注意的是,如果与竞业限制有关的技术秘密已为公众知悉,或者已不能为本单位带来经济利益或竞争优势,不具有实用性;或负有竞业限制义务的人员能够证明该单位未执行国家有关科技人员的政策,受到显失公平的待遇以及本单位违反竞业限制不支付或无正当理由拖欠补偿费的,竞业限制条款自行终止①。

九、保密条款是怎么回事?

保密条款是指劳动者对用人单位的商业秘密和与知识产权相关的保密事项负有保密义务的合同条款。《劳动合同法》规定,违反保密义务给用人单位造成损失的,劳动者应当承担相应的赔偿责任。在劳动合同中双方约定保密义务条款时,需要注意避免保密义务人范围的泛化,明确保密义务的失效情况、保密义务人辞职的提前通知和脱密措施等事项。

十、劳动合同的履行过程中要注意哪些问题?

劳动合同在履行过程中,应遵循全面履行与合法履行的原则。

特别要注意以下具体事项。

(1) 用人单位变更名称、法定代表人、主要负责人或者投资人等事项,不影响劳动合同的履行。

(2) 用人单位发生合并或者分立等情况,原劳动合同继续有效,劳动合同由承继其权利和义务的用人单位继续履行。

---

① 《关于加强科技人员流动中技术秘密管理的若干意见》(国科发政字〔1997〕317 号)。

(3) 用人单位应当按照约定和规定向劳动者及时足额支付劳动报酬，否则劳动者可以依法向当地人民法院申请支付令。

(4) 用人单位应当严格执行劳动定额标准，不得强迫或者变相强迫劳动者加班加点。

(5) 劳动者拒绝用人单位管理人员违章指挥、强令冒险作业的，不视为违反劳动合同。

十一、如何变更劳动合同？

劳动合同的变更是指劳动合同双方当事人因发生变更事由而对已经生效的劳动合同内容进行修改或补充的法律行为。《劳动合同法》规定，只要用人单位与劳动者协商一致就可以变更劳动合同，变更劳动合同应当采用书面形式，变更后的劳动合同文本由用人单位和劳动者各执一份。

十二、什么是劳动合同的终止？

劳动合同的终止是指劳动合同因一定法律事实的出现而终结，其后果表现为劳动者与用人单位之间的权利义务归于消灭。具体法定情形包括：劳动合同期满的；劳动者开始依法享受基本养老保险待遇的；劳动者死亡，或者被人民法院宣告死亡或者宣告失踪的；用人单位被依法宣告破产的；用人单位被吊销营业执照、责令关闭、撤销或者用人单位决定提前解散的；法律、行政法规规定的其他情形。

十三、什么是劳动合同的解除？

劳动合同的解除，是指劳动合同因发生一定事由，根据当事人的意愿而被提前终止效力的行为。可以是双方当事人协商解除劳动合同，也可以是单方面依法解除劳动合同。

十四、可以双方协商(或协议)解除劳动合同吗？

《劳动法》规定劳动合同可以经双方协商解除。但须注意的是，双方协商一定是用人单位向劳动者提出解除建议时才适用，劳动者向单位提出解除建议的按劳动者辞职处理。双方协议解除劳动合同时用人单位应给予劳动者一定的经济补偿。

十五、用人单位单方面解除劳动合同的法定情形有哪些？

(1) 即时解除，是指用人单位可以不必依法提前预告而立即解除劳动合同的行为。劳动者有以下情形之一，用人单位可以即时解除劳动合同：在试用期间被证明不符合录用条件的；严重违反用人单位的规章制度的；严重失职，营私舞弊，给用人单位造成重大损害的；同时与其他用人单位建立劳动关系，对完成本单位的工作任务造成严重影响，或者经用人单位提出，拒不改正的；以欺诈、胁迫的手段或者乘人之危，使用人单位在违背真实意思的情况下订立或者变更劳动合同，致使劳动合同无效的；被依法追究刑事责任的。

(2) 预告性解除，是指用人单位应当提前 30 日以书面形式通知劳动者或者额外支付劳动者一个月工资才能解除劳动合同的行为。劳动者有以下情形之一，用人单位可以预告性解除劳动合同：患病或者非因工负伤，在规定的医疗期满后不能从事原工作，也不能从事由用人单位另行安排的工作的；不能胜任工作，经过培训或者调整工作岗位，仍不能胜任工作的；劳动合同订立时所依据的客观情况发生重大变化，致使劳动合同无法履行，经用人单位与劳动者协商，未能就变更劳动合同内容达成协议的。

(3) 经济性裁员，是指企业为了克服经营困难而成批辞退富余人员的行为。法律规定：①裁员条件：依照《企业破产法》规定进行重整的；生产经营发生严重困难的；企业转产、重大技术革新或者经营方式调整，经变更劳动合同后，仍需裁减人员的；其他因劳动合同订立时所依据的客观经济情况发生重大变化，致使劳动合同无法履行。②裁员程序：需要裁减人员 20 人以上或者裁减不足 20 人但占企业职工总数 10%以上的，用人单位提前 30 日向工会或者全体职工说明情况，听取工会或者职工的意见后，裁减人员方案经向劳动行政部门报告，可以裁减人员。③用人单位应承担的社会责任：第一，裁员时应优先留用与本单位订立较长期限的固定期限劳动合同、与本单位订立无固定期限劳动合同、家庭有需要扶养的老人或者未成年人而无其他就业人员的劳动者。第二，用人单位裁员后在六个月内需要重新招用人员的，应当通知被裁减人员，并在同等条件下优先招用被裁减人员。

十六、法律对用人单位单方面解除劳动合同有哪些限制？

劳动者有下列情形之一，用人单位不得解除劳动合同。

(1) 从事接触职业病危害作业的劳动者未进行离岗前职业健康检查，或者疑似职业病病人在诊断或者医学观察期间的。

(2) 在本单位患职业病或者因工负伤并被确认丧失或者部分丧失劳动能力的。

(3) 患病或者非因工负伤，在规定的医疗期内的；女职工在孕期、产期、哺乳期的。

(4) 在本单位连续工作满十五年，且距法定退休年龄不足五年的。

(5) 法律、行政法规规定的其他情形。

十七、劳动者在什么情况下可以单方面解除劳动合同？

(1) 立即辞职。用人单位以暴力、威胁或者非法限制人身自由的手段强迫劳动者劳动的，或者用人单位违章指挥、强令冒险作业危及劳动者人身安全的，劳动者可以立即解除劳动合同，无须事先告知用人单位。

(2) 随时辞职。用人单位有下列情形之一，劳动者可以随时通知用人单位解除劳动合同：未按照劳动合同约定提供劳动保护或者劳动条件的；未及时足额支付劳动报酬的；未依法为劳动者缴纳社会保险费的；规章制度违反法律、法规的规定，损害劳动者权益的；以欺诈、胁迫的手段或者乘人之危，使劳动者在违背真实意思的情况下订立或者变更劳动合同致使劳动合同无效的；法律、行政法规规定劳动者可以解除劳动合同的其他情形。

(3) 预告辞职。劳动者不需要提供任何理由，只需提前 30 日以书面形式通知用人单位，如果是试用期则提前 3 日通知用人单位，即可解除劳动合同。

十八、解除劳动合同要承担哪些法律后果？

1. 用人单位的义务

(1) 支付经济补偿金。按劳动者在本单位的工作年限，每满 1 年给予相当于 1 个月工资的经济补偿。工作年限 6 个月以上不满 1 年的，按 1 年计算；不满 6 个月的，向劳动者支付半个月工资的经济补偿。如果单位未按以上规定给予补偿，除全额补发应发的经济补偿外，还须追加支付其数额 50%的额外补偿金。

(2) 支付医疗补助费。符合由于劳动者患病或非因工负伤的法定情形而解除劳动合同的，除按上述规定支付经济补偿外，还应发给劳动者不低于 6 个月工资的医疗补助费；患重病和绝症的还应增加医疗补助费，患重病的增加部分不低于医疗补助费的 50%；患绝症的增加部分不低于医疗补助费的 100%。

(3) 用人单位的其他义务。向社会保险经办机构缴足应缴的社会保险费用；办理退工手续并出具劳动关系终止证明。

2. 劳动者的义务

劳动者的义务包括：结束并移交有关事务及移交所保管的物品；按约定履行竞业禁止(或竞业限制)义务；赔偿因违约而给用人单位造成的损失。

十九、什么是劳务派遣？

劳务派遣也称劳动派遣、人力派遣、劳动力租赁，是指劳务派遣单位与被派遣劳动者在劳动合同中约定由被派遣劳动者向用工单位给付劳动的劳动关系。劳务派遣一般适用临时性、辅助性或者替代性的工作岗位。其主要特征如下。

(1) 劳务派遣关系的当事人由派遣单位、被派遣劳动者和用工单位三方构成。
(2) 派遣劳动者与派遣单位之间形成劳动合同关系。
(3) 派遣单位与用工单位之间形成民事合同关系。
(4) 派遣劳动者须向用工单位履行劳动给付义务，并在用工单位指挥监督下工作。

二十、什么是非全日制用工？

非全日制用工是指以小时计酬为主，劳动者在同一用人单位一般平均每日工作时间不超过 4 小时，每周工作时间累计不超过 24 小时的用工形式。

非全日制用工的特征：非全日制工作时间以小时为单位；劳动者可以与一个以上的用人单位建立非全日制的劳动关系；合同可以口头约定、可以随时通知对方终止，比较灵活自由。

二十一、什么是集体合同？

集体合同是指工会或职工代表与用人单位或其组织之间就职工的劳动报酬、工作时间、休息休假、劳动安全卫生、保险福利等事项达成的书面协议。

由于国际劳工组织的大力推进，集体合同制度成为世界各国劳动立法不可缺少的组成部分，我国《劳动合同法》等相关法律中都对集体合同作了规范。

二十二、集体合同与劳动合同有什么区别？

(1) 主体方面。集体合同主体一方是用人单位，另一方是工会或职工代表；劳动合同主体一方是用人单位，另一方是劳动者。

(2) 目的方面。签订集体合同的目的是为了协调用人单位与劳动者之间已经存在的劳动关系，签订劳动合同的目的是为了在用人单位与劳动者之间建立劳动关系。

(3) 内容方面。集体合同的内容可以是劳动标准，也可以是作为整体的劳动者与用人单位之间的权利和义务。劳动合同的内容只是个别劳动者与用人单位之间的权利和义务。

(4) 程序方面。集体合同的签订程序依次为：双方当事人经集体协商形成合同草案，由职代会或职工大会讨论并通过草案，双方首席代表在通过的草案文本上签字盖章，最后报劳动保障行政部门审查、备案。劳动合同的签订程序为双方意思表示一致，在合同文本上签字盖章。

(5) 效力方面。集体合同的效力高于集体劳动关系范围内的个别劳动合同，对全体劳动者具有约束力。劳动合同只对劳动者个人产生效力。

此外，集体合同与劳动合同在合同的期限、合同的解除方面也有所不同，具有劳动合同无法取代的作用和功效。

【案例】

公司裁员应当履行的法定程序

某公司有员工 100 名，因生产经营发生严重困难需要裁员 18 名。公司总经理在确定被裁人员名单的次日向全体员工公布了名单，并要求被裁人员尽快与公司办理劳动关系终止手续。当地工会组织闻讯后立即向该公司提出交涉，要求公司履行《劳动合同法》规定的裁员时的法定程序。被裁员工吴某虽然进公司只有 3 个月，但由于半年前才分娩，也要求公司优先留用自己。公司则认为：本次裁员数量不大，依法可以不执行相关程序，况且公司还未成立工会；吴某是新员工，不属于法定的裁员时应当优先留用的人员。

请问：
1. 公司的做法是否正确？
2. 为什么？

(资料来源：张志京. 劳动法学[M]. 上海：复旦大学出版社，2020: 55)

分析：

1. 公司的做法不正确。

2. 理由如下：

(1)《劳动合同法》第 41 条第 1 款规定，用人单位裁员必须履行的法定程序为："用人单位提前三十日向工会或者向全体职工说明情况，听取工会或者职工的意见后，裁减人员方案经向劳动行政部门报告，可以裁减人员。"同时本条还规定了"需要裁减人员二十人以上或者裁减不足二十人但占企业职工总数百分之十以上"的为符合裁员条件的法定最低人数。所以，裁减人员只要达到这一人数标准都应当履行规定的程序。本案中，公司需要裁员的人数虽不足 20 人，但却占该单位职工总数的百分之十以上，仍然符合裁员时必须履行上述程序的条件。

(2) 该公司没有成立工会并不能免除裁员时应当履行法定程序的义务。用人单位依法应当向全体职工说明情况并听取职工的意见。因此公司不履行裁员的法定程序的理由不成立。

(3) 吴某虽然不属于《劳动合同法》第 41 条第 2 款规定的裁员时应当优先留用人员的范围，但根据《劳动合同法》第 42 条的有关规定，女职工在孕期、产期、哺乳期，只要没有《劳动合同法》第 39 条列举的过错，用人单位就不得以裁员为理由解除其劳动合同。吴某的情况完全符合这一规定的条件，公司不能将她列入裁员范围。

【小资料】

雇主与家政人员不是劳动关系

随着人们生活水平的提高，保姆、月嫂、小时工等家政人员已经越来越多地进入普通家庭，满足了人们养老育幼、打扫采买等各种需求。为保障双方的合法权益，家庭直接雇用家政人员时能否签订劳动合同呢？

根据《中华人民共和国劳动合同法》第二条的规定，用人单位主要是指企业、个体经济组织、民办非企业单位等组织，事业单位、国家机关、社会团体与劳动者建立劳动合同关系的，也可称为"用人单位"。相应的，只有在这六种用人单位管理下从事劳动并获取相应报酬的自然人，才可以成为《劳动法》上的"劳动者"。因此，雇主家庭不能成为法律所规定的用工主体，与家政人员之间不属于劳动关系，当然不能签订劳动合同。

对此类问题，两个文件有更加明确的规定。《关于贯彻执行〈中华人民共和国劳动法〉若干问题的意见》第四条规定："公务员和比照实行公务员制度的事业单位和社会团体的工作人员，以及农村劳动者(乡镇企业职工和进城务工、经商的农民除外)、现役军人和家庭保姆等不适用劳动法。"《最高人民法院关于审理劳动争议案件适用法律若干问题的解释(二)》第七条规定："下列纠纷不属于劳动争议……(四)家庭或者个人与家政服务人员之间的纠纷。"

雇主与家政人员属于平等主体，双方之间形成的是民事雇佣关系，依据民事法律规范来调整彼此的权利和义务。如果发生纠纷，协商调解不成可以直接到法院提起民事诉讼。

【练习】

1. 没有订立书面劳动合同要承担哪些法律责任？

2. 劳动合同的内容有哪些？

3. 法律采取哪些措施来限制劳动合同短期化问题？

4. 劳动合同当事人约定试用期时应遵循哪些规定？

5. 服务期条款是怎么回事？

6. 竞业限制条款是怎么回事？

7. 保密条款是怎么回事？

8. 用人单位单方面解除劳动合同的法定情形有哪些？

9. 法律对用人单位单方面解除劳动合同的限制是什么？

10. 劳动者在什么情况下可以单方面解除劳动合同？

11. 劳动合同解除的法律后果是什么？

第十五章　参加社会保险

劳动过程中存在诸多不确定因素,劳动者会遇到年老、疾病、伤残、失业和生育等劳动风险,仅凭个人力量难以独立解决由此引起的经济困难。因此,国家通过立法建立社会化的保险机制,集聚社会组织与劳动者个人资金形成巨大的支付能力,保障劳动者个人及其家庭的基本生活需要。我国以《中华人民共和国社会保险法》为核心的社会保险制度是促进经济持续发展、实现社会公平的重要保证。

【学习目标】

1. 了解社会保险的定义及结构、社会保障、职工福利、职业病的概念。
2. 掌握社会保险五大项目、养老保险金和失业保险金的领取条件、生育保险待遇。
3. 理解社会保险与职工福利的区别、工伤认定、工伤保险待遇、医疗保险待遇。

【小故事】

达到法定退休年龄应退出劳动岗位

刘某年满 60 周岁后,单位要按有关规定为其办理退休手续。但是,考虑到退休后待遇不如在职好,刘某表示不同意退休,理由是其与单位之间订立的劳动合同尚未到期。但单位拒绝了刘某的要求。

(资料来源:法律快车 http://www.lawtime.cn/info/laodong/laodongguanxi/qixian/2010112577607.html)

点评: 单位的做法是正确的,刘某应当提前结束与单位之间订立的劳动合同。

我国法律规定,当事人在履行劳动合同时必须具备法定的资格,即当事人要有劳动权利能力和劳动行为能力。劳动法律法规中规定劳动者的劳动权利能力和劳动行为能力始于 16 周岁,终止于 60 周岁(女性 55 周岁)。劳动权利能力和劳动行为能力终止即丧失了就业的权利,应该退出劳动岗位,享受相应的社会保险待遇。所以,刘某年满 60 周岁时,单位依照国家有关规定,为他办理退休手续的做法是正确的。刘某与单位签订的劳动合同随着刘某的退休应依法归于终止。

一、社会保险的概念、结构是什么？

社会保险是国家依法对劳动者因年老、疾病、伤残、失业和生育而丧失劳动能力和劳动机会时，提供一定的物质补偿和帮助，以维持其基本生活水平的法律制度。社会保险具有强制性、互济性、保障性、非营利性的特征。

我国社会保险结构由国家基本社会保险、用人单位补充保险、个人储蓄保险三个部分组成，具有多层次性。

(1) 国家基本社会保险。国家基本社会保险是社会保险结构中最基本的一个层次，也是最重要的组成部分，由国家统一立法、强制实施，适用于各类用人单位和每个劳动者。其费用通常由国家、用人单位和劳动者个人三方出资负担，并实行社会统筹。

(2) 用人单位补充保险。用人单位补充保险由用人单位建立并负担费用，是社会保险结构的中间层次，国家对此持鼓励态度。

(3) 个人储蓄保险。个人储蓄保险是完全由劳动者根据自己的意愿和条件以个人储蓄的方式建立的社会保险，属于第三层次的社会保险，国家对此持提倡态度。

二、社会保险与社会保障是一回事吗？

社会保障是指由社会法调整的各种具有经济福利性的、社会化与体系化的国民生活安全保障制度。

我国社会保障体系包括社会保险、社会福利、社会救助、社会优抚四个部分。社会福利是以提高公民的生活质量为目的的保障制度；社会救助是对贫困与不幸的社会成员予以接济和扶助的保障制度；社会优抚则是以军人及其家属作为优待和帮助对象的保障制度。社会保险作为社会保障体系中的一个子系统，是一种特定的社会保障制度。两者的最大区别在于社会保险关系中享受保障待遇的主体必须是劳动者，具备《劳动法》意义上的劳动经历；而社会保障关系中的保障受益人是全体公民，不以是否存在劳动经历为限[①]。

三、社会保险与职工福利有什么区别？

职工福利是行业和单位为满足职工物质文化生活需要为提高和改善职工及其亲属生活质量而提供的工资收入以外的津贴、设施和服务的社会福利项目。《劳动法》第 76 条规定："国家发展社会福利事业，兴建公共福利设施，为劳动者休息、休养和疗养提供条件。用人单位应当创造条件，改善集体福利，提高劳动者的福利待遇。"职工福利与社会保险的区别在于以下几点。

(1) 权利义务方面：社会保险是双向的，既强调国家和社会对劳动者个人的责任，又强调劳动者个人本身应当履行的义务；职工福利是单向的，一般只强调国家、社会和单位对劳动者个人的责任。

---

① 参见郑功成：《社会保障学》商务印书馆 2000 年版。

(2) 资金来源方面：社会保险强调劳动者个人、用人单位、国家三方负担，分别按一定比例缴纳保险基金；而职工福利强调由国家、社会和单位向个人提供。

(3) 保障手段方面：社会保险是预防型的，强调用人单位和劳动者预先缴纳和积累；而职工福利是发展型的，从而进一步提高单位职工的物质文化生活水平。

(4) 保障对象方面：社会保险的对象是遭遇劳动风险需要给予物质帮助的劳动者；而职工福利的对象是单位的所有劳动者。

四、五大社会保险项目是什么？

(1) 养老保险。养老保险是指劳动者在年老丧失劳动能力的情况下，能够从社会获得物质帮助的一种社会保险制度。养老保险基金主要来源于国家财政补贴、用人单位和劳动者缴纳保险费，此外还有按规定收取的滞纳金、基金存储的利息和依法投资运营的收益。

(2) 失业保险。失业保险是指对于因失业而中断生活来源的劳动者，在法定期限内由国家给予一定的物质帮助，以保障其基本生活并促进其再就业的一种社会保险制度。失业保险基金由以下各项构成：城镇企业事业单位、企事业单位职工缴纳的失业保险费；失业保险基金的利息；财政补贴；依法纳入失业保险基金的其他资金。

(3) 医疗保险。医疗保险是指劳动者及其供养的亲属非因工患病或负伤后，在医疗上获得物质帮助的一种社会保险制度。基本医疗保险基金由统筹账户和个人账户构成，职工个人缴纳的基本医疗保险费，全部计入个人账户。用人单位缴纳的基本医疗保险费分两部分，一部分用于建立统筹基金，一部分划入个人账户。划入个人账户的具体比例由统筹地区根据个人账户的支付范围和职工年龄等因素确定。退休人员个人不缴费。

(4) 工伤保险。工伤保险是指职工因工而致伤、病、残、死亡，依法获得医疗救治和经济补偿及物质帮助的一种社会保险制度。工伤保险基金由用人单位缴纳的工伤保险费、工伤保险基金的利息和依法纳入工伤保险基金的其他资金构成。职工个人不缴纳工伤保险费。工伤保险中的赔偿责任采取无过错责任原则，即只要是劳动者在劳动过程中遭遇工伤，无论用人单位有无过错，都应当承担赔偿责任。

(5) 生育保险。生育保险是国家通过立法对女性劳动者在怀孕、分娩过程中给予生活保障和物质帮助的一项社会保险制度。生育保险基金的来源是由参加统筹的单位缴纳，职工个人不缴纳生育保险费。按照《社会保险法》第 64 条的规定，生育保险基金与基本医疗保险基金合并建账与核算。

五、领取养老金的条件是什么？

养老金是养老保险最基本的待遇。养老金由社会保险经办机构从养老保险统筹基金和个人账户储存额中开支，一般按月发放，直至参保人员死亡。能够按月领取养老金的前提条件是缴费满 15 年，并且达到法定退休年龄。缴费年限累计不满 15 年者，不发放基础养老金，个人账户储存额一次性支付给本人。被保险人死亡后，其个人账户中的余额，可由其供养亲属或其他法定继承人依法继承。

六、失业保险待遇就是指失业保险金吗？

失业保险待遇包括失业保险金、领取失业保险金期间的基本医疗保险待遇、领取失业保险金期间死亡的失业人员的丧葬补助金和其供养的配偶以及直系亲属的抚恤金、领取失业保险金期间接受职业培训和职业介绍的补贴等。其中，失业保险金是最主要的失业保险待遇，但是不等同于失业保险待遇。失业保险金的具体标准由省、自治区、直辖市人民政府按照低于当地最低工资标准、高于城市居民最低生活保障标准的水平予以确定。

七、领取失业保险金的条件是什么？

按照规定参加失业保险，所在单位和个人已经按照规定履行缴费义务满 1 年的；非因本人意愿中断就业；已经办理失业登记，并有求职要求的。在此前提下，具体标准如下。

失业人员失业前所在单位和本人按照规定累计缴费时间满 1 年不足 5 年的，领取失业保险金的期限最长为 12 个月；累计缴费时间满 5 年不足 10 年的，领取失业保险金的期限最长为 18 个月；累计缴费时间满 10 年以上的，领取失业保险金的期限最长为 24 个月。重新就业后再次失业的，缴费时间重新计算，领取失业保险金的期限可以与前次失业应领取而尚未领取的失业保险金的期限合并计算，但最长不得超过 24 个月。

八、怎么认定工伤？

工伤，特指劳动者在劳动过程中因执行职务而受到的急性伤害。法律对工伤认定的具体规定如下。

(一)应当认定为工伤的情况

(1) 在工作时间或工作场所内，因工作原因受到事故伤害的。
(2) 工作时间前后在工作场所内，从事有关预备或收尾工作受到事故伤害的。
(3) 在工作时间和工作场所内，因履行工作职责受到暴力等意外伤害的。
(4) 患职业病的。
(5) 因工外出期间，由于工作原因受到伤害或下落不明的。
(6) 在上下班途中，受到机动车事故伤害的。
(7) 法律、行政法规规定应当认定为工伤的其他情形。

(二)视同工伤的情况

(1) 在工作时间和工作岗位，突发疾病死亡或者在 48 小时之内经抢救无效死亡的。
(2) 在抢险救灾等维护国家利益、公共利益活动中受到伤害的。
(3) 职工原在军队服役，因战、因公负伤致残，已取得革命伤残军人证，到用人单位后旧伤复发的。

(三)不得认定为工伤或者视同工伤的情况

(1) 故意犯罪的。
(2) 醉酒或者吸毒的。
(3) 自残或者自杀的。

九、什么是职业病？

职业病是劳动者在职业活动中，因接触粉尘、放射性物质和其他有毒有害物质而引起的疾病。

以《中华人民共和国职业病防治法》为核心，我国基本形成了职业病防治的法律体系，规定了我国职业病的范围、职业病的诊断与鉴定程序以及"预防为主、防治结合"的工作方针等内容。

十、工伤保险待遇包括哪些内容？

享受工伤保险待遇的前提是工伤认定，认定为工伤后的保险待遇包括工伤医疗待遇、工伤伤残待遇、因工死亡待遇。

(一)工伤医疗待遇

工伤医疗待遇包括工伤治疗的相关费用支付、停工留薪待遇两项内容。其中，职工需要暂停工作接受工伤治疗的，一般不超过 12 个月。伤情严重或者情况特殊，经设区的市级劳动能力鉴定委员会确认，可以适当延长，但延长时间不得超过 12 个月。工伤职工在停工留薪期满后仍需治疗的，继续享受工伤医疗待遇。生活不能自理的职工在停工留薪期间需要护理的，由所在单位负责。在停工留薪期间，原工资福利待遇不变，由所在单位按月支付。

(二)工伤伤残待遇

(1) 职工因工致残被鉴定为一至四级伤残的，保留劳动关系，退出工作岗位，享受从工伤保险基金中按伤残等级支付的一次性伤残补助金、按月支付的伤残津贴等。

(2) 职工因工致残被鉴定为五至六级伤残的，享受从工伤保险基金中按伤残等级支付一次性伤残补助金。保留与用人单位的劳动关系，由用人单位安排适当的工作。难以安排工作的，由用人单位按月发给伤残津贴，经工伤职工本人提出，该职工可以与用人单位解除或者终止劳动关系，由用人单位支付一次性工伤医疗补助金和伤残就业补助金。具体标准由省、自治区、直辖市人民政府规定。

(3) 职工因工致残被鉴定为七至十级伤残的，享受从工伤保险基金中按伤残等级支付一次性伤残补助金。劳动合同期满终止或者职工本人提出解除劳动合同的，由用人单位支付一次性工伤医疗补助金和伤残就业补助金。具体标准由省、自治区、直辖市人民政府规定。

(三)因工死亡待遇

(1) 职工因工死亡，其直系亲属按照规定从工伤保险基金中领取丧葬补助金、供养亲属抚恤金和一次性工亡补助金。

(2) 职工因工外出期间发生事故或者在抢险救灾中下落不明的，从事故发生之日起 3 个月内照发工资，从第 4 个月起停发工资，由工伤保险基金向其供养亲属按月支付供养亲属抚恤金。生活有困难的，可以预支一次性支付 50%的工亡补助金。

(四)停止享受工伤保险待遇的情况

丧失享受工伤保险待遇条件的；拒不接受劳动能力鉴定的；拒绝治疗的；被判刑正在收监执行的。

十一、医疗保险待遇包括哪些内容？

医疗保险待遇的项目主要包括：规定范围内的药品费用，规定的检查费用和医疗费用，规定标准的住院费用。其中，(小额)医疗费用主要由个人账户支付；住院(大额)医疗费用主要由统筹基金支付。

统筹基金有明确的起付标准和最高支付限额，起付标准原则控制在当地职工年平均工资的 10%左右，最高支付限额一般为当地职工年平均工资的 4 倍左右。起付标准以上、最高支付限额以下的医疗费用，主要从统筹基金中支付，个人也要负担一定比例。退休人员个人负担医药费的比例适当低于在职职工。

十二、生育保险待遇包括哪些内容？

(1) 产假。根据国家法律和法规规定，给予女职工在生育过程中休息的期限。

(2) 生育津贴。国家法律与法规规定对于女职工因为生育而离开工作岗位期间，所给予的生活费用。实行生育保险社会统筹的地区，支付标准按本企业上一年度职工平均工资的标准支付，期限不少于 90 天。

(3) 生育医疗保健服务。女职工生育的检查费、接生费、手术费、住院费和药费由医疗生育保险基金支付，超出规定的费用个人自理。女职工生育出院后，因生育引起疾病的医疗费由医疗生育保险基金支付，其他疾病的医疗费按照医疗保险待遇的规定办理。女职工产假期满后，因疾病需要休息治疗的，按照有关病假待遇和医疗保险待遇规定办理。女职工生育或流产后，由本人或所在单位到当地社会保险经办机构办理手续，领取生育津贴和报销生育医疗费。

【案例】

刘某能领到失业保险金吗？

刘某 1995 年进入一家国有企业工作，2005 年辞职，当时在领取《劳动手册》之后进

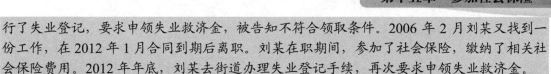

行了失业登记，要求申领失业救济金，被告知不符合领取条件。2006 年 2 月刘某又找到一份工作，在 2012 年 1 月合同到期后离职。刘某在职期间，参加了社会保险，缴纳了相关社会保险费用。2012 年年底，刘某去街道办理失业登记手续，再次要求申领失业救济金。

请问：

1. 刘某能否两次申领失业保险金？为什么？
2. 刘某能够领取多长时间的失业保险金？

(资料来源：张志京，袁静. 实用法学[M]. 上海：复旦大学出版社，2015:157.)

分析：

1. 根据法律规定，刘某只能领取一次失业保险金。因为第一次失业，是刘某自己辞职离开企业的，不符合"非本人意愿中断就业"的条件，所以不能领取失业保险金。第二次是刘某的劳动合同到期终止，非他本人意愿中断就业，因此能够享受失业保险金待遇。

2. 刘某在 1995 年至 2005 年和 2006 年至 2012 年就业期间，累计缴纳失业保险费 16 年。根据法律规定，刘某可享受 24 个月的失业保险金。

【小资料】

工伤认定的相关细化标准

最高人民法院 2014 年 8 月 20 日发布的《关于审理工伤保险行政案件若干问题的规定》(以下简称《规定》)，根据实践中常见的现象，进一步细化了工伤认定的标准，可操作性增强，提高了对工伤保险案件处理的指导性。其部分内容如下。

关于"上下班途中"的认定。《规定》第六条规定："对社会保险行政部门认定下列情形为'上下班途中'的，人民法院应予支持：(一)在合理时间内往返于工作地与住所地、经常居住地、单位宿舍的合理路线的上下班途中；(二)在合理时间内往返于工作地与配偶、父母、子女居住地的合理路线的上下班途中；(三)从事属于日常工作生活所需要的活动，且在合理时间和合理路线的上下班途中；(四)在合理时间内其他合理路线的上下班途中。"

关于"因公外出期间"的认定。《规定》第五条第一款规定："社会保险行政部门认定下列情形为'因工外出期间'的，人民法院应予支持：(一)职工受用人单位指派或者因工作需要在工作场所以外从事与工作职责有关的活动期间；(二)职工受用人单位指派外出学习或者开会期间；(三)职工因工作需要的其他外出活动期间。"

【练习】

1. 社会保险的概念是什么？

2. 社会保险的五大项目包括哪些？

3. 养老保险金的领取条件是什么?

4. 失业保险金的领取条件是什么?

5. 如何认定工伤?

6. 什么是职业病?

7. 生育保险待遇的内容是什么?

8. 社会保险与职工福利的区别是什么?

第十六章 处理劳动争议

恩格斯曾经指出,劳动关系是现代全部社会体系所围绕旋转的"轴心","轴心"的状态影响着"全部社会体系"的状态。因此,可以说劳动关系和谐是社会和谐的基础。和谐的劳动关系不是没有争议和纠纷,而是有完善的解决争议和纠纷的机制。我国于1987年恢复了劳动争议仲裁制度,几经发展演变,形成了以协商、调解、仲裁、诉讼为主要环节的劳动争议处理制度,集中体现在《中华人民共和国劳动争议调解仲裁法》中。《劳动争议调解仲裁法》的指导原则就是尽最大可能将劳动争议案件解决在基层,强化调解,完善仲裁程序和司法救济。

【学习目标】

1. 了解劳动争议的含义、处理劳动争议的机构和形式、劳动争议仲裁委员会的职责、仲裁员的回避情形。
2. 掌握劳动仲裁时效、劳动仲裁程序、劳动仲裁裁判的法律效力。
3. 理解劳动争议处理原则、劳动仲裁管辖。

【小故事】

劳动争议调解协议具有法律效力

小黄因加班工资问题,与所在公司发生争议。经公司劳动争议调解委员会调解,达成支付协议。但公司领导称他本人没有同意该协议,因此调解协议无效。如果小黄坚持索要加班工资,只能去申请劳动仲裁。小黄十分不爽。

(资料来源:张志京,袁静.实用法学[M].上海:复旦大学出版社,2015:163)

点评: 公司领导的说法没有依据,调解协议具有法律效力,小黄不需要再进行劳动仲裁。根据《劳动争议调解仲裁法》的规定,因支付拖欠劳动报酬、工伤医疗费等事项达成调解协议,用人单位在协议约定期限内不履行的,劳动者可以持调解协议书依法向人民法院申请支付令。人民法院应当依法发出支付令。小黄可持调解协议书到所在地人民法院申请支付令,要求公司履行调解协议。

一、劳动争议的含义和范围如何界定？

(1) 劳动争议的含义。劳动争议又称劳动纠纷，国外也称劳资争议、劳资纠纷，是指劳动关系当事人之间在劳动过程中因享受劳动权利和履行劳动义务发生分歧而引起的纠纷。

(2) 劳动争议的范围。《中华人民共和国劳动争议调解仲裁法》规定：因确认劳动关系发生的争议；因订立、履行、变更、解除和终止劳动合同发生的争议；因除名、辞退和辞职、离职发生的争议；因工作时间、休息休假、社会保险、福利、培训以及劳动保护发生的争议；因劳动报酬、工伤医疗费、经济补偿或者赔偿金等发生的争议；法律、法规规定的其他劳动争议。

二、处理劳动争议的机构和形式有哪些？

(1) 我国目前处理劳动争议的机构有：企业劳动争议调解委员会，依法设立的基层人民调解组织，在乡镇、街道设立的具有劳动争议调解职能的组织，劳动争议仲裁委员会和人民法院。

(2) 我国劳动争议的处理形式主要有四种，包括劳动争议和解、劳动争议调解、劳动争议仲裁和劳动争议诉讼。其中，劳动争议和解不受程序约束，劳动争议调解、劳动争议仲裁和劳动争议诉讼是解决劳动争议的三个主要程序。通常情况下，劳动争议仲裁程序是法定的必经程序，是人民法院受理案件的前置程序。

三、处理劳动争议的原则是什么？

根据《中华人民共和国劳动争议调解仲裁法》的规定，解决劳动争议应该遵循以下四项原则。

(1) 合法原则。在处理劳动争议的过程中，应坚持依法处理原则。

(2) 公正原则。在处理劳动争议的过程中，应保障劳动争议双方当事人法律地位和权利义务的平等。

(3) 及时处理原则。在劳动争议处理机构办理劳动争议案件时，应在法定期限内及时处理案件。

(4) 着重调解原则。要求当事人在发生劳动争议之后，应着重采取调解方式在互谅互让的基础上化解矛盾。

四、劳动争议的调解程序有哪些主要规定？

根据《中华人民共和国劳动争议调解仲裁法》的规定，劳动争议调解一般需要经过申请与受理、调查核实、组织调解等程序。

(1) 劳动争议当事人调解申请可以是书面形式，也可以是口头形式。口头申请的，调解组织应当当场记录申请人基本情况、申请调解的争议事项、理由和时间。调解组织对决定受理的案件，应及时指派调解员对争议事项进行调查核实并制作笔录。在充分听取双方当事人对事实和理由的陈述后，劝导协调，帮助双方达成调解协议。

(2) 经调解达成协议的，应当制作调解协议书。调解协议书由双方当事人签名或者盖章，经调解员签名并加盖调解组织印章后生效，对双方当事人具有约束力，当事人应当履行。

(3) 自劳动争议调解组织收到调解申请之日起十五日内未达成调解协议的，当事人可以依法申请仲裁。达成调解协议后，一方当事人在协议约定期限内不履行调解协议的，另一方当事人可以依法申请仲裁。

特别值得注意的是，法律规定因支付拖欠劳动报酬、工伤医疗费、经济补偿或者赔偿金事项达成调解协议，用人单位在协议约定期限内不履行的，劳动者可以持调解协议书依法向人民法院申请支付令。人民法院应当依法发出支付令。

五、关于劳动争议仲裁委员会的组成和职责是怎样规定的？

根据《中华人民共和国劳动争议调解仲裁法》的规定，劳动争议仲裁委员会由劳动行政部门代表、工会代表和企业方面代表组成。劳动争议仲裁委员会组成人员应当是单数。

劳动争议仲裁委员会依法履行下列职责。

(1) 聘任、解聘专职或者兼职仲裁员。

(2) 受理劳动争议案件。

(3) 讨论重大或者疑难的劳动争议案件。

(4) 对仲裁活动进行监督。

劳动争议仲裁委员会下设办事机构，负责办理劳动争议仲裁委员会的日常工作。

六、劳动争议申请仲裁的时效是怎样规定的？

劳动争议申请仲裁的时效期间为1年，时效期间从当事人知道或者应当知道其权利被侵害之日起计算。特别强调一点，劳动关系存续期间因拖欠劳动报酬发生争议的，劳动者申请仲裁不受1年的仲裁时效期间的限制；但劳动关系终止的，应当自劳动关系终止之日起1年内提出。

七、发生劳动争议后到哪一个仲裁委员会申请仲裁？

劳动争议仲裁委员会负责管辖本区域发生的劳动争议。

劳动争议由劳动合同履行地或者用人单位所在地的劳动争议仲裁委员会管辖。双方当事人分别向劳动合同履行地和用人单位所在地的劳动争议仲裁委员会申请仲裁的，由劳动合同履行地的劳动争议仲裁委员会管辖。

八、关于仲裁程序有哪些规定？

(1) 仲裁申请。仲裁委员会仲裁劳动争议必须基于当事人的申请。申请人申请仲裁应当提交书面仲裁申请。申请书应载明下列事项：第一，劳动者的姓名、性别、年龄、职业、工作单位和住所，用人单位的名称、住所和法定代表人或者主要负责人的姓名、职务；第二，仲裁请求和所根据的事实与理由；第三，证据和证据来源、证人姓名和住所。

(2) 仲裁受理及仲裁庭的组成。仲裁委员会应当在收到仲裁申请 5 日内作出是否受理的决定并通知当事人。决定受理的劳动争议案件，应依法组成仲裁庭。仲裁庭由 3 名仲裁员组成，设首席仲裁员。简单劳动争议案件可以由 1 名仲裁员独任处理。

(3) 仲裁和解。当事人申请劳动争议仲裁后，可以自行和解。达成和解协议的，可以撤回仲裁申请。

(4) 仲裁调解。仲裁庭在作出裁决前应当先行调解。调解达成协议的，仲裁庭应当制作调解书。调解书经双方当事人签收后发生法律效力，调解不成或者调解书送达前，一方当事人反悔的，仲裁庭应当及时作出裁决并制作裁决书。仲裁调解书与仲裁裁决书具有同等法律效力。

(5) 仲裁裁决。仲裁庭应当按照多数仲裁员的意见作出裁决并制作裁决书，少数仲裁员的不同意见应当记入笔录。仲裁庭不能形成多数意见时，应当按照首席仲裁员的意见作出裁决并制作裁决书。

(6) 仲裁期限。裁决劳动争议案件，应当自仲裁委员会受理仲裁申请之日起 45 日内结束。案情复杂需要延期的，经仲裁委员会主任批准后可适当延长，但延长期限不得超过 15 日，逾期未作出仲裁裁决的，当事人可以就该劳动争议事项向人民法院提起诉讼。

九、仲裁员在哪些情况下需要回避？

根据《中华人民共和国劳动争议调解仲裁法》的规定，仲裁员有下列情形之一，应当回避，当事人也有权以口头或者书面方式提出回避申请。

(1) 是本案当事人或者当事人、代理人的近亲属的。

(2) 与本案有利害关系的。

(3) 与本案当事人、代理人有其他关系，可能影响公正裁决的。

(4) 私自会见当事人、代理人，或者接受当事人、代理人请客送礼的。

劳动争议仲裁委员会对回避申请应当及时作出决定，并以口头或者书面方式通知当事人。

十、仲裁裁决的法律效力是怎样的？

劳动争议仲裁并非终局判定。如果是仲裁裁决结案的，劳动争议当事人不服仲裁裁决，应于收到裁决书之日起 15 日内向人民法院起诉。逾期不起诉，仲裁裁决书即发生法律效力。一方当事人不履行，另一方当事人可以向人民法院申请强制执行。如果是仲裁调解结案的，仲裁调解书自送达之日起生效。一方当事人不履行，另一方当事人可以向人民法院申请强制执行。

值得注意的是，为特别保护劳动者权益，法律规定下列仲裁裁决为终局裁决，裁决书自作出之日起即产生法律效力：一是追索劳动报酬、工伤医疗费、经济补偿或者赔偿金，不超过当地月最低工资标准 12 个月金额的争议；二是因执行国家的劳动标准在工作时间、休息休假、社会保险等方面发生的争议。

【案例】

女职工合法权益受法律保护

刘某与单位之间的劳动合同即将期满，单位通知刘某不再续签劳动合同。但刘某此时已经怀孕 1 个多月，并向单位提交了怀孕证明，要求继续维持劳动合同关系。单位认为，劳动合同期满属于自然终止，单位只是不再续签，不存在侵犯女职工权益问题。

请问：
1. 用人单位的做法是否正确？为什么？
2. 刘某该怎么办？

(资料来源：法制频道 http://www.southcn.com/law/fzzt/ldzwq/ldzwqnzgp/200309170465.htm)

分析：

1. 不正确。《劳动法》规定，对"三期"(孕期、产期、哺乳期)内的女工，企业不得在女工无过错的情况下，单方面解除劳动合同。《劳动法》的配套法规还规定，劳动者在孕期、产期、哺乳期内，劳动合同期限届满时，用人单位不得终止劳动合同，合同期限应自动延续到相应的期限届满为止。因此，用人单位的理由不能成立。

2. 刘某可以向单位所在地的劳动争议仲裁委员会申请仲裁，要求继续维持劳动合同关系，直到刘某享受完法律规定的特殊保护期。仲裁委员会应当在收到仲裁申请 5 日内作出是否受理的决定并通知当事人。劳动仲裁案件，一般情况下应当自仲裁委员会受理仲裁申请之日起 45 日内结束。如果刘某不服仲裁裁决，应于收到裁决书之日起 15 日内向人民法院起诉。逾期不起诉，仲裁裁决即发生法律效力。

【小资料】

"支付令"与劳动争议

支付令是人民法院依照《民事诉讼法》规定的督促程序，根据债权人的申请，向债务人发出的限期履行给付金钱或有价证券的法律文书。《中华人民共和国民事诉讼法》第二百二十一条规定："债权人请求债务人给付金钱，有价证券，符合下列条件的，可以向有管辖权的基层人民法院申请支付令：(一)债权人与债务人没有其他债务纠纷的；(二)支付令能够送达债务人的。申请书应当写明请求给付金钱或者有价证券的数量和所根据的事实、证据。"

《民事诉讼法》规定的支付令制度被引入到劳动争议的解决程序中，《劳动争议调解仲裁法》特别规定了劳动者申请支付令的程序：因支付拖欠劳动报酬、工伤医疗费、经济补偿或者赔偿金事项达成调解协议，用人单位在协议约定期限内不履行的，劳动者可以持调解协议书依法向人民法院申请支付令。人民法院应当依法发出支付令。

支付令被引入到劳动争议的解决程序意义有两点：一是迅速解决劳动争议，保护劳动者的切身权益。根据《民事诉讼法》的规定，债权人提出申请后，法院应当在 5 日内通知其是否受理。法院受理申请后，经审查债权人提供的事实、证据，对债权债务关系明确、合法的，应当在受理之日起 15 日内向债务人发出支付令；申请不成立的，裁定驳回申请，该裁定不得上诉。因此，由于不必经过法院的审理程序，支付令在解决用人单位拖欠劳动报酬、工伤医疗费、经济补偿或者赔偿金等事项方面，可以便捷快速地解决问题，给劳动者提供最有力的保护。二是解决了调解协议的效力问题。调解协议不能作为申请人民法院强制执行的法律依据，而劳动者根据调解协议向法院申请支付令，用人单位如果提不出抗辩事由，人民法院则可以强制执行。调解协议的效力问题在程序上得以解决，对劳动争议调解制度的广泛适用是一个有力的促进。

【练习】

1. 什么是劳动争议？

2. 处理劳动争议的机构和形式有哪些？

3. 劳动争议仲裁委员会的职责是什么？

4. 劳动仲裁裁决的法律效力是怎样的？

专题六　创业指导

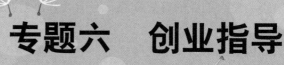

第十七章　了解创业

创业不是一蹴而就的，没有人能够随随便便成功。在开始创业前，我们应该反复考量，了解创业模式和创业类型，并思考：是否有一些个性、素质和能力特征能够帮助我们成为成功的创业者？创业者应该具备哪些知识？通过创业学习，培养创新创业思维，并能将这种思维应用到职业生涯中。

【学习目标】

1. 了解创业的常规模式和创业类型。
2. 了解创业者必备的心理素质和能力。
3. 掌握创业者必备的创业知识。

【小故事】

创业需要信心和毅力

哈兰德·山德士(Colonel Harland Sanders)一生中经历了无数次的创业失败。年轻时，他做过保险，卖过轮胎，做过律师，还经营过一条渡船，开过一家加油站，但是都失败了。65岁那年，邮递员送来了他的第一张社会养老保险支票，他用这105元的养老保险金创办了一家新的企业。这次他获得了成功，他说："成功一次就够了。"这家新企业的名字叫肯德基。

(资料来源：肯德基中国网站 http://www.kfc.com.cn/kfccda/about.html.)

点评：在这个例子中，我们一方面惊叹哈兰德·山德士创业的信心和毅力，另一方面也由此认识到创业的才能只有在市场的艰苦磨炼中才能不断地得到提升。

一、创业是什么？

《辞海》将创业定义为：创立基业。创业一般指开创企业，更多的是指开创事业。

创业是一个涉及远见、改变和创新的动态过程。它需要投入精力与热情进行创新并实施新的构想和新的解决办法。创业要有能力承担一定风险、有能力成立一个高效的团队、有能力整合创业的有效资源、有能力解决创业过程中的各种困难、有能力识别并把握创业机会。

创业的本质在于把握机会、整合资源、快速行动。创业精神是创业的源泉。

二、创业的常规模式有哪些？

(1) 独立创业。即完全自己设计、构思创业的产品和商业模式，自创品牌，从无到有地创办和发展。

(2) 合作创业。有的创业者手里有项目，有的创业者手里有资源，他们通过寻找合作伙伴，实现资源和资金等的整合协同，共同创业。

(3) 在家创业。如利用农村为旅游的人提供农家乐和农家饭，在家里做一些加工组装等。

(4) 电子商务。如在网上开个商店，现在流行的是淘宝，卖点儿当地特产或者衣服、手工艺品等。

(5) 转让经营。如接手他人转让的餐馆或其他零售店，如果原来的企业有老客户和业务量，创业就会比较容易。

(6) 承包经营。向原来的业主交纳一定的承包经营费，从而得到一家企业的经营权。这种方式可以降低企业的启动资金。

(7) 特许加盟。成为知名品牌和企业模式的复制经营者，这样可以在别人已经成功的企业模式上开始经营，品牌宣传也比较省力。

(8) 经销和代理。即选择某个产品，成为其代理商和经销商，做产品批发、零售。

三、选择哪种创业类型？

(1) 打工转型的创业。这类创业者可称为"四带"，即带回技术、带回管理经验、带回市场客户和订单，有的还带回熟练工人，因而创业成功率相对较高。

(2) 依托基本生活所需的创业。这是最容易的创业类型，表现为家庭小工厂、小作坊、小卖店、小餐馆之类，对资金、技术和管理的要求不高。

(3) 产业带动型的创业。一般是利用地方政府的扶持政策，积极投入到相关产业中进行创业。如有的地方提倡发展生态旅游农业，因此创办休闲山庄、观光农业、园艺基地等，吸引城市居民到农村体验农村生活和观光旅游。

在选择创业类型的时候，可以考虑独立创业和内部创业。独立创业是指创建一个新的企业，而内部创业是指承担企业内部某些业务内容或工作项目，进行创业并与企业分享成果的创业模式。目前创业正从商业领域向社会领域拓展，这也是大众创业的基础。

四、如何选择合适的创业项目？

考虑到自身的实际情况，企业家在选择创业项目时可以从以下几方面进行比较和选择。

(1) 选择个人有兴趣或擅长的项目。

(2) 选择市场消耗比较频繁或购买频率比较高的项目。

(3) 选择投资成本较低的项目。

(4) 选择风险较小的项目。

(5) 选择客户认知度较高的项目。

(6) 选择先网络创业(免费开店)后实体创业的项目。

从市场现状来看，适合创业的行业有：健康行业、环保行业、汽车饰品业、婴儿用品业、工艺礼品饰品业、服装业、夕阳行业、创意家居用品店、网吧、宠物商店、按摩、电子商务、淘宝店、报纸杂志店、彩票站、家政服务、打印传真、绿色干洗、皮鞋美容、书店等。

五、创业的具体要素有哪些？

(1) 项目。项目是成功的最重要的条件。一个好的项目是创业成功的一半。项目必须通过慎重的选择和细致的市场调查来确定。

(2) 产品。产品主要包括：有没有掌握产品的生产技术，是否掌握某种商品的供货渠道、是否有良好的货源。如果是服务业，有没有足够的条件可以提供所需要的服务。

(3) 市场。市场主要包括：是否熟悉企业现有的和潜在的客户；竞争对手比我们有哪些优势；我们的产品能不能销售出去，市场需求有多少。

(4) 资金。有没有足够的创业资金，能从哪些渠道筹集创业资金，能够筹集多少资金。

(5) 人脉。有没有人脉帮助我们完成创业。创业者应该在自己的生活和经营范围内逐步形成一个相对稳定的关系网络，这个关系网络对于每一个创业者来说都是一笔不可多得的财富。

六、创业者应具备哪些素质？

创业并不一定就会取得成功，成功需要机遇与外部条件，对于创业者而言更需要具备创业者的素质，创业者的素质包括四个方面：心理素质、身体素质、专业知识素质、能力素质。

(一)心理素质

所谓心理素质，是指创业者的心理条件，包括自我意识、性格、气质、情感等心理构成要素。作为创业者，他的自我意识特征应为自信和自主；他的性格应刚强、坚持、果断和开朗；他的情感应更富有理性色彩。作为成功的创业者，要有强烈的自我实现欲望和自信心，要有冒险精神、敏锐的洞察力和顽强执着的精神，在碰到困难、挫折和失败时也不灰心丧气、消极悲观。

在创业初期，要有积极的心态。尤其是在逆境中，积极的心态能使人保持乐观的情绪、顽强的意志和冷静的思考。

创业的过程绝不可能是一帆风顺的，有成功就会有失败。对于初次创业的人来说，失败的概率更高一些。这就需要创业者不要急于求成，必须具有坚韧不拔、百折不挠的心理品质。

(二) 身体素质

所谓身体素质，是指身体健康、体力充沛、精力旺盛、思路敏捷。现代小企业的创业与经营是艰苦而复杂的，创业者工作繁忙、时间长、压力大，如果身体不好，必然力不从心、难以承受创业重任。

身体素质是创业者成功的"本钱"。创业者要学会工作、学会休息。

(三) 专业知识素质

创业者的专业知识素质对创业起着举足轻重的作用。创业者要进行创造性思维，要作出正确决策，必须掌握广博的知识，具有一专多能的知识结构。具体来说，创业者应该具有以下几方面的知识：熟悉政府政策，依法行事，用法律维护自己的合法权益；了解科学的经营管理知识和方法，提高管理水平；掌握与本行业本企业相关的专业技术知识，依靠科技进步增强竞争能力；具备市场经济方面的知识，如财务会计、市场营销、国际贸易、国际金融等。

(四) 能力素质

创业者至少应具有以下能力：创新能力、分析决策能力、预见能力、应变能力、用人能力、组织协调能力、社交能力和激励能力。

当然，这并不是要求创业者必须完全具备这些素质才能去创业，但创业者本人要有不断提高自身素质的自觉性和实际行动。哈佛大学拉克教授讲过这样一段话："创业对大多数人而言是一件极具诱惑的事情，同时也是一件极具挑战的事。不是人人都能成功，也并非想象中那么困难。但任何一个梦想成功的人，倘若他知道创业需要策划、技术及创意的观念，那么成功已离他不远了。"

提高创业者能力素质的途径是学习。要想成为一个成功的创业者，就要做一个终身学习者。

七、创业需要具备哪些必备的知识？

不论准备投身何种创业项目，提前储备一些商业知识和经营之道是必需的，而且还应该具有很强的针对性。一个专业的创业者肯定要对他所要从事的行业有相当了解，并且对这个行业的经营特点和经营模式也要了如指掌。作为一个经营者应具备的基本知识主要有以下几方面。

(1) 合法开业的知识。它包括：有关私营及合伙企业、有限责任公司的法律法规；怎样进行验资；怎样申请开业登记；哪些行业不允许私营；哪些行业的经营须办理有关行业管理手续；哪些行业要进行环境影响评估；怎样办理税务登记；纳税申报有哪些规定和程序；如何领购和使用发票；银行开户程序和有关结算规定；成为一般纳税人有哪些条件；应该缴哪些税费，如何缴纳；怎样获得税收减征免征待遇；怎样进行账务票证管理；国家对偷漏税等违法行为有哪些制裁措施；增值税率及计征方法；工商管理部门怎样进行经济检查；行业管理部门如何进行行业管理和检查。

(2) 市场营销知识。如市场预测与市场调查知识、消费心理知识、定价知识和价格策略、仓储知识、销售渠道的开发知识、营销管理知识。

(3) 产品知识。批发、零售知识；货物种类、质量和有关计量知识；货物运输知识；货物保管储存知识；真假货物识别知识；对有关危险品的管理知识。

(4) 资金及财务知识。货币(支票、本票、汇票等)金融知识、信用及资金筹措知识、资金核算及记账知识、证券、信托及投资知识、财务会计基本知识。

(5) 经济法常识。作为企业主应该了解合同法、公司法、反不正当竞争法、消费者权益保护法、产品质量法、税法、商标法等基本知识。

除了以上相关知识外，创业的企业家还应该掌握劳动用工及社会保障知识、公关及社交礼仪等相关知识，这样才能更好地作出经营决策和运营管理。

你可能并不需要全部掌握以上知识，有针对性地合理选择才是学习的好办法，因此，学以致用、各取所需也是很必要的。现在获得创业知识的途径有许多，政府也会举办专门的创业培训或指导以及专门的讲座等，都可以让创业者得到想要的知识。另外，学习对于创业者来说是一门永远不能丢掉的功课，平时遇到的各种问题也是创业者们积累经验的好机会。

八、创业者应该培养什么能力？

作为创业者，我们至少应具有以下能力：决策管理能力、财务管理能力、危机管理能力、创新能力、分析决策能力、预见能力、应变能力、用人能力、组织协调能力、社会交往能力和激励能力等。

创业最重要的是创业的能力。自主创业首先要有勇气和魄力，因为自主创业不但要比传统的就业付出更多的时间、精力和体力，而且要承担各种风险带来的巨大的心理压力，并要具有化解各种风险的知识、技巧和能力。

其次，要具备发掘市场的能力，这是创业的基础。因为只有具备了这种能力，才能在纷繁复杂的市场中发现商机，找准自己的创业定位。

再次，要具备一定的经营管理能力。这是创业者必须具备的较高层次的能力，直接决定着创业的成败、创业的规模与效益。但这种能力必须在经营中不断学习、积累，最后百炼成钢。

最后，要具备一定的危机管理能力。企业在面对危机时所采取的不同的态度和方法，会产生"差之毫厘，谬以千里"的效果。所以企业创业者的危机管理能力对企业安身立命至关重要，要能够在威胁中看见机会，让企业转危为安，甚至在危机中抓住企业发展的难得机遇。

不是要求创业者必须全面具备这些素质才能创业，但是，如果要创业，就要有不断提高自身素质的自觉性和实际行动。这主要依靠学习和与其他人交流，做一个终身学习的人和善于交流的人。

【案例】

张一鸣的创业选择

作为一名做技术出身的创业者，张一鸣有过多次创业经历。从高中时起，他就酷爱计算机，喜欢的是有体验感和参与感并能够迅速见效的事物。他骨子里不甘于做常规、重复事情的性格在日后的创业中一再显现。

2005 年，张一鸣从南开大学软件工程专业毕业，随即组建 3 人团队，开发一款面向企业的 IAM 协同办公系统，但由于产品的市场定位失误，项目以失败告终。2006 年进入旅游搜索网站酷讯，并为酷讯研发出国内第一个全旅游搜索引擎。

2008 年，张一鸣离开酷讯，去了微软。但是进入大公司之后，张一鸣感觉没有清晰的目标，每天都在做一些离用户很远的基础开发，因此他选择了离开。

2008 年 9 月，张一鸣以技术合伙人身份加入了由王兴创办的饭否，主要负责饭否的搜索、消息分发、热词挖掘、防作弊等方向，开始了第三次创业。

2009 年 10 月，饭否被关闭后，张一鸣创办了垂直房产搜索引擎"九九房"，开始了第四次创业，也是他的第一次独立创业。这是一个垂直房产搜索引擎，短短 6 个月就拥有 150 万用户，是当时房产类应用的第一名。

"九九房"取得成功后，张一鸣并没有就此满足，相反，他有了更大的梦想与野心。2011 年年底，张一鸣辞去了"九九房"CEO，开始了新的创业之路。

2012 年，张一鸣成立了"字节跳动"，开始第五次创业。2012 年 8 月份，张一鸣推出了"今日头条"，在这个软件里，张一鸣挖掘到了分析用户喜好数据并推送相关内容。正是这一突破，使"今日头条"大获成功。2016 年推出了"抖音"这一影响 6 亿国人的短视频软件。

(资料来源：https://www.sohu.com/a/331245034_120060302.)

分析： 成功绝不是一件偶然的事情，想要成功的人，在机遇面前不会过多犹豫，更是要有敢为先人的勇气。在创业过程中，张一鸣表现了良好的决策能力、市场预见能力以及对环境的应变能力。应该说，合适的项目、符合社会发展趋势的商业模式以及一定的创业能力，对于创业的成功是非常重要的。

【小资料】

导致创业失败的 10 个误区

误区 1　进入自己不熟悉的行业，没有充分调查就行动。
误区 2　用错误的方式管理合伙人，缺乏管理合伙人的智慧。
误区 3　重情义，轻管理。
误区 4　缺乏诚信与商业道德。

误区 5　贪大，赌性代替了实干精神。
误区 6　急于求成，缺少战略思维。
误区 7　忽视与投资相关的环境。
误区 8　在错误的时间做正确的事。
误区 9　唯利润是求而忽视创新。
误区 10　花钱不合理，没有坚持"现金为王"。

【练习】

1. 常规的创业模式有哪些？

2. 创业者需要掌握的创业知识有哪些？

3. 创业者需要有意识地培养哪些方面的能力和素质？

4. 你如何理解"要想成为一个成功的创业者，就要做一个终身学习者"这句话？

第十八章　运用好政策与资金

政策环境是企业经营的重要环境，而且往往是刚性环境。创业者需要遵守国家的各项法律法规，同时又可以依靠法律的保护，实现自己的发展。

【学习目标】

1. 了解创业扶持政策。
2. 了解企业融资渠道。
3. 了解申请银行贷款的必备条件。
4. 掌握申请银行贷款的有关技巧。

【小故事】

李春梅的创业之路

李春梅原来在某市面粉厂工作，2000 年单位破产，成了下岗职工。不甘平庸的李春梅很快开始了艰难的创业。她先后两次开饭店，但都因不懂管理而失败，并欠下了 40 万元的外债。而且因为身体不好，动了两次大手术。创业失败加上身体的痛苦，李春梅到了绝望的边缘。

2004 年，她决定做白酒的总代理，又开始了一次艰难的创业。但是资金问题让她寸步难行。市政府发放的小额担保贷款帮了她的大忙。2004 年 12 月，李春梅拿到了 2 万元的小额扶持贷款，这对她来说是雪中送炭。依靠小额贷款的支持，李春梅的生意越做越红火，接连在市里发展了几家连锁店，当年被评为全国创业小案例先进个人，还受到国务院总理的接见。

(资料来源：据中央人民广播电台 2011 年 9 月 21 日胡晓辉的报道改写)

点评：对于创业者来说，政策保障是根本保障，政策扶持才是真正的扶持。利用好政策和资金，就能为创业插上腾飞的翅膀。

一、创业者需要关注哪些政策？

当前各地各类创业政策不少，主要依据《中华人民共和国中小企业促进法》《国务院关于鼓励支持个体私营等非公有制经济发展的若干意见》以及《国务院关于加强就业和再就业工作的通知》等。创业者要用好、用足政策，全面了解政策是第一步。现行的创业政策主要集中在以下七大板块。

(1) 融资服务的政策。它包括劳动部门、小企业服务中心等部门制定和操作的各项政策，主要有劳动保障部门的创业贷款担保政策、小企业担保基金专项贷款、中小企业贷款信用担保、开业贷款担保、大学生科技创业基金等。政策优惠主要涉及创业贷款、担保及贴息等。

(2) 场地扶持的政策。该政策重点有两方面：一是都市型工业园区的政策；二是创业园区的房租补贴政策。这两大类园区各自都有针对入园企业的房租补贴政策。其中，在创业园区之内，除了房租补贴之外，还有一些相关的配套指导服务，如提供代理记账、专家指导、贷款直接申请的渠道等。

(3) 税费减免的政策。该政策主要集中在四个方面：①商贸型、服务型企业的优惠政策；②高校毕业生创业方面的税收优惠政策；③失业、协保人员、农村富余劳动力从事个体经营的优惠政策；④劳动就业服务企业的税收优惠政策。

(4) 创业专家指导的政策。企业可以通过借助有关政府部门，或者行业协会等有关专业人士对创业作出指导。目前上海有一支由 600 多位各行业专家组成的公益性专家志愿团，可以为创业者提供个性化的指导服务，包括一对一的咨询服务，也可以由多名专家组成"专家团"为创业者提供"会诊"。另外，还有每隔两周定期举行的开业讲座服务、网上咨询指导服务等。

(5) 创业能力提升的政策。对创业能力提升方面的政策可以关注三个方面：一是创业培训的政策；二是职业经理人培训的政策；三是创业专家讲座方面的信息。其中创业培训政策为个人提供创业理论、个性化辅导和创业实训三段式的培训。这一政策的适用范围是上海市户籍的所有意向创业者，本市的失业人员以及农村富余劳动力可以享受全额的培训费用补贴。

(6) 鼓励科技创业的政策。它主要包括大学生科技创业基金政策、科技型中小企业创业基金政策和高新技术成果转化相关政策等。其中，大学生科技创业基金由上海市政府出资，分 3 年实施，每年为大学生创业提供资金支持。高校毕业生以科研成果或者专利发明创办企业的，就可申请享受这一政策。高新技术成果转化相关政策包括立项、注册登记、税费减免、贷款扶持、风险投资支持等。

(7) 非正规就业孵化器的政策。非正规就业孵化器是一种小企业的孵化器，个人在创业过程暂时不具备申办小企业的条件或是担心申办小企业成本太高，特别是有意向从事一些劳动密集型、有利于吸纳就业的社区服务业，可申办非正规就业劳动组织，享受有关扶持政策。非正规就业组织能够享受到的政策包括无须办理工商登记、3 年内减免地方税费、社会保险缴纳优惠、免费技能培训，还能享受从业风险的综合保险等。

二、国家关于支持创业的政策及法律法规有哪些？

与创办企业相关的有关条例和规章主要有以下几方面。

(1)《中华人民共和国公司登记管理条例》，多在申请办理营业执照时用。

(2)《中华人民共和国企业法人登记管理条例》，多在申请办理营业执照时用，可重点掌握开业注册登记收费标准。

(3)《中华人民共和国企业名称登记管理规定》，多在申请办理营业执照前用。

(4)《税务登记管理办法》，开办税务登记及变更等有明确规定。

创业者需要了解国家对于创业的扶持政策，这些扶持政策一般会在相关文件中体现。

(1) 五年发展规划。比如《中共中央关于制定国民经济和社会发展第十四个五年规划的建议》《中共中央国务院关于推进社会主义新农村建设的若干意见》等。

(2) 政府工作文件。《国务院关于进一步加强就业再就业工作的通知》《国务院关于加快电子商务发展的若干意见》《国务院关于促进流通业发展的若干意见》等。

此外，创业者还需要关注国家支持和鼓励新办企业、高新技术企业、第三产业、企事业单位技术转让的优惠政策等。

三、上海市对创业的扶持政策有哪些？

从上海地区的情况来看，已相继推出多项鼓励创业的优惠政策，涉及开业、融资、税收和培训等各个方面。优惠政策如同创业的助推器，能降低创业成本，提高创业成功率。这些政策往往会不断地调整和完善，需要创业者及时关注。

(一)开业优惠政策

成立非正规就业劳动组织。据上海市相关政策，经认定的非正规就业劳动组织(适用对象：本市户籍的创业者)可享受以下七项优惠政策。

(1) 减免税费。在 3 年内免缴营业税、所得税等地方性税收，并免缴除社会保险以外的行政事业性收费。

(2) 社会保险缴费优惠。社会保险的缴费基数按上年从业人员实际工资收入计算，但不低于当年最低工资标准。

(3) 贷款担保。可申请由上海市促进就业专项资金提供的开业贷款担保。

(4) 免费培训。业主可参加政府补贴的创业培训，从业人员可参加政府补贴的技能培训。

(5) 从业风险综合保险。从业人员可参加从业风险综合保险，保险费为每年 30 元，最高理赔金额为 10 万元。

(6) 岗位补贴。对非正规就业劳动组织吸纳的就业特困人员，由政府给予一定的岗位补贴。

(7) 免费服务。政府通过购买开业服务成果，鼓励开业服务社为非正规就业劳动组织提供免税申请、发票申领、代办保险以及各项推介服务等免费服务。

非正规就业组织是门槛较低的一种创业形式,因其能够享受一系列的税收、贷款优惠政策,特别适用于资金有限、抗风险能力较弱、缺少创业经验的创业者。

(二)融资优惠政策

融资优惠政策适用对象:创业培训班学员、非正规劳动组织的业主或合伙人代表、新办小企业的个人投资者或合伙投资人(自工商注册登记起 1 年以内的小企业)。

(1) 申请开业贷款可获专项担保。开业者在向银行申请开业贷款时,因个人担保不足,在银行同意贷款的前提下,由市促进就业专项资金提供信用保证。促进就业专项资金担保项目包括:开业资金贷款、流动资金贷款、设备贷款和购置生产经营用房贷款。

(2) 7 万元以下创业贷款个人免担保。一般来说,贷款金额 7 万元及以下的创业贷款项目,市促进就业专项资金给予全额担保,个人可免于担保;贷款金额 7 万~10 万元的贷款项目,市促进就业专项资金最高可给予贷款额 90%的担保;贷款金额高于 10 万元的贷款项目,市促进就业专项资金最高可给予贷款额 80%的担保。

(3) 开业贷款可享受政府贴息。开业贷款要支付利息,但借款人可凭有关证明材料向区县开业指导服务中心提出贴息申请,市促进就业专项资金将给予全额或部分开业贷款利息的补贴。贴息的额度,按借款人所办经济组织净增就业岗位的数量计算,最高可享受每年 2000 元的补贴。

(4) 高校毕业生创业有基金资助。上海现已启动上海市大学生科技创业基金,主要用于资助高校毕业生以其科研成果或专利发明创办的企业,兼顾创意类和科技类咨询企业。拥有科技成果的上海高校应届毕业生可向有关部门提出申请,经审核可获得最高 30 万元的资助金额。该基金同时对高校毕业生的科技成果孵化项目予以资助,基金对每个项目按 30 万元以内额度投资,投资资金将分阶段投入,投资期限一般为 1~2 年。

(三)税收优惠政策

失业、协保、农村富余劳动力等人员从事个体经营有税收优惠,失业、协保人员、农村富余劳动力在 2005 年年底之前从事个体经营的(除国家限制的行业),可按有关规定享受最长期限为 3 年的税收优惠政策及享受最长期限为 3 年的免收登记类、证照类、管理类行政事业性收费优惠,直到期满为止。

(1) 吸纳失业、协保、农余人员可免税。新办的服务型、商贸型企业,当年新招失业、协保人员和农村富余劳动力达到职工总数 30%以上,并签订 1 年以上期限劳动合同的,可享受相应期限的免税政策优惠;不足 30%的,在相应年份内按比例减征企业所得税。

现有的服务型、商贸型企业,当年新招用失业、协保人员和农村富余劳动力达到职工总数 30%以上,并签订 1 年以上期限劳动合同的,可享受相应期限的免税政策优惠。

新办劳动就业服务企业,当年吸纳、当年新招用失业、协保人员和农村富余劳动力达到职工总数 60%以上的,按有关规定享受减免所得税优惠政策。

(2) 进入都市型园区企业有补贴。进入都市型工业园区的企业，2003年1月1日以后新增岗位或利用现有岗位招用失业、协保和农村富余劳动力的，根据当年度企业实际使用的人数，享受最高人均2000元的房租补贴或开业贷款贴息。

以上优惠政策主要是鼓励失业人员创业以及鼓励创业者吸纳本市的失业人员。除了上述政策外，上海各个区县也有相应的配套鼓励政策，创业者通常可享受市、区两级相关政策的双重优惠。

(四) 创业培训优惠政策

具有本市户籍的失业、协保人员和农村富余劳动力以及非正规就业劳动组织业主，原则上可以享受创业培训全额补贴。

开业3年内的小企业开业者或有开业意向的在职人员，可享受最高不超过50%的创业培训补贴。

在参加创业培训班期间，以上人员还可享受一次与开业项目相关的岗位技能培训的费用补贴。失业人员在享受失业保险期间参加创业培训，并成功开业的，可凭借营业执照或非正规就业劳动组织证书、《劳动手册》等有关证明，一次性领取未领完的失业保险金，作为开业资金。

创业培训主要是帮助创业者了解创业环境，熟悉创业政策法规，掌握企业经营管理必备知识，提高创业综合素质，并跟踪解决创业中的难题。开业后，创业者如果在经营中遇到问题，还可向上海市开业指导专家志愿团寻求咨询。

上述创业优惠政策主要是针对上海市居民，是为了提供就业机会。普通公司可注册在上海郊区的开发区，享受高额的税收返还政策。

四、新创企业有哪些融资途径？

创业离不开资金，资金对于新创企业来说就像是血液对于人体，是新创企业生存和发展的命脉。

常见的融资途径主要包括创业者、人脉融资、内部积累、商业银行、民间资本、融资租赁、政府扶持基金与优惠政策、中小企业互助基金等。

其中商业银行发放贷款的主要形式包括信用贷款、担保贷款和票据贴现，其中比较适合创业者的是担保贷款和票据贴现。近年来一些创新的贷款形式开始出现，如小额担保贷款、综合授信、财政贴息贷款、项目开发贷款、自助贷款、消费贷款等，以便创业者结合自身条件选择融资渠道。

各级政府通过贴息贷款、小额扶持贷款等方式为创业融资提供帮助，创业者可以充分调研，把政策用足，从而很好地保证创业初期的资金需求。

五、获得银行贷款应具备什么条件？

通过银行借贷来解决创业资金短缺，是许多创业者首先想到的解决燃眉之急的办法，但是因为风险问题，多数银行不愿意对创业者和中小企业发放贷款。

银行对贷款企业有一些最基本的要求，如果达不到以下条件，几乎不可能获得贷款。

(1) 须经国家工商行政管理部门批准设立，登记注册，持有营业执照。

(2) 实行独立经济核算，自主经营、自负盈亏。

(3) 有独立的经营资金、独立的财务计划与会计报表，依靠本身的收入来补偿支出，独立计划盈亏，独立对外签订购销合同。

(4) 有一定的自有资金。此外还有贷款企业需要在银行开立基本账户和一般存款账户、产品要有市场、生产经营要有效益、不挤占挪用信贷资金、恪守信用等。

六、如何更好地申请银行贷款？

满足了相关条件后，在向银行申请贷款时，还要从品种、金额、利率、期限等方面进行全面考虑。申请银行贷款是需要策略的工作。

(1) 在贷款品种方面，一般宜从小到大逐步升级，可先通过有效的质押、抵押或第三方担保等手续向银行申请流动资金贷款，等有了一定实力再申请项目贷款。

(2) 在贷款金额方面，由于个体和私经营者一般经济不太富裕，而且贷款需要承担利率等成本，因此贷款时应量力而行，尽量避免大投入。

(3) 在贷款利率方面，根据人民银行有关规定，各商业银行和城乡信用社对个私经营者的贷款利率可实行上浮，上浮幅度为30%以内，但各家银行和信用社的上浮幅度并不一致，所以申请贷款时，不妨"货比三家"。

(4) 在贷款期限方面，现行短期贷款分为6个月以内(含6个月)、6～12个月(含1年)两个利率档次，对1年以下的短期贷款，执行合同利率，不分段计息；中长期贷款分为1～3年、3～5年及5年以上3个档次，对中长期贷款实行分段计息，遇贷款利率调整时，于下一年度1月1日开始执行同期同档贷款新利率。

七、风险投资有哪些优势？

风险投资是值得青睐的融资方式，是协调风险投资者与创业者利益共享、风险共担的投资方式，可以给创业企业带来管理资源，帮助创业企业获得诸多优势。

(1) 为创业企业带来良好声誉，使创业企业的价值更容易被利益相关者(员工、顾客、供应商、政府、媒体等)认可。

(2) 为新创企业提供启动资金和扩展资金。

(3) 帮助创业者吸引人才。

(4) 为新创企业提供市场发展规划。

(5) 在员工招聘、财务管理、风险管理、技术研发等方面提供新的指导意见。

(6) 提供与政府监督管理相关的咨询与指导。

【案例】

谭传华:"梳"出财富

"谭木匠"这个品牌也许大家都见过,通过在小小的木梳上做文章,成为木梳中的第一品牌,拥有几百家连锁店,终于成就了一个企业的财富神话。

18岁时,谭传华下河捞鱼被雷管炸掉右手。在做了几年民办教师后,谭传华怀揣仅有的50元钱离开家乡重庆开县,踏上了艰苦寻求尊严的道路。他曾经为了6个馒头给人画过画像,也曾经当过睡在街边的流浪汉,还曾经被人当成小偷抓进了收容所……当时的他不仅没有获得尊重,还几乎丧失了活下去的勇气。"不怕,眼睛还在动,就能活。"母亲在他18岁受伤时对他说的那句话一直鼓励着谭传华直面不幸的人生。

之后,他卖过魔芋,卖过红橘,卖过塑料花,开过预制板厂,最后终于选择了祖传的老本行——当木匠,在自家的猪圈里开起了木梳厂。

1995年,谭传华正式注册"谭木匠"梳子商标。经过艰难的推销之旅,烧过价值30万元的不合格产品,搞过无数次技术改革,创办过《快乐的谭木匠》宣传漫画报……1997年,谭传华的小木梳终于获得了较好的市场知名度。就在他磨刀霍霍准备大干一场的时候,一个意外的难关挡在了面前:由于没有固定资产作抵押,银行不愿意贷款给这个靠生产小梳子为生的小企业,谭传华后继乏力。

这是当时中国所有中小民营企业共同的成长难题。

1997年8月19日,对银行苦苦哀求没有结果的谭传华愤怒了,在重庆一家报纸上打出整版广告:谭木匠工艺品有限公司招聘银行。在当时的中国,民营企业招聘银行是一件轰动国内外的稀奇事,全国乃至全球1000多家媒体蜂拥而至,争相报道"谭木匠招聘银行现象",并随后在金融界、企业界引发了一系列关于"银企关系"的大讨论。

谭传华终于获得了银行的支持,"谭木匠"的知名度也空前高涨。1998年春节,拿到贷款的他在中央电视台打出了自己的第一个产品广告,这也是整个木梳行业的第一个广告——"谭木匠"毫无争议地成了中国梳子第一品牌。

(资料来源:http://money.591hx.com/article/2011-05-16/0000023852s.shtml。)

分析:谭传华在创业的过程中,遇到的政策和资金两方面的问题,是很多创业企业都会面临并且必须有效解决的关键问题。创业者应该认真了解相应的创业扶持政策,有效地利用政策为企业保驾护航。同时,在创业过程中特别是创业初期要特别重视融资和资金的合理使用,借助社会力量和社会资源使企业实现正常运营。

【小资料】

企业融资流程

"兵马未动,粮草先行。"掌握好融资流程,对于顺利融资非常重要。完整的融资流程应该包括以下几方面。

(1) 融资前的准备。建立良好的个人信用,积极开拓广泛的人脉资源。

(2) 测算资金需求。估算启动资金,如项目本身的直接费用、经营设备的购置费、房屋租金和装修费、流动资金、营业执照及类似费用等。同时还需要估算出三年内的资金需求，编制出预算财务报表，对企业现有资本结构、偿债能力、盈利能力和现金流状况进行把握，确定融资需求。

（3）融资渠道的权衡。衡量出不同融资渠道获得资金的可能性、融资成本、资金的稳定性、企业的控制权等。

（4）融资推介及谈判。这里需要做好以下准备：一是要应对提问以考察投资项目潜在的收益和风险；二是投资者的查验；三是放弃部分业务；四是作出妥协。

（5）签署融资合约。可以在专业人士的指导下，明确双方的权利和义务，其中要特别注意以下内容：融资的种类、用途、币种和金额、利率、期限、还款方式以及提前还款和延期等。

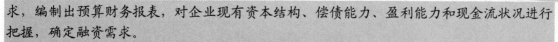【练习】

1. 创业者需要关注的创业政策有哪些？

2. 各级政府提供的创业优惠政策有哪些？

3. 企业为了获得银行贷款应该做好哪些准备？

4. 怎样才能更有效地利用好创业贷款？

第十九章 实施创业

每个创业者在实施创业时,常常会面临项目选择、注册登记、风险规避等诸多实际问题,倘若不了解这些关键环节的工作,就会在创业时陷入迷惘,甚至承受损失。

【学习目标】

1. 了解可供选择的企业类型。
2. 了解经营许可和工商登记的流程。
3. 了解企业应该缴纳的税费。
4. 掌握商业计划书的内容。
5. 掌握如何规避创业企业的风险。

【小故事】

诚信是企业发展的立足之本

有一位男士出差在外,他通过电话向一个常去的彩票投注站买了 707 注彩票。由于在外地,彩票钱要等回来才能支付。男士还没回家,彩票就开奖了。不久,他接到投注站的电话,告诉他他委托投注站购买的彩票中了 518 万元大奖。三天后,半信半疑的他居然真的领到了这笔巨奖。

那名在巨奖面前毫无贪念的彩票投注站站主叫林海燕。林海燕的事迹在全国产生了广泛影响。无数市民慕名前往或通过电话向她购买彩票,她所在的投注站彩票月销售额从以前的 5 万元左右一下猛增到 30 万元以上。

(资料来源:根据百度百科 https://baike.baidu.com/item/林海燕/6928057?fr=aladdin 改写)

点评:良好的信用,尤其是着眼于长远利益的商业信用,可能不会让我们马上获得最大的经济利益,但会给我们千金难买的好口碑,从而使自己赢得合作者和广大客户的信任,并最终走上良性发展的康庄大道。

第十九章　实施创业

一、如何通过市场调研形成项目目标？

我们主要是通过广泛收集和筛选各种项目信息、创业点子和思路，对比自己的情况进行分析，然后形成项目构想。

(1) 调研现在的项目、创业模式、企业类型的利弊，进行比较筛选，确定创业模式。

(2) 调查市场上的热门行业及产品，了解哪些产品好卖、利润高。

(3) 调查潜在的消费市场和产品，预测人们未来需要的产品，从而发现市场空白，或者发现现有产品的缺陷，从而改进商品的项目。

从更微观的层面，还需要调查产品的功能、价值、市场价格、技术发展趋势；顾客的数量、分布、文化层次、消费水平；竞争对手的规模、市场、优势、劣势；供应商的质量、数量、实力大小、供应变化趋势等。在此基础上，从技术和经济的角度对所选项目进行评估测算，分析效益和可行性，最后确定切实可行的创业项目。

二、可以选择的企业类型有哪些？

根据现行法律，我们可以选择的企业形式有：个体工商户、私营独资企业、私营合伙企业、非公司企业法人、有限责任公司、股份有限公司。不同的企业类型对注册资本有着不同的最低限额，不同的企业类型，注册条件也不相同。

对于初次创业的朋友来说，比较适合的类型有：个体工商户、私营独资企业、私营合伙企业和一人有限公司。计划创业的朋友，一定要全盘把握，并作详细比较，根据自己的实际情况选择最合适的企业形式。最好能够向当地政府有关部门、已经开始创业经营的朋友以及做经济事务的律师咨询。

三、如何确定申办企业类型？

选择适合自己的企业类型主要考虑的因素有：个人资产是否负连带责任、最低注册资金多少、有无经营场地的要求、登记和经营的成本、登记和经营的便利程度以及是否需要合作伙伴、有无合作的机会等。

首先是项目的选择，也就是控制项目的风险，公司制有利于业务拓展，小型企业在创办之初成立独资、合伙企业或个体工商业户，待规模做大后再适时地变更为有限责任公司。有限责任公司以其法人资产对外负有限责任，即如果企业亏空，风险最大的亏空也是该公司所有，而独资、合伙企业和个体工商业户承担无限责任，即企业所有盈亏风险要负责到底。对合伙企业，为了降低税率，可多设一些合伙人。如某夫妇成立一独资公司，年所得 58000 元，则适用 35%的税率须纳个人所得税 58000×35%-6750=13550(元)；如果以两人成立合伙企业，则适用 20%税率，应纳税：[58000/2×20%-1250]×2=9100(元)，节税 4450 元，节税 33%。

普通的有限责任公司，最低注册资金 3 万元，需要 2 个(或以上)股东，从 2006 年

1 月起施行的新的《公司法》规定，允许 1 个股东注册有限责任公司，这种特殊的有限责任公司又称"一人有限公司"（但公司名称中不会有"一人"字样，执照上会注明"自然人独资"），最低注册资金 10 万元。如果你和朋友、家人合伙投资创业，可选择普通的有限公司，最低注册资金 3 万元；如果只有你一个人作为股东，则选择一人有限公司，最低注册资金 10 万元。

四、个体工商开业登记需要准备哪些材料？

个体工商户开业登记是指有经营能力的公民以个体工商的形式从事经营活动，向登记机关提出申请，登记机关依照有关法律规定，对有经营能力的公民的申请依法受理并进行审查，确立个体工商户经营资格的行为。根据中华人民共和国国务院令第 746 号，《中华人民共和国市场主体登记管理条例》个体工商登记注册主要包括以下材料。

(1)《个体工商户登记(备案)申请书》。
(2) 经营者的身份证件。
(3) 经营场所使用相关文件的原件及复印件。
(4) 法律、行政法规和国务院决定规定在登记前须报经批准的或申请登记的经营范围中有法律、行政法规和国务院决定规定须在登记前报经批准的项目，提交有关批准文件或者许可证件的复印件。
(5) 委托代理人办理的，还应当提交经营者签署的授权委托书及委托代理人身份证件。

五、怎样办理个体工商户开业登记？

办理个体工商户开业登记主要包括三个流程：申请与受理、审查与决定、颁证与送达。办理的具体流程图如图 19-1 所示。

一般来说，从申请执照开始，如果材料全面符合要求，可当场办结，10 个工作日可以拿到证照。办理个体工商户登记的主要步骤如下。

(1) 可以直接到经营场所所在地登记机关登记；登记机关委托其派出机构办理个体工商户登记的，到经营场所所在地派出机构登记。在有些城市也可以在网上直接申请，比如在上海，可以直接在上海的一网通办上直接申请。

(2) 个体工商户申请办理名称登记，经营范围涉及登记前置许可的，应当申请名称预先核准。申请人应当以登记机关核准的名称报送有关部门办理前置审批手续，取得《个体工商户名称预先核准通知书》，同时领取《个体工商户登记(备案)申请书》。

(3) 递交《个体工商户登记(备案)申请书》和其他相关注册登记资料，交登记窗口受理、初审。

(4) 审核通过，准予登记，即可按约定时间到发照窗口领取纸质营业执照。

新办个体工商户营业执照使用"多证合一、一照一码"登记模式。即只发放记载统一社会信用代码的营业执照，不再单独发放商事主体的组织机构代码证、税务登记证、社保登记证、刻章许可证等，营业执照具备以上所有证照的功能。

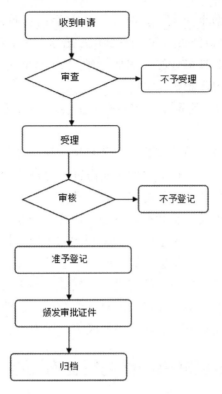

图 19-1　个体工商户开业登记流程图

（5）领取营业执照后，即先刻章，由申请人向公安机关申请，经公安机关审核后出具准刻证明及备案单，持备案单到具备资质的刻章企业刻制，包括公章、法人章、财务章。

（6）带好营业执照、印章、身份证原件等相关资料去银行开对公账户，开户当天就有账号，可以收付款。

（7）申请税控发票。如果企业需要开具发票，则需要去申办税控设备，核定申请发票。

按照"多证合一"等商事制度改革要求，近期无应税行为发生、不用进行纳税申报或申领(代开)发票时，可暂不办理税务机关报到事宜。(30 日内未去税务机关报到的，不属于逾期登记。)

完成这些工作，我们的企业就依法成立并可以正式营业了。接下来就要发挥自己的经营管理智慧，通过辛勤的劳动，呵护培育自己的企业，并取得事业的发展。

六、办企业要交什么税？

与企业有关的税种主要有增值税、营业税、消费税、企业所得税和个人所得税，前三种是流转税。此外，城市里的企业还要缴纳城市维护建设税和教育附加税。

（1）增值税：一般纳税人税率为 6%、9%、13%，小规模纳税人 2022 年可免征。

（2）附加税费：就是城建税、教育费附加和地方教育费附加，这个是在增值税上的附加税费。

（3）企业所得税：根据企业在一段时间产生利润而征收的税。现在小微企业税收优惠，100 万元以内部分 2.5%征收；100 万～300 万元部分 5%征收。

（4）个人所得税：如果股东分红，需要缴纳 20%的个人所得税，这个税收是股东承担，由分配利润的企业代扣代缴。

（5）印花税：公司实缴注册资本、签订合同需要缴纳印花税，但是印花税税率一般都不高。

公司常见的税种就这些，当然有的公司还有房产税、资源税，这是一些特殊情况和行业。由于这两年国家减税降费，对于小微企业而言，税收是较低的。

个体工商业户目前只征收个人所得税；私营独资、合伙企业比照"个体工商业户的生产经营所得"征收个人所得税；私营有限责任公司征收企业所得税。对私营有限责任公司的税后利润应按规定进行分配，剩余的未分配利润如果用于投资的不征收个人所得税，如果用于个人消费的则按"利息、股息、红利所得"项目征收个人所得税。

注意每个月按时向税务申报税，即使没有开展业务不需要缴税，也要进行零申报，否则会被罚款。不同企业的税种不尽相同，而且各级政府对创业都会有税收上的优惠政策，我们一定要认真咨询、合理利用，合理地降低成本，增加企业的盈利。

七、政府实行据实全额贴息的微利行业有哪些？

为鼓励创业，对微利行业实行政府据实全额贴息。微利项目具体为 19 个行业，包括：家庭手工业、修理修配、图书借阅、旅店服务、餐饮服务、洗染缝补、复印打字、理发、小饭桌、小卖部、搬家、钟点服务、家庭清洁卫生服务、初级卫生保健服务、婴幼儿看护和教育服务、残疾儿童教育训练和寄托服务、养老服务、病人看护、幼儿和学生接送服务。

八、创业计划书主要包含什么内容？

创业计划书，是指创业者在创业初期所编写的一份书面创业计划，用以描述创办一个新的企业时所有相关的外部及内部要素。即创业者在正式启动创业项目之前，基于前期对整个项目的调研、策划的成果，对创业项目进行全面说明的计划性文件。

通常，创业计划书中应包括以下内容：创业的种类、项目概况、市场分析、SWOT 分析、发展规划、营销策略、资金规划、可能风险评估、投资人结构、内部管理规划、销售、财务预估报表等。

除以上内容外，还可以包括创业的动机、股东名册、预定员工人数、企业组织、管理制度以及未来展望等。

做好创业计划书，有利于创业者用于指导自身创业筹备与运营；向相关人士说明创业计划，争取合作伙伴加入以及获取资金支持，还可用于申请特定的创业贷款(如创业者申请政府小额创业贷款，则需要填写专门格式的《创业计划书》)。

九、怎样有效地规避创业风险？

通常，创业中的风险主要包括：创业者自身能力不够，错误意识，如投机的心态、侥幸心理、急于收回投资的心理，资金链断裂，人力资源流失，创业团队分歧以及同行的排挤等。对于初次创业的人来说，从以下几方面入手，可以降低创业风险。

(1) 为自己创业买份保险。它包括员工人身险和财产险两种，可以帮助创业者有效规避员工意外伤害及突发事件造成的损失。

(2) 边打工边创业。利用自己的专业经验和自身的厂商资源在上班时间以外进行创业尝试，创业风险会相对较低。

(3) 不要做回报周期长的项目。回报周期长的项目对资金要求很高，而且资金的风险比较高，心理压力也大。

(4) 正确评价自己的实力。这不仅指创业者的经济实力，也包括创业者的经商实力。

(5) 要有资金安全防范意识。这里要强调的有三点：一是防止员工自导营业款；二是防止业务人员挪用货款；三是保证现金流。

十、怎样才能有效地处理现金流危机？

现金流是指流入或者流出企业的现金。企业可以不赚钱，也可以亏损，但不能卖不动东西。现金流危机是企业初创阶段最严重的问题之一，处理现金流危机要节流，更要开源。

现金流来源主要包括四个部分：营业收入款、可能获得的贷款、外部人员或企业的投资款以及股东的投资款等。增加现金流的方法主要有以下几种。

(1) 调整经营，扩大收入。如加大促销力度，或者调整销售方式，主打创收好的产品。

(2) 控制和减少成本。将库存降到最低，减少和控制电话、交通之类的可变成本开支，在员工同意的情况下，缓发奖金。

(3) 盘活流动资产。通过促销折扣清理库存，抓紧时间回款，出租部分设备或资产等。

(4) 争取融资。如争取贷款，引进合伙人，加大投资等。

【案例】

ofo 共享单车的反思

2014 年，北京大学毕业生戴威与 4 名合伙人共同创立 ofo，致力于解决大学校园学生出行难的问题，"让同学们随时随地都有车可以骑"。2015 年 3 月，ofo 完成了天使轮融资。2015 年 6 月，ofo 在北大成功投放了 2000 辆车。当月，仅北大认证的用户数量便达到了 2 万人。

2016 年至 2017 年，ofo 连续进行融资和市场扩张。2016 年 4 月，ofo 完成了 Pre-A 轮融资，9 月完成 A、B 轮融资和滴滴出行的战略投资，10 月完成 1.3 亿美元的 C 轮融资，而后进入上海、成都、厦门，以及美国、英国、新加坡等国的城市市场，自行车投放突破 6 万辆，日订单突破 150 万。2017 年 3 月，ofo 完成 4.5 亿美元的 D 轮融资，4 月获蚂蚁金服 D+轮战略投资，7 月完成 E 轮 7 亿美元融资。在资本的推动下，2017 年，ofo 小黄车全球投入超过 1000 万辆，几乎遍布全国各大城市，并拓展到了全球 20 个国家 250 多座城市，日订单超过 3200 万。

2018 年 3 月，ofo 完成了 E2-1 轮 8.66 亿美元融资。但没过多久，ofo 便呈现了大规模扩张后的颓势，旗下企业开始产权抵押，后又陆续退出多个国家的市场，更换了法定代表人等。2018 年年底公司已负债超过 60 亿元，其中一半以上是用户押金。公司的发展历程最终停留在 2018 年 3 月。

ofo 共享单车从一个红极全国的创业项目走向衰败的案例值得我们反思，其原因究竟是什么？

(资料来源：根据公司官网 www.ofo.so 和 https://qiyehao.org.cn/58749.html 资料改编)

分析： 在创业成本和创业风险不断提高的今天，创业者们往往面临很大的压力，因此，需要掌握风险管理的理念和方法。ofo 共享单车红极一时，发展迅猛，但其衰落也是非常迅速的。为了有效防范和规避风险，企业在创业前要了解创业市场、选择趋势性行业、做好长期准备。在经营过程中，要通过对企业的调整以不断适应变化的环境。

【小资料】

撰写创业计划书的六个"C"

第一个"C"(Concept)是"概念"。概念指的就是在计划书里，要写得让别人可以很快知道要卖的是什么。

第二个"C"(Customers)是"顾客"。有了可卖的产品以后，接下来就要思考产品卖给谁，谁是"顾客"。顾客的范围在哪里要很明确，比如所有的女人都是顾客，那五十岁以上的女人也会购买这款产品吗？五岁以下的女孩也是客户吗？适合的年龄层在哪里要界定清楚。

第三个"C"(Competitors)是"竞争者"。产品有没有人卖过？如果有人卖过是在哪里卖的？有没有其他的产品可以取代？这些竞争者跟自己的关系是直接竞争还是间接竞争？

第四个"C"(Capabilities)是"能力"。要卖的产品自己会不会做、懂不懂？比如开餐馆，如果师傅不做了找不到人，自己会不会炒菜？如果没有这个能力，至少合伙人要会做，再不然也要有鉴赏的能力，不然最好不要开。

第五个"C"(Capital)是"资本"。资本可以是现金也可以是资产，是可以换成现金的东西。那么资本在哪里、有多少，自有资金有多少，可以借贷多少，要非常清楚。

第六个"C"(Continuation)是"永续经营"。当事业做得不错时，将来进一步的发展计划是什么？

掌握这六个"C"，随时检查、随时调整，创业就会顺利。

【练习】

1. 个体工商开业登记需要准备哪些材料?

2. 商业计划书主要有哪些内容?

3. 工商登记和税务登记应遵循怎样的流程?

4. 如何有效规避创业的风险?

5. 如何有效处理企业的现金流危机?

参考文献

[1] 马斯洛. 马斯洛的人本哲学[M]. 刘烨, 译. 呼伦贝尔: 内蒙古文化出版社, 2008.

[2] 刘玉梅. 管理心理学理论与实践[M]. 2版. 上海: 复旦大学出版社, 2019.

[3] 何建华, 张婧. 职业生涯管理[M]. 北京: 知识产权出版社, 2013.

[4] 戴安·萨克尼克, 威廉·班达特, 丽莎·若夫门. 职业指导[M]. 7版. 李洋, 张奕, 小卉, 译. 北京: 中国劳动社会保障出版社, 2005.

[5] 郑洁, 阎力. 职业价值观研究综述[J]. 中国人力资源开发, 2005(11).

[6] 金盛华, 李雪. 大学生职业价值观: 手段与目的[J]. 心理学报, 2005(5).

[7] 吴前进, 鄢宗茂. 大学生职业发展能力教程[M]. 北京: 中国水利水电出版社, 2013.

[8] 路易斯·拉思斯. 价值与教学[M]. 谭松贤, 译. 杭州: 浙江教育出版社, 2003.

[9] 郭德俊, 刘惠军. 心理学[M]. 2版. 北京: 国家开放大学出版社, 2021.

[10] 彭思舟. 把自己卖个好价钱[M]. 哈尔滨: 哈尔滨出版社, 2002.

[11] 黄天中. 生涯规划——体验式学习[M]. 北京: 高等教育出版社, 2009.

[12] 李旭旦, 吴燕. 职业能力与职业选择[J]. 成才与就业, 2008(Z2).

[13] 杜耿. 重塑职业生涯规划: 个性、生活与职业[M]. 北京: 人民邮电出版社, 2013.

[14] 布莱德·哈林顿, 道格拉斯·霍尔. 职业生涯规划与管理[M]. 张星, 张璐, 译. 北京: 机械工业出版社, 2013.

[15] 唐娜 J. 叶纳. 职业生涯规划——自测、技能与路径[M]. 4版. 刘红霞, 杨伟光, 译. 北京: 机械工业出版社, 2011.

[16] 姚裕群, 曹大友. 职业生涯管理[M]. 2版. 大连: 东北财经大学出版社, 2012.

[17] Arthur MB, Rousseau DM. The boundaryless career: A new employment principle for a new organizational era[M]. New York: Oxford University Press, 2001.

[18] 罗伯特·里尔登, 珍尼特·伦兹, 加里·彼得森, 等. 职业生涯发展与规划[M]. 4版. 侯志瑾, 等译. 北京: 中国人民大学出版社, 2016.

[19] 谢伟. 职场新人必备的五种能力[J]. 职业, 2006(9).

[20] 郭平. 当代青年的职业适应[J]. 中国青年研究, 2006(7).

[21] 安德鲁·杜布林. 心理学与人际关系[M]. 8版. 王佳艺, 译. 北京: 中国人民大学出版社, 2010.

[22] 杜以会. 不可忽视的职场细节小礼仪[J]. 中等职业教育，2009(1).

[23] 杰弗里·H. 格林豪斯，杰勒德·A. 卡拉南，维罗妮卡·M. 戈德谢克. 职业生涯管理[M]. 3 版. 王伟，译. 北京：清华大学出版社，2011.

[24] 劳动和社会保障部教材办公室. 职业指导[M]. 北京：中国劳动社会保障出版社，2012.

[25] 中国就业培训技术指导中心编写组. 职业指导[M]. 北京：北京师范大学出版社，2013.

[26] 李明才. 职业指导[M]. 北京：石油工业出版社，2006.

[27] 张帆. 职业指导案例[M]. 北京：化工工业出版社，2006.

[28] 乐轩. 求职面试技巧[M]. 北京：中国社会出版社，2012.

[29] 李萍. 面试[M]. 北京：中国言实出版社，2007.

[30] 李萍. 跟我去求职[M]. 北京：中国言实出版社，2008.

[31] 格雷厄姆·帕金斯. 求职：教你如何打动招聘官[M]. 寿志钢，译. 北京：华夏出版社，2009.

[32] 北京市劳动和社会保障法学会. 劳动人事争议仲裁与审判指引[M]. 北京：中国劳动社会保障出版社，2021.

[33] 王桦宇. 劳动合同法实务操作与案例精解[M]. 北京：中国法制出版社，2020.

[34] 张志京. 劳动法学[M]. 上海：复旦大学出版社，2020.

[35] 谢增毅. 劳动合同法论[M]. 北京：社会科学文献出版社，2019.

[36] 郑尚元. 劳动合同法的制度与理念[M]. 北京：中国政法大学出版社，2008.

[37] 史尚宽. 劳动法原论[M]. 台北：台湾正大印书馆，1978.

[38] 刘平，李坚，王启业. 创业学——理论与实践[M]. 北京：清华大学出版社，2011.

[39] 杰弗里·蒂蒙斯，小斯蒂芬·斯皮内利. 创业学[M]. 北京：人民邮电出版社，2005.

[40] 倪健民，王炯. 农民工应掌握的 110 个创业常识[M]. 北京：中国工人出版社，2009.

[41] 贺尊. 创业学概论[M]. 北京：中国人民大学出版社，2011.

[42] 沈洁. 霍兰德职业兴趣理论及其应用述评[J]. 职业教育研究，2010(7).

[43] 韩永昌. 心理学[M]. 5 版. 上海：华东师范大学出版社，2009.

[44] 梅锦荣. 心理学基础[M]. 北京：中国人民大学出版社，2010.

[45] 叶奕乾，祝蓓里. 心理学[M]. 4 版. 上海：华东师范大学出版社，2010.

[46] 沈德立，阴国恩. 基础心理学[M]. 2 版. 上海：华东师范大学出版社，2010.

[47] 张春兴. 现代心理学[M]. 3 版. 上海：上海人民出版社，2009.

[48] 彭聃龄. 普通心理学[M]. 5 版. 北京：北京师范大学出版社，2019.

[49] 杨加陆，袁蔚. 实用管理学[M]. 上海：复旦大学出版社，2015.

[50] 卢家楣，伍新春，桑标. 现代心理学——基础理论及其教育应用[M]. 上海：上海人民出版社，2014.

[51] 津巴多，约翰逊，麦卡恩. 津巴多普通心理学[M]. 邹智敏，肖莉婷，等译. 北京：机械工业出版社，2017.

[52] 立春. 汇报工作的五个技巧[J]. 企业管理，2022(2).

[53] 刘伟华. 汇报工作如何"出彩"[J]. 秘书工作，2022(5).

[54] 渊声. 与同事发生冲突，怎么办？[J]. 天风，2017(11).

[55] 王昭君，王蕾蕾. 教师同事冲突关系之调适——基于教师职业道德视角[J]. 学园，2021，14(1).

[56] 莎伦 L. 汉娜，道·拉德克，罗斯·萨基特. 职业生涯设计[M]. 刘颖，译. 北京：机械工业出版社，2011.